그렇게 길은 인생이 된다

배건수

1958년생으로, 서울신학대학교를 졸업하였다. 경남 통영군의 해간도에서 사역했고, 필리핀에서 선교사로 해외 선교를 한 후, 제주도의 제주시에 있는 에덴성결교회 담임목사로 시무하였다. 미국으로 건너가서 뉴욕 순복음중앙교회 교육목사로 있으면서 맨해튼의 홈리스센터에서 집없는 사람들을 도왔다. 지금은 목회 현장에서 물러나 맨해튼의 호텔 관련 서비스 회사에 다니고 있다. 2013년 제67회 크리스천문학 수필 부문 신인상을 수상했고, 활천문학에 등단하였다.

그렇게 길은 인생이 된다

초판 1쇄 인쇄 2018년 1월 17일
초판 1쇄 발행 2018년 1월 30일

지은이 | 배건수
펴낸이 | 지현구
펴낸곳 | 물레
등 록 | 제406-2006-00007호
주 소 | 경기도 파주시 광인사길 223
전 화 | (031)955-7580~1(마케팅부) · 955-7587(편집부)
전 송 | (031)955-0910
전자우편 | thaehak4@chol.com
홈페이지 | www.thaehaksa.com

값은 뒤표지에 있습니다.

ISBN 978-89-88653-57-9 (03810)

배건수의 미국 대륙 횡단기

그렇게
길은
인생이 된다

물레 books

머리말

2017년 가을, 10일이나 계속되는 추석연휴를 이용해 해외로 떠나는 사람이 사상 최대가 될 것이라는 인터넷 뉴스를 보았다. 그리고 연휴가 끝나가던 때는 인천공항을 통해 들어오는 입국자가 3~5일 동안 하루 평균 10~11만 명 이상 될 것이라는 보도도 눈에 들어왔다. 이 수치는 2001년 인천공항 개항이후 최대의 인파라고 한다. 짧은 일수를 감안할 때 이들이 다녀온 곳은 대부분 패키지 상품으로 연결된 동남아나 가까운 일본일 것이다.

활력을 얻기 위해 거주하던 장소를 떠나 돌아보고 다시 돌아온다는 의미에서 관광과 여행이란 단어의 어감은 비슷하지만 내가 느끼는 입장은 확연히 다르다. 단어가 주는 이미지를 유추해보면 관광은 다수(多數)의 사람과 계획적이고 구속적이며 제한된 시간, 그리고 한정된 장소가 특징이라면, 여행은 홀로 혹은 소수의 사람이 자유롭고 유동적인 시간 속에서 장소의 제한을 받지 않는다는 것이 차이점이다. 아는 것만큼 생각하는 것처럼, 내 지식으로는 관광이라는 단어는 '일상'이라는 한계를 벗어나지 못하고 원초적 감성을 만족시키기 위한 편협함이 있지만, 여행이라는 단어는 사색을 중요시 하고 '삶'이라는 전체성에서 세상의 다양성을 배워가는 것이며 한계에 다다른 현재를 극복하고 새로움을 찾으려는데 그 쓰임이 있다. 간단히 말하면 화려한 장소에 육신을 옮겨놓고 감성을 만족시키는 것이 관광이라면, 여행은 내 본연의 모습을 찾고 자연이 주는 의미를 알아가기 위한 '자연과 나'와의 만남이라는 뜻이다.

두 번씩이나 대륙횡단을 계획하고 실행했던 것은 관광이 주는 의미처럼 육신적인 에너지나 생활의 활력을 얻기 위한 것이 아니라, 내가 누구이며 자연이 나에게 무엇을 주고 있는가에 대한 질문과 답을 얻기 위한 고민에서 시작되었다. 서글프게도 우리는 종종 바쁘게 돌아가는 생활 속에서 '나'를 잊고 산다. '나'를 잊고 산다는 것만큼 슬픈 일은 이 세상 어디에도 없을 것이다. 나를 돌아보고 지금 살고 있는 생에 대한 슬픔을 느꼈을 때 어디론가 훌쩍 떠나고 싶은 마음은 누구에게나 생긴다. 복잡하고 어렵지만 살고 있는 삶에 대한 권태나 아픔을 느꼈을 때 만사 다 제쳐놓고 홀로 떠나 생각할 시간을 갖는 일이 필요하다. 그런 의미에서 지금까지 걸어온 시간이나 그 속에 묻혀있던 자신을 돌아보고 자신이 누구인지 찾아가는 것이 여행이라면 떠나고 싶을 때 떠나보면 어떨까. 그렇게 우리가 떠나야겠다고 결심을 하고 실행에 옮겼을 때, 그것은 과거나 현실에 머무는 것이 아니라 지난 것들은 다 벗어버리고 미래지향적인 새로움과 창조적인 삶으로 연결되는 출발이 될 것이다.

드넓은 미국 대륙을 몇 날 몇 주 동안을 쉬지 않고 달리면서 이전까지는 느끼지 못했던 깨달음이 있었다. 지금 겪고 있는 생활이 어떤 모양으로도 나를 억압하거나 지배할 수 없다는 것이었다. 그리고 순간순간 만났던 자연이 나에게 어떤 모습으로 살아가야 옳은 것인지 그 모습을 제시해주었다. 자연의 모습이 아직 가시지 않은 드넓은 미국 대륙을 달리면서 자연의 이치는 모두 사랑으로 연결되어 있다는 것도 깨달았다. 여행 중에 만났던 자연은 인간의 어머니이며 무엇으로도 비교할 수 없는 아름다움과 사랑 그 자체였다. 그 자연에서 내가 누구이고 내가 무엇을 해야 하며 무엇을 그리워해야 하고 사모해야 하는지도 알았다.

자연을 만나 그 속에서 산다는 것은 감상이 아니라 철저하게 우리와 연결된 생(生)이다. 인생이 여행이라면 자연과 더불어 함께하는 여행은 빼놓을 수 없는 아름다움이다. 모두들 죽음을 두려워 하지만 인간으로 태어나서 자연 속에서 살아가며 그 속에서 죽는다는 것은 행복이다. 자연 속에 태어나 자연 안으로 돌아가야만 하는 인생을 떠올려보며, 가벼움을 짊어진 관광보다는 오늘도 인생이라는 무거운 짐을 짊어지고 떠나는 여행을 시작하고 싶다.

2018년 1월 2일 뉴욕 플러싱(Flushing)에서

배건수

차례

2부 첫 번째 대륙횡단 71

1부

길 위에서 배우다

미련(未練)

비가 내려 마음까지 젖어드는 오후이다. 맨해튼 다운타운(Downtown)의 한 거리를 달리고 있을 쯤, 1970년대 한 유명 가수의 노래가 한인 라디오 방송에서 흘러나온다.

> 내 마음이 가는 그곳에 너무나도 그리운 사람
> 갈 수 없는 먼 곳이기에 그리움만 더하는 사람
> 코스모스 길을 따라서 끝이 없이 생각할 때에
> 보고 싶어 가고 싶어서 슬퍼지는 내 마음이여
> 미련 없이 잊으려 해도 너무나도 그리운 사람
> 가을하늘 드높은 곳에 내 사연을 전해 볼까나
> 기약한 날 우리 없는데 지나간 날 그리워하네
> 먼 훗날이 돌아온다면 변함없이 다정하리라
> - 장현, 〈미련(未練)〉

과거에 있었던 사연을 잊거나 깨끗이 정리하지 못하고 가슴에 남아있는 아쉬움을 노래한 〈미련(未練)〉. 태어나서부터 인생의 여정을 마치고 흙으로 돌아가는 그 시간까지도 붙들고 놓아주지 않아 그 한계를 넘지 못하게 하는 것이 미련의 속성인가 보다.

세월이 지고 세포가 늙어가도 지독하리만큼 떠나지 않고 머릿속에서 끈질기게 살아 움직이는 미련. 대부분 아름답고 행복을 느꼈던 옛 시절의 일이 기억에서 사라진 것처럼 있다가 어떤 사건에 의해서 다시 기억으로 되살아 나와 감상에 젖게 하는 것이 추억이라면, 미련은 돌아갈 수 없는 지난 시간과 다시는 이루어질 수 없는 사건에 대한 항구적인 고통 속에서의 집착이며, 허전함과 아쉬움과 그리움과 애달픔과 후회와 비애, 그리고 미움을 동반한 영혼의 상처이다. 무의식 속에 잠재해 있다가도 시도 때도 없이 간헐천처럼 분출되어 괜스레 우울하게 만드는 미련, 파도만이 아는 기억의 백사장처럼 잊을만하면 다시 살아나는 그 미련은 어느 누구도 개입할 수도 없고, 당사자만이 평생을 품고 가야 할 멜랑꼴리(Melancholy)이다.

애를 써도 지워지거나 잊히지 않는 미련이란 변형된 시간의 멈춤이며 육신의 시들음이다. 미련은 대부분 장밋빛 꿈을 꾸는 감성의 시절에 생성된 것이며, 누구나 한 번쯤은 겪었을 법한 청춘시절의 이루어질 수 없는 사랑과 이별에서 오는 아픔과 눈물이며 그리움의 결정체이다. 이별은 버린 사람보다는 버림을 받은 사람이, 여성보다는 남성이 더 많은 상처를 갖는다. 그리고 사랑의 정도와 시간에 따라서 미련의 강도도 다르다. 여자는 시간이 지나면 이별을 한 시절의 추억으로 남겨두지만 남자는 구슬픈 미련으로 승화시킨다.

민주화 운동이 한창이던 1980년대 어느 해 봄, 같은 학과 동생들의 소개로 그녀를 만난 시기는 목련꽃이 만개한 때쯤이었다. 설레는 마음으로 백양로를 따라 도서관으로 향했고 그 앞에서 기다리던 그녀를 만났다. 단아한 첫 인상과 달리 대화나 행동은 상당히 발랄했고, 대화 내용이나 용어가 재미나서 더욱 호감이 갔다. 일주일에 한 번은 그녀가 있는 곳으로 향했고, 그녀가 졸업반이라서 그런지 만나면 주로 자신의 미래와 갖고 있는 신앙에 대한 대화가 자주 오갔다. 독재정권에 민감하게 반응하는 나와는 전혀 다른 대화가 지속되었지만, 관심 없는 대화와는 무관하게 그녀의 모습에 점점 빠져들어 갔다.

그럭저럭 한 계절이 지나버리고, 또 한 계절이 지난 늦가을 어느 날 나에게 한 통의 작은 편지가 날아들었다. "나와 그대가 가야할 길은 다르기에 서로 그 길을 찾아가야 합니다. 더 이상 그대에게 고통을 주고 싶지 않습니다. 한 시절 좋았던 만남으로 기억하고 싶습니다. 그대가 가는 길에 항상 행운이 같이 하기를 기도합니다."라는 내용이었다. 이런 일이 일어날 것을 이미 간파했지만 생각보다 시기가 너무 빨라 당황했고 그녀에게 느끼고 있던 감정을 지울 수 없어 고통스러웠다. 그리고 사랑하고픈 사람이 내 곁을 영영 떠나간다는 사실이 두려웠다. 지금 내 마음은 아파 아무것도 할 수 없다고 호소하고 싶어 그녀의 집 앞에서, 그리고 학과가 있는 건물과 도서관 앞에서 밤늦게까지 며칠을 기다렸지만 자신의 미래에 대해 생각보다 냉정했던 그녀는 결코 자신의 모습을 보여주지 않았다.

함께 앉아 서로 대화를 나누던 교정엔 잔디가 누렇게 물이 들어가고, 낙엽 지는 나무 아래서 애달픔만 한 움큼 움켜쥐며 등을 돌려야만 했던 잊지 못할 기억이 있었다. 며칠 후, 차가운 바람과 섞여 무거운 가을비가 내리던 날 밤, 그리움이 쌓이고 보고 싶어 그녀의 집 앞 서글프게 내리쪼이는 가로등 밑에 서서 기다렸지만, 결국 그녀의 모습은 눈에 들어오지 않았다. 비는 갈수록 굵어지고 내 마음을 아는지 받쳐 들고 있던 살 부러진 낡은 우산 속에서도 하염없이 비가 내렸다. 자정을 넘긴 시각, 인적도 버스도 끊어진 거리 속으로 돌아서서 걸어가는 검은 아스팔트 길 위에는 계속해서 굵은 비가 대못처럼 튀어 올랐다. 쓰라린 눈물이 되어 내리는 장대비는 계속해서 몸을 적셔오고, "평생토록 그대를 가리는 우산이 되고 싶었는데……"라는 말을 되뇌면서 막막한 밤 속으로 걸어갔다.

스물하고도 아홉이 되던 그해의 가을은 상심(傷心)과 상실(喪失)이 넘실거리던 싸늘한 계절이었고 맺지 못할 사랑과의 이별의 시간이었다. 그리고 그 미련 때문에 나이든 지금 이 시간까지 아픔의 파장은 계속해서 밀려오고 있다. 이루지 못한 사랑의 아쉬움에 이별의 편지를 읽고 또 읽다가 그 편지를 《접시꽃 당신》이라는 시집 속에 꽂아두고 거리를 가르는 찬바람을 맞으며 강원도의 오대산으로 향했다. 잊기 위해 떠났던 일주일 동안의 여행은 여린 마음에 오히려 미련만 더할 뿐, 그녀의 모습은 결코 잊히지 않았다. 세월은 광음여전(光陰如箭)이라 했던가. 잊기 위해 몸부림치던 시간은 세월의 강물을 따라 흘러가고, 이정표 없는 시간을 따라 인생이라는 무거운 짐을 짊어지고 살아온 지 30년이 흘렀다.

서재 책장에 끼워두었던 색 바랜 책을 무심코 빼어들었다가, 30년 전 가을에 애달픈 마음으로 읽었던 그녀의 편지가 따갑게 눈을 파고들어왔다. 순간, 그 당시의 그녀의 모습과 더불어 같이 보냈던 시간과 사건들이 주마등처럼 뇌리를 스치고 지나갔다.

세상을 보는 관점이나 신앙의 경험도 상당한 온도차가 있었고, 나의 정치적 기질이나 행동 역시 그녀가 추구하고 느끼고 싶어 하는 낭만적인 관심사와 일치할 수 없었던 그때의 상황이 다시금 머릿속에서 살아 움직인다. 서로의 생각이나 느끼는 감정을 좁혀갈 수 없어 고민에 싸여가던 그녀는 결국 사랑을 거절했고, 나는 그런 그녀에게 실망을 하고 한동안 좌절과 방황으로 생활 전체가 무기력함에 빠져들어 갔다. 하루하루를 고통에서 지내다 서너 달이 지나고, 해가 바뀌어 학교를 졸업하던 날 밤, 소개와 더불어 전심을 다해 응원해주었던 몇몇 학과 동생들과 함께 신촌의 한 카페에서 조촐한 파티를 하게 되었다. 나를 사랑하고 아껴주었던 그들에게 윌리엄 버틀러 예이츠(William Butler Yeats)의 시를 인용해 "도를 넘는 지나친 관심이나 기대는 경계해야 하며, 사랑에 모든 것을 바치는 어리석음을 범하지 말아야 한다. 마음을 다 바쳐서 사랑하게 되면 그만큼 요구와 기대도 커지기에 상대로부터 이별도 쉽게 이루어진다."고 이야기를 시작했다. 그리고 이어 "사랑할 때는 항상 이별이란 단어를 희미하게나마 머릿속에 새겨놓아야 한다. 실연은 누구와 함께 나눌 수 없고 공유할 수도 없는 당사자만이 느끼는 절대 고독이다. 나 역시 그 속에 갇혀 헤어 나오기가 힘들다는 것을 느꼈기 때문이다. 그러나 아직은 나보다 젊은 동생들이 실연할 수 있지만 그래도 실연을 만나거든 두려워하거나 슬퍼하지 말길 바란다. 젊은 날 우리가 겪는 실연의 입김 앞에서 우리의 영혼은 점점 성장해간다. 내가 이 첫사랑에서 느낀 것은 사랑은 결코 감상적인 것이 되어서는 안 되지만 그렇다고 현실을 잊어서도 안 된다는 것이었다. 아름답고 위대한 사랑이란 이기적 독단에 집착하는 것이 아니라 서로를 이해하고 배려하며 자유를 주는 것이라는 것을 알게 되었다. 그녀가 내 인생의 전부가 될 수 없다는 것을 이미 눈치챘고, 시기가 너무 빨랐다는 아쉬움이 있었지만 언제든 나를 이해하고 내가 이해할 수 있는 사람을 만난다면 주저 없이 사랑을 고백하고 평생토록 동반자가 될 것이다. 이번 일을 통해서 많은 것을 느끼고 배웠기에, 졸업과 동시에 사회로 첫발을 내딛으면서 조금은 편한 눈으로 세상을 바라보고 접할 수 있을 것이다. 내가 갈구하는 아름다운 사랑을 완성하기 위해, 그리고 아름다운 삶을 위해 자유로운 영혼으로 살아가겠다."라고 말한 뒤 서로 힘차게 잔을 들었다.

서로의 아픔을 이해하는 마음을 동병상련이라고 했던가. 몇 주 전에 여자 친구와 헤어졌던 동기 동생에게는 "실연을 당했다고 슬퍼하지 마라. 미련은 있겠지만 우리는 아직 젊지 않느냐? 지구를 흔들어 털어보면 성별의 반은 여자이며 흔하고 흔한 것이 여자인데, 살다 보면 네가 사랑하고 너를 사랑해 줄 사람을 만나는 것은 필연으로 다가오니 너무 상심하지 말고 세상을 살아가자. 어둠 속으로 사라졌던 태양이 몇 시간 후면 다시 떠오르는 듯, 그 아픔이 너를 새롭게 재창조하는 계기가 될 것이다. 그리고 연애는 우연이며 자유로운 것이지만 결혼은 벗어날 수 없는 필연이기에 잘 선택해야 한다."라며 내 아픔과 더불어 동생들에게 믿음과 용기를 주었던 그 날이 녹화된 필름처럼 머릿속에 풋풋하게 떠올랐다.

사랑 없이 사는 인생은 무의미한 것이지만 그렇다고 사랑이 인생의 전부가 아니라는 것을 알았다. 그 시기는 행복하게 해주겠다고 상대를 바라보며 사랑에 매달리는 것이 아니라, 내 안에서 사랑을 만들어 내고 상대를 끌어들여야 한다는 '사랑의 인아웃(In−Out) 법칙'을 깨닫는 중요한 때였다. 운율적 언어가 시를 시답게 만들듯, 실연은 사랑의 본질을 알게 하는 힘이 있다. 밖에서는 동굴 안의 깊은 곳을 볼 수 없고, 역시 안에서도 동굴 밖의 세상을 볼 수 없듯이, 살면서 이별이라는 시련을 맛보지 못하는 사람은 사랑이 무엇인지 논할 수가 없다.

굴곡진 인생의 여정 속에서 이별이란 또 다른 만남의 준비이며 새로운 삶의 시작이다. 젊은 날의 사랑은 정열의 향을 쉬지 않고 발산하지만, 세월이 흐르듯 시들어 갈 때면 재빨리 이별이라는 씨앗을 맺기 위해 부산하게 움직인다. 그리고 남겨두고 떠난 투명한 씨앗은 허공을 이리저리 떠돌다가 시린 영혼 속으로 떨어져 미련이라는 싹을 틔운다. 한동안 휘청거리는 외로움 속에서 먼저 간 그녀를 그리워했지만 이제는 미련일 뿐이다.

올 2월, 이별에 고민하고 방황하던 학창시절의 내 모습을 지켜보았던 동기 여동생에게서 안부 전화가 왔고, 이런저런 이야기를 주고받다가 뜻밖의 소식에 눈이 부릅떠졌다. 그녀와 같은 교회를 다녔던 동기 여동생은 "그녀에게 연락이 와서 30년 만에 만났고, 학창시절에 있었던 이런저런 대화를 주고받다가 내 근황에 관해 이야기를 했더니 자기와 아무 관계가 없었던 사람이었을 뿐이라며 태연히 신앙에 관한 이야기로 주제를 돌리더라."고 했다. 그 말을 듣고 기분은 야릇했지만 나 역시 헤실헤실 거리며 태연한 척, "그랬구려. 세월이 너무 많이 흘러 나를 잊어버렸겠지. 나라는 사람은 그녀에게 그리 중요한 사람이 아니었고, 나 역시 그때는 그녀가 전부였다고 생각했지만 돌이켜보니 철없고 편측(片側)적인 짝사랑이었다는 생각이 들었어. 근데 외국에서 살고 있다는 말을 몇 해 전에 같은 학과 동생에게 들었는데 언제 한국으로 돌아왔데? 그리고 남편이 교회를 안 나가 애끓는다는 소식까지 들리던데? 어쨌든 근심 없이 오순도순 가족이 행복하게 살아야 하는데. 아! 그리고 동생에게 이 말은 해야겠네. 그녀에게 미련이 없었다고 말한다면 거짓말이겠지만 그건 한 시절 젊었을 때 일들이고 이젠 세월이 너무 많이 흘러 그녀에게 그리움이나 미움은 이미 사라지고 없어. 그렇다고 아픔이 내 기억 속에서 사라진 것은 아니지만 참을 수 없는 아픔에 낡은 영혼이 되어 초라하게 살아갔던 그 시절보다는 우리 가족이 오순도순 살아가는 지금이 행복하고 좋아. 서로 이루어질 수 없는 만남이었기에 오히려 헤어졌던 것이 서로의 삶을 위해 좋았다고 생각해. 아니, 나를 위해서는 그게 더 나은 그녀의 선택이었어."라며 대화를 끝냈다.

알렉산드르 푸시킨(Aleksandr Pushkin)이 말했던가. 모든 것은 하염없이 사라지며 지나간 것은 그리움이 된다고……. 그러나 이미 바람처럼 스쳐지나 가버린 젊은 시절의 한 만남을 그리워하고 미련을 가져야 무엇 하랴. 과거는 그리움이 아니라 언제나 슬픔과 미련을 가지고 현재로 달려오는 것. 과거를 지워야만 현재는 아름다운 선물이 되는 것이고 더 아름다운 미래로 도약할 수 있는 것이 아닌가. 이 시간 나는 나의 과거에게 물어본다. 그리고 그 과거는 나에게 대답한다. '아름다움을 만들기 위해서는 고통을 동반하고, 그 고통은 아름다운 과거를 관조하게 하지만 그 관조의 눈길에는 집착과 미련이 관통한다고……'

세상을 살아가면서 미련 없는 일들이 어디 있으랴마는 어제는 오늘의 미련이 되고, 내일 역시 오늘을 못 잊어 미련을 가질 것인데. 이루지 못한 사랑에 대한 미련! 그것은 한 시절을 고뇌하며 살아갔던 한 인간의 삶이 반영된 흔적이지만, 훗날 그 미련은 근심과 후회로 마음을 황폐하게 하며 결국 생을 불안하게 만들고 만다. 지금이 중요하다는 것을 망각한 채, 옛 시절을 그리워하고 이루지 못한 옛사랑에 미련이 남는 것은 현재의 생활이 불안정하거나 불행하다고 느끼고 있기 때문이다.

같은 우산 아래서 같은 방향으로 걷는 두 사람처럼, 사랑은 서로 같은 방향으로 앉아 같은 곳을 응시하는 것이 아닐까. 곁에 있는 사람을 의식하지 않고 다른 방향을 응시하고 걸어갔던 미성숙하고 이기적이었던 사랑은 후회와 미련이라는 괴로움에 휩싸인 한 시절의 슬픈 짝사랑으로 머릿속에 머물 뿐이다.

후회도 어둠도 짙어가는 막막한 이 한 밤, 그 시절을 돌이켜보며 "사랑은 서로 마주보는 데 있지 않고, 함께 같은 방향을 바라보는 데 있다(Love does not consist in gazing at each other, but in looking together in the same direction)."라는 생텍쥐페리의 말을 떠올려본다. 나에게 중요한 것은 맺지 못한 옛사랑에 대한 추하고 어리석은 미련이 아니라, 지금 이 순간이며 죽음을 넘어서 영원을 향해 나와 함께 걸어가야 할 사랑하는 사람이다. 내 영혼의 숨결 같은 아내처럼.

후회는 인생의 선물

살아가면서 예나 지금이나 자신의 삶이 변한 것이 없다고 후회한 적이 있는가? 나는 매일같이 완벽하지 못한 생활 위에 후회에 후회를 더하며 살아간다. 후회란 이성을 갖고 있는 모든 인간에게는 당연한 것이고, 후회를 느끼는 것은 매 순간의 사건들이 어떤 연유에 의해 이루어졌건 살아온 시간이 그리 썩 좋아 보이지 않아 불만족하다는 뜻이며 완전하지 못한 스스로에게 갖게 되는 허탈함이다. 어떤 일에 대해 후회하는 순간, 그 일은 이미 과거의 일이 되는 것을 알고 있지만 자신의 행동이나 판단에서 오는 실수라는 아쉬움이 가슴으로 파고들기에 두고두고 아픔으로 남는다. 나이가 들수록 후회가 더하는 이유는 무엇일까? 젊은 시절의 실수로 인한 후회의 횟수는 많지 않지만 연륜만큼이나 실수의 가짓수는 점점 늘어만 간다. 더불어 두 번 다시는 반복하지 않겠다고 다짐했던 실수가 계속해서 중첩되기에 더욱 후회하는 것이다. 후회를 오래 하면 할수록 해로운 것을 알지만 나이가 들수록 과거를 자주 들춰보는 이유는 우리가 지나버린 시간을 놓지 않고 붙잡고 있기 때문이다.

며칠 전 한국의 인터넷 사이트에서 뉴스를 뒤적이다가 글 하나가 눈에 띄었다. 돈과 명예를 추구하기 위해 젊은 시절 일에 매진하며 열심히 살아왔지만 막상 나이가 들어서 자신이 원했던 뜻을 성취하고 나니 젊은 시절을 즐기지 못하고 보내버린 세월, 가족과의 관계를 소홀히 하며 살아온 세월에 대한 후회에 빠졌다는 내용이었다. 인생을 즐기며 살아온 사람이 늙어 열심히 살지 못한 젊은 시절을 후회하고, 반면에 목표를 향해 열심히 앞만 보고 달려온 사람들도 아름답게 가꿔야 할 젊은 시절을 생활에 쫓겨 초라하게 보냈다고 나름 후회를 하는 모습을 보며 흙으로 돌아갈 때까지 인생이란 후회의 연속임을 절감한다. 이민생활이 20년이 지난 지금도 아내 앞에서 "인생을 열심히 살아오지 못한 것 같다."는 말을 하고 있는 나 자신을 보면서 씁쓸하면서도 웃음이 나온다. 사실 살아온 시간을 면밀히 살펴보면 잃고 난 후 깨닫는 소중함이 '후회'이다.

한 달 전 잇몸 수술을 위해 치과를 찾았다. 그리고 차례를 기다리며 잡지를 읽다가 한 간호사의 글이 가슴에 닿아 유심히 읽은 적이 있었다. 암 병동에서 근무하던 그 간호사는 죽음을 앞둔 환자들의 5가지 공통점을 발견했다고 한다. 첫째는 남들이 나에게 기대하는 인생이 아닌 나 자신에게 솔직한 인생을 살지 못했다는 후회, 둘째는 그렇게 힘들게 일 할 필요가 있었을까 하는 후회, 셋째는 자신의 기분을 생각대로 표현할 용기를 내지 못했다는 후회, 넷째는 친구들과 만나지 못하고 살아온 것에 대한 후회, 다섯째는 자신을 좀 더 행복하게 만들지 못했다는 것에 대한 후회였다. 분석해 보면 모두 대인관계와 자신이 가진 형질(形質)과 달리 굴곡(屈曲) 되게 살아온 삶의 방식에 대한 후회였다.

사회주의적 사상을 가진 미하일 페트라셰프스키(Mikhail Petrashevsky)의 독서모임에 참여했다가 체포되어 사형수가 된 표도르 도스토옙스키(Fyodor Dostoevskii)에게 처형 직전에 주어진 긴박했던 마지막 5분과 처형 직전 가까스로 황제의 사형기각 명령에 따라 죽음을 면한 그날 밤 동생에게 쓴 편지가 떠오른다. "지난 일을 돌이켜보고 실수와 게으름으로 허송세월을 했던 날들을 생각하니 심장이 피를 흘리는 듯하다. 인생은 신의 선물…… 모든 순간은 영원의 행복일 수도 있었던 것을 조금 젊었을 때 알았더라면……. 이제 내 인생은 바뀔 것이다. 언제나 '인생은 5분의 연속(連續)'이라는 각오로!" 이후, 시베리아 유형생활을 하면서 필기도구가 없어 자신의 머릿속으로 써 내려갔던 자신의 장편소설 《백치》에서 이런 글을 남긴다. "나에게 5분이 주어진다면 2분은 친구들과 작별하는데 2분은 삶을 돌아보는데 마지막 1분은 세상을 바라보는데 쓰고 싶다. 언제나 이 세상에서 숨을 쉴 수 있는 시간은 단 5분뿐이다." 28살이라는 건강하던 시절에 자신의 사상 때문에 삶과 죽음의 선상에 섰던 아슬아슬한 시간을 회상하며, 인간에게 주어진 세월은 한계가 있음에도 불구하고 영원히 계속될 것이라는 착각 속에서 살아갔던 잘못된 시간 개념에 대한 후회였다. 죽음을 면하고 시베리아 수용소에서 어려운 시간을 보내던 도스토옙스키는 주어졌던 시간을 낭비했다는 사실에 대한 후회와 앞으로 어떻게 살아가야 할 것인지 결정하는 모습 속에서 상당히 성숙해져 갔다.

사람들마다 갖고 있는 후회는 서로 비슷할 것 같지만 차이가 있다. 마치 〈가지 않는 길〉이라는 로버트 프로스트(Robert Frost)의 시처럼, 모든 인생은 똑같은 출발 선상에 서 있지만 각자가 어떤 길을 선택하고 걸어갔었는가에 대한 결과에 따라 후회가 발생한다. 엄밀히 살펴보면 죽음에 이른 암 환자들처럼 모두들 '그러지 못했다'는 것에 대한 후환이며 통곡이다. 문제는 많은 사람들이 엄청난 후회를 겪었으면서도 다시 옛 시절로 돌아가 산다는데 있다. 죽음에 이르러 자신을 돌아보고 다시는 그렇게 살지 않겠다고 다짐하며 완전히 바뀐 삶을 살았던 도스토옙스키. 그의 삶은 아름다운 후회의 산물이다. 한탄이나 통곡은 성취와 관련된 자신의 뜻과 목표에 관한 외형적인 문제로 직결되지만, 참다운 후회는 내면세계의 변화로 나타나는 인격적 향취와 가치 있는 행동으로 나타난다. 기독교 신앙의 입장에서 본다면 죄를 갖고 있다고 느낀 사람이 이전 것은 버리고 새롭게 살아가기로 다짐을 하며 실천으로 옮기는 '회개'와 같은 맥락으로 볼 수 있다.

가지 않아야 할 길을 가지 않는 것은 미물들도 가지고 있는 본능이지만, 만물의 영장이라는 인간들은 편하고 화려한 생활을 추구하려는 성숙하지 못한 가벼운 판단으로 암 환자들처럼 인생을 정리하는 자리마저도 비극으로 만들고 만다. 기계를 작동시키기 위해 매뉴얼에 따라 간단하게 버튼을 조작하는 것처럼 삶을 쉽고 가볍게 생각하며 살아가는 사람들이 이 세상에 얼마나 많은가. 단 한 번뿐인 인생은 재방송이나 리허설이 허용되지 않기에 신중하게 살아가야 하지만 후회를 느끼는 뇌세포가 마비되어 인생의 2막을 시작할 수 있는 기회를 놓쳐버린 경우도 많다. 바른 선택으로 지혜와 용맹을 겸비해 위대한 영웅으로 성장하는 헤라클레스(Heracles)와 마법과 주술에 능했던 질투의 화신 메데이아(Medeia). 걷잡을 수 없는 메데이아의 질투는 자식들을 죽이고, 정신을 차린 후 가슴을 치며 통탄한다. 헤라클레스와 질투의 화신 메데이아처럼 어떤 삶을 선택하느냐에 따라서 생은 행복과 불행으로 갈라지게 되는 것이다. 로키 산맥 정상에 내린 빗방울이 어느 면으로 떨어지는가에 따라 대서양이나 태평양이냐가 결정되듯, 우리가 어떤 길을 선택하느냐에 따라서 인생이 행과 불행, 보람과 후회로 갈라지는 것이다. 삶에서 매일 같이 만나는 한탄과 후회에 묻혀 그 한계를 벗어나지 못하고 머문다면 인생은 점점 불행해질 수밖에 없다. 그러나 잘못된 길을 걷고 있다는 사실을 깨닫고 마음을 돌려 바른길을 걷는 순간부터는 불행의 덫에서 벗어나 새로운 인생을 살아갈 수 있다. 그러기에 삶을 마감할 시간이 얼마 남지 않았다 할지라도 자신에게 남은 시간을 어떤 모습으로 살아가야 할지 결단하고 그 길로 과감하게 걸어갈 때 새로운 세상을 만나고 내 본연의 참다운 모습을 볼 수 있을 것이다.

이게 누구의 숲인지 나는 알 것도 같다.
하기야 그의 집은 마을에 있지만,
눈 덮인 그의 숲을 보느라고
내가 여기 멈춰서 있는 걸 그는 모를 것이다.

내 조랑말은 농가 하나 안 보이는 곳에

일 년 중 가장 어두운 밤
숲과 얼어붙은 호수 사이에
이렇게 멈춰서 있는 걸 이상히 여길 것이다.

무슨 착오라도 일으킨 게 아니냐는 듯
말은 목방울을 흔들어 본다.
방울 소리 외에는 솔솔 부는 바람과
솜처럼 부드럽게 눈 내리는 소리뿐.

숲은 어둡고 깊고 아름답다.
그러나 나는 지켜야 할 약속이 있다.
잠자기 전에 몇십 리를 더 가야 한다,
잠자기 전에 몇십 리를 더 가야 한다.

Whose woods there are I think I know
His house is in the village though;
He will not see me stopping here
To watch his woods fill up with snow

My little horse must think it queer
To stop without a farmhouse near
Between the woods and frozen lake

The darkest evening of the year

He gives his harness bells a shake
To ask if there is some mistake
The only other sound's the sweep
Of easy wind and downy flake

The woods are lovely, dark and deep,
But I have promises to keep,
And miles to go before I sleep,
And miles to go before I sleep.

- 로버트 프로스트, 〈눈 내리는 밤 숲가에 멈춰 서서(Stopping by Woods On a Snowy Evening)〉

어찌 보면 자신의 선택에 따라 삶의 무게는 가벼울 수도 혹은 무거울 수도 있다. 가볍게 살아가던 무겁게 살아가던 계속되는 선택의 결과는 지금의 내 모습으로 나타나 영화 속의 파노라마처럼 계속해서 펼쳐지는 것이 인생이 아닌가. 잘못된 선택으로 오는 시련과 한탄의 잔해들이 생활 속에 널려있지만 그것을 그대로 묵인하고 익숙한 경험이나 습관처럼 받아들이며 생활한다면 그 삶은 아무 의미도 없고 발전도 없다. 지금의 내 생활이 이럴 수밖에 없다며 변명으로 일관하거나 합리화 시키며 지나치거나 무마한다면 그것은 궤변에 지나지 않는다. 자연

속에 존재하는 모든 생명은 존재의 이유를 가지고 생성된다. 인간 역시 태어나 존재하는 이유나 목적은 인간 본래의 모습을 찾기 위함이다. 인생이라는 무게는 무거운 것이지만 그 무거운 짐을 짊어지고 계속 가야만 한다면 진지한 마음으로 변화의 길을 선택하는 것이 오히려 인생을 가볍게 만든다. 제품의 부속처럼 교환이 불가능한 인생이란 현재진행형(~Ing)인 것처럼 연속적 진행의 상태이며, 모방이나 재현이 불가능하기에 누구도 대신해 줄 수 없고 매 순간 스스로 결단을 해야만 한다는 것을 기억하며 살아가야 한다.

그래서 "인간은 시간성이며, 그 시간은 영원하거나 불변하지도 않다. 그러므로 인간은 죽음을 향한 존재이고, 시간이란 현존재에게 유한한 것이기에 자신에게 주어진 시간을 자신의 '있음의 시간'으로 만들어야 한다. 죽음을 향하고 있는 자신을 기획 투사함으로써 자기 존재 가능성을 발견하는 것이다. 이러한 가능성 안에서 현재의 삶보다 더 나은 삶을 가질 수 있는 기회를 놓쳐버렸을 때 현존재는 후회를 한다. 후회는 과거 때문에 발생한다고 믿지만 사실은 자신의 미래 때문이다. 죽음을 향해 달려가는 현존재는 필연적으로 다가오는 자신의 죽음에 대한 불안에서 오기 때문이다. 그러기에 후회는 자신의 존재가능을 열어 밝히는 것이고, 우리에게 주어진 삶 안에서 후회의 경험을 통해 보다 나은 미래를 바라보며 자신의 존재 가능을 나타내 보임으로써 자신의 '있음'을 만들어나가기 위한 작업이다."라고 철학자 마르틴 하이데거(Martin Heidegger)가 말하지 않았는가. 죽음은 진정성이며 인간에게 끊임없이 들려오는 배경음악과 같기에 지금 결정하지 않으면 그 시간은 영원히 오지 않고, 머뭇거리는 사이 삶의 종착역에 도달한다는 것을 기억해야 한다. 화물을 실은 열차가 정차하는 역마다 계속해서 물건들을 상하차한 뒤 끝내는 종착역에 도착하듯, 삶이란 생명이 다하는 날까지 비우고 채우는 과정의 연속이며, 그 속에서 내가 존재한다는 것을 계속해서 나타내 보여야 한다.

인생은 수많은 선택의 갈림길에 서 있고, 지금 이 시각에도 어떻게 살아가야 할 것인지 선택을 해야만 한다. 그래서 장 폴 사르트르(Jean Paul Sartre)는 인생을 "탄생과 죽음 사이의 선택"이라고 했나보다. 단 한 번밖에 주어지지 않는 여정(旅程), 그 아름다움을 위해서 때로는 후회도 필요하다. 후회의 뒤에 오는 깨달음, 그리고 거기서 시작된 변화된 삶은 숨이 막히도록 진지할 것이기에.

거리의 사람들

시계 바늘이 자정을 향해 힘겹게 올라가는 시간에 눈 폭풍이 몰아친다. 인적이 없는 거리, 찬바람을 토해내는 바람 소리만 들려올 뿐 보이는 공간은 티 하나 없이 점점 순백으로 변해간다. 늦은 이 시각, 큰 아이의 방에서는 한국어를 가르치고 있는 아내의 가는 목소리가 문틈 사이로 새어 나오고, 건너편 작은 아이의 방에서는 아리아 속 여가수의 목소리가 무겁게 내려앉은 공기를 화살처럼 날카롭게 가로질러 거실 소파에 앉아 있는 내 귓속으로 빨려 들어온다. 내일은 쉬는 날이라 잠에 쫓기지 않는 편안한 마음으로 소파에 몸을 반쯤 누이고 책을 읽는다. 아내는 큰 아이에게 큰 소리로 읽어 보라는 말을 남기고, 이내 방에서 나와 식탁에 앉는다.

식탁 위 바구니 안에 노랗게 익은 망고를 집어 들고 깎는 아내를 보며, 새삼스레 졸업을 앞둔 초등학교 시절 눈이 내리던 날이 떠올랐다. 먹고 사는 것이 변변치 못하던 시절이라 동네 아이들이 팽이치기와 구슬치기를 하다 배가 고프면 고구마 밭으로 가서 이랑 사이에 두둑

이 올라온 흙을 걷어내 간간이 남아 있는 고구마를 캐내고, 주위에 있는 마른 고구마 넝쿨을 거두어 태워 그 잿불에 잘잘한 고구마들을 구워 먹었던 기억이 떠오른다. 소년 시절의 추억이 남아있는 고향의 풍경이 떠오르고, 눈 오는 날 식구가 오순도순 모여 있다는 것만으로도 마음이 흡족하고 더없이 행복하다. 행복이란 느끼는 사람의 상황이며 그것에 따른 자신의 몫이기는 하지만 이전에는 느껴보지도 못했던 이런 작은 것에도 행복을 느낄 수 있다는 새로운 사실을 깨닫는 시간이다.

물에 젖은 솜뭉치처럼 무거운 몸을 일으켜 창밖을 내다보니 점점 거세지는 바람에 눈발이 우왕좌왕한다. 기온이 점점 내려가는 시각 어깨를 잔뜩 움츠리며 지나가는 사람이 눈 속에서 가시 바늘처럼 튀어 올라왔다. 별안간 욕망의 거리 맨해튼의 그랜드 센트럴(Grand Central) 지하철 입구에 줄지어 앉아 풍찬노숙(風餐露宿)하는 홈리스(Homeless)들의 모습이 아른거리고, 유엔 본부 가까운 42가 웨스틴 호텔(The Westin Hotel) 옆에 며칠 전부터 새로 자리를 잡은 백인 노인의 모습도 떠올랐다. 그리고 젊은 백인부부가 CVS 약국 입구에 앉아 책을 읽으며 구걸하는 모습도.

봄이 오기엔 아직도 요원한데 이 추운 날씨에 거리에서 떨고 있는 사람들을 생각하니 못으로 찔린 상처처럼 가슴이 아파졌다. 뉴욕시가 발표한 홈리스 쉘터(Homeless Shelter)에 머무는 사람들이 63,000명이나 되고, 홈리스 쉘터가 만원이 되어 들어가지 못한 거리의 사람까지 합하면 70,000명이 넘어간다는 뉴스를 며칠 전에 들었다. 뉴욕시 900만 인구의 거의 1퍼센트에 해당하는 수치이다. 내가 90년대에 이민 올

때만 해도 별로 눈에 띄지 않았던 홈리스들이 이젠 거리에 넘쳐나고, 그 당시에는 대부분 흑인 노숙자들이었지만 지금은 거리로 내몰린 사람들을 보면 흑인들은 줄어들고, 오히려 유럽계 백인들의 증가가 두드러진다. 2000년대 초부터 몇 년 동안 맨해튼의 홈리스 쉘터에서 봉사하던 때 20,000명 아래였던 것과 비교하면 3배 이상 증가한 수치다. 당시 쉘터에 몸 붙이고 있는 사람들을 보면 갑자기 실직했다거나 이혼으로 당장 갈 데가 없어 찾는 사람들, 마약에 중독되어 치료소에 들어가 있다가 나와 새 직장을 잡을 때까지 기다리는 사람들이었다. 그리고 일을 할 수 없는 중증 장애인이 시정부에서 제공해주는 아파트 입주를 기다리기 위해 임시로 머무는 사람들이 대부분이었지만 이제는 생계와 연관된 실업자들로 넘쳐나고, 등록을 받아도 언제 그 피난처로 들어갈지 모를 정도로 상황이 심각하다.

이유는 2001년부터 2009년까지 재임했던 43대 조지 W. 부시(George W. Bush) 대통령이 같은 공화당 출신의 전 닉슨(R. Nixon)과 포드(G. Ford) 대통령 시절의 국무장관이었던 헨리 키신저(Henry A. Kissinger)의 정치학에 영향을 받아 도입한 친기업 정책인 신자유주의 정책이 그 원인이다. 국민들의 우려에도 불구하고 신자유주의 정책을 시행한 결과 자본주의의 폐단인 빈익빈 부익부가 예전보다 심화되었다. 변화의 패러다임은 2001년 아프가니스탄과 이라크 전쟁, 2008년 월 가에서 시작된 비우량 담보대출로 인한 사태에서 찾을 수 있다. 두 개의 전쟁에서 소요되는 전비와 월 가의 투자회사들의 탐욕으로 인한 파산은 국가가 전담해야 할 비용으로 돌아왔고, 그 빚을 상류층이 아닌 중,

하류층 구성원들이 모두 떠맡게 되었다는 것은 누구나 알고 있는 사실이다.

나비효과(Butterfly effect)의 파장처럼, 9년 전에 일어난 사태가 지금은 예상치 못한 엄청난 결과가 되어 나타나 미국 경제를 지탱하는 백인 중산층이 몰락하고 있다. 임금의 인상이 미진하거나 오히려 깎였음에도 불구하고 인플레이션의 압박으로 가장 큰 피해를 입은 백인 중산층들이 신용카드는 물론, 주택이나 자동차 모기지가 연체되어 거리로 내몰린 경우가 대부분이다. 백인 중산층들이 몰락하고 있다는 것을 감지한 연방정부나 주정부가 재정적자 다음으로 홈리스라고 화두에 올리는 것을 보면 현 상황이 악화일로에 있다는 것을 알 수 있다. 빈부차이가 극명해져 가는 미국에서는 백만장자나 억만장자의 부류에 포함되지 않은 99퍼센트가 넘는 시민들은 직장에서 인원 감축에 포함되지 않을까 하루하루를 불안한 마음으로 생활한다.

얼굴에 기름기가 없는 거리의 사람들 앞에 놓인 골판지엔 "돈도 좋지만 일자리가 필요합니다.", "거리의 생활을 벗어날 수 있도록 아무거라도 도움을 주세요. 당신에겐 필요 없는 것이 나에겐 소중할지 모릅니다."라는 다급한 글들이 보이고, 눈망울에는 근심이 맺혀 힘이 없어 보인다. 거리의 사람들의 절망에 가까운 상황을 출퇴근 시간마다 아픈 마음으로 바라본다. 얼어붙은 창공, 높은 빌딩에 태양빛마저도 닿지 않는 차가운 그늘 아래 앉아 무심히 콘크리트 바닥을 바라보고 있는 사람들을 보노라면 가슴을 도려내는 것같이 아프다. 어둠이 짙어갈수록 온몸을 두드리는, 아니 뼛속까지 파고드는 차가운 삭풍(朔風)을 안으며 거리의 한구석에서 쭈그리고 앉아 있는 낯선 사람들.

저마다 부산하게 움직이는 인파의 물결이 계속해서 거리를 휩쓸고 지나가지만 도시 한복판에 '고독'이라 명명된 낯선 섬에 갇힌 영혼들은 오늘도 그 자리에 앉아 모진 추위를 안고 밤을 지새워야 한다. 수많은 사람을 만나면서도 진정한 만남이 없는 사람들. 그리고 비어있는 구걸 그릇처럼 그들의 가슴속에는 외로움만이 덩그러니 남아있을 뿐이다. 지나가는 행인들과 달리 나 자신은 야박하거나 무심치 않다며 소액의 지폐를 쥐여주지만, 사실 나 자신을 돌아보면 이들은 나와 소중한 관계가 아니라는 느낌이 먼저 드는 것은 무슨 연유 때문일까? 야박하게도 '나'는 '너'가 아닌 그저 '그 사람'으로 생각하며 접근하고 있다는 것을 발견한다.

'너'가 있을 때 '나'라는 존재의 가치가 성립이 되고 완성되는 것임에도 불구하고 왜 나는 타자에 대해 경계를 하는 것일까. '나'라는 존재가 상대인 '너'라는 존재의 의미와 가치를 인정하게 되면 깊은 관계가 이루어지는 것이고, 곧 그 관계는 내 속에 '너'가 녹아져 계속적인 '너'에 대한 아낌없는 사랑을 베풀어야 한다는 것을 의미하기 때문일까. 나 스스로 부담을 짊어지거나 책임감을 느끼지 않기 위해 의식적으로 '너'를 '그것'으로 대상화시켜 대면하며 살아오고 있다는 것을 깨닫는다.

타자가 아닌 '너'를 사랑함으로써 '나'를 알게 되고 더불어 '나'라는 존재가 인간으로 완성되는 것은 물론 세상을 제대로 볼 수 있으며 새로운 인생을 살 수 있음에도 거부하는 이유는 단 한 가지다. 그것은 의도적으로, 내 주변을 단순하게 정리해 정신적으로 분주하지 않고 홀로 편안하게 살겠다는 이기적인 욕심 때문이다. 사회구조 속에서 인간의 이기적 속성을 간파하고 접근한 오스트리아 출신의 유대인이며 하시디즘(Hasidism)을 추종하는 마르틴 부버(Martin Buber)는 《나와 너(I and Thou)》에서 "'그것'은 애벌레나 번데기요, '너'는 나비다. '너'를 '그것'으로 대상화하면 껍데기로 보일 뿐이지만, '너'를 순수한 '너'라는 존재(存在) 자체로 본다면 번데기에서 나비로 전환되는 숨겨진 힘을 볼 수 있다. 왜냐하면 '나'와 '너'라는 것이 분리될 수 없는 하나이기에 살아가는데 있어서는 '나'라는 낱개의 단어 그 자체가 성립될 수 없기 때문이다."라고 언급하며 우리의 기존 인식을 근본적으로 전환하라고 강조한다. 인위적이고 의도적인 인식을 벗어던지고 인격적으로 '너'를 사랑할 때, 현존하는 사람들인 '너'를 통해서 스스로 '나'라는 본래의 깊은 모습을 보고 느낄 수 있다는 말과 같다. '나'라는 그 자체는 근본적으로 없는 것이며 '나'와 '너'가 있을 때만 가능한 것이 아닌가.

내가 그의 이름을 불러 주기 전에는
그는 다만
하나의 몸짓에 지나지 않았다.

내가 그의 이름을 불러 주었을 때
그는 나에게로 와서
꽃이 되었다.

내가 그의 이름을 불러 준 것처럼

나의 이 빛깔과 향기에 알맞은
누가 나의 이름을 불러 다오.
그에게로 가서 나도
그의 꽃이 되고 싶다.

우리들은 모두
무엇이 되고 싶다.
너는 나에게 나는 너에게
잊혀지지 않는 하나의 눈짓이 되고 싶다.
- 김춘수, 〈꽃〉

살아가면서 내 영혼은 항상 두 가지 관계를 가지고 살아간다. 하나는 '나와 너'와 관계이며 다른 하나는 '나와 그것'의 관계이다. '나와 너'의 관계에 있어서 '나'는 전 인격을 기울여 '너'와 마주하지만, '나와 그것'의 관계로 거리를 설정하여 대할 때 '나'는 '너'를 그저 아무 가치 없는 대상으로써만 경험했을 뿐이라는 뜻과 일치한다. 육신의 편안함에 안주해 나 자신은 '나'라는 본래의 모습을 찾지 않았고, 나 이외의 것은 나와 무관한 타(他)일 뿐이라고 생각하며 살아왔던 시간이 너무 안타깝다. 이 시간 이기(利己)에 묻혀 어리석게도 한평생을 자아도취라는 망상 속에서 살아왔다고 부끄러운 고백을 한다.

창밖으로 내민 얼굴을 향해 거센 눈바람이 쏜살같이 달려오고 홈리스 쉘터에서 수년 동안 집 없는 사람들을 위해 봉사했다고 자부하며 살아왔지만, 열정을 쏟아내었던 시간과 물질은 나 자신 스스로 위안받기 위한 허세였다는 것을 깨닫는다. 시간은 점점 어둠 속을 찾아 숨어 들어가고, 과거를 더듬을수록 바르게 살아오지 않았기에 혼돈으로 빠져들어 간다. 도대체 나의 정체는 무엇이며, 지금 삶의 어디에 서 있는가. 남은 시간을 어떻게 살 것이며, 지금 이 시각에도 세상과 제대로 관계하며 그 속에서 나의 모습을 제대로 비추어보고 있는가를 더듬어 보지만 사랑을 소홀히 하며 살아왔던 비인간적인 모습만 넘실거릴 뿐 아무것도 발견할 수 없다.

이 시간 애통하는 마음으로 사람이 사람답게 산다는 것은 무엇인가 생각해본다. 비록 나무들의 모양과 색깔은 각자 다르지만 같은 숲 속에 있는 나무들이라는 개념이 소중한 것처럼, 처음일지라도 나와 대면하는 사람들, '그것'이 아닌 '너'나 '나'와 같은 귀한 존재라는 것을 항상 마음속 깊이 새겨놓자. 나는 세상 속에 있고, 세상은 내 속에 있으니 말이다.

선입견과 편견을 버리고, 항상 치우침이 없이 수평을 이루는 물과 같은 겸허한 자세로 내 이웃을 내 몸과 같이 대하며 살아가는 것이 바른 삶이며 신의 뜻에 순응하는 삶이라는 것을 이 밤 다시 한번 깨닫는다. '나'는 '너'와 더불어 시간의 종착지 너머까지 가야 한다. 내 자리를 잡지 못하고 이리저리 방황하며 살아왔다는 후회가 밀려오지만, 돌이켜보면 삶을 완성시키기 위한 과정이지 인생이 걸어가야 할 길을 잃어버린 것은 아니다. 인생이란 세포의 활동이 다 멈춰 설 때까지 '나'를 계속 찾아가는 과정이기 때문이다. 숨어 있는 번데기가 껍데기를 벗어버리고 나비라는 성체가 되듯, 과거의 나를 버려버리고 새로운 나의 탄생을 원하는 이 시간. 인간이라는 본래의 모습으로 돌아가고 싶은 간절한 소망을 담은 이 밤의 눈 폭풍은 '궁극적 자유'라는 언어를 싣고 내 영혼을 향해 속삭이듯 달려온다.

오솔길 위의 낙엽

여름 내내 짙푸르고 무성하던 숲에 가을바람이 찾아왔다. 시름시름 하던 나뭇잎들은 한 잎 두 잎 떨어져 오솔길을 막고 있다. 숲은 노랗고 아직도 떨어지지 않은 나뭇잎들은 숨을 죽이며 자신의 차례를 기다린다. 소리 없이 떨어져 공원 이곳저곳에서 뒹구는 퇴색된 잎들이 눈에 들어온다. 살아 움직이는 것들은 형체도 없이 흙으로 돌아가지만 생명은 멈추는 것이 아니라 새로운 탄생을 위한 버림이리라. 무거운 태양빛을 이고 있었던 한 계절을 보내고 겨울이 오기 전에 가야 할 곳을 눈치챘는지 서로 아우성치며 떨어지는 빛바랜 잎사귀들. 싹이 돋고 꽃이 피며 푸름으로 만나 낙엽으로 헤어지는 이 가을을 바라보며 걷노라면 영혼 안에는 아무것도 남지 않고 텅 빈 것처럼 다가오는 것은 왜일까.

만물의 색깔이 탈바꿈해있을 뿐 세월은 오는 것도 가는 것도 아니라 '없음'이라는 것을 깨닫는다. 저마다 떨어지는 잎사귀에 귀를 기울여 보지만 소리도 없는 그것은 오로지 영혼으로만 느낄 수 있는 자연의 언어이다. 보내고 싶지 않은 계절이 점점 깊어간다고 아쉬워하며 "흐르는 시간이 이 자리에서 멈춰버렸으면 좋겠다."고 내뱉지만 사실 시간이란 존재하지 않는 것이며, 인간이 만들어 놓은 숫자에 불과한 비 실재성이다. 인간이 기억해내는 과거나 현재, 미래는 숫자에 맞추어 생활하려는 양식일 뿐, 끝에서부터 끝까지 이어지는 신의 존재처럼 인간이 말하는 세월이란 그저 무한 속에서 균일하게 존재하고 있다. 인간이 정해놓고 생활하는 시간이란 화살처럼 한 방향으로만 날아가는 것은 아니며 우주의 시공간처럼 시작도 끝도 없다. 시간을 정해서 살아가는 것은 생명은 유한하다는 착각에서 온 이유 때문일 것이다. 주관에 의해 스스로 만들어 놓은 시간의 숫자에 노예가 되어버린 모습에 절망을 느끼는 인간들은 모든 것들이 죽음을 향해간다고 애통해하지만 사실 그 죽음은 새로운 탄생을 준비하는 우주적 사건이다.

슬퍼하지 마라, 머지않아 밤이 오리니
그러면 우리는 창백한 들판 너머
싸늘한 달이 미소 지을 때
손과 손을 맞잡고 휴식하리니

슬퍼하지 마라, 멀지 않아 때가 되리니
우리는 알게 되리라 우리의 십자가
훤한 길섶 위에 나란히 두 개 서리라
그리고 바람 또한 불어오고 불어가리라
- 헤르만 헤세, 〈방랑의 길에서〉

존재한다는 것은 떨쳐버리지 못하고 무언가를 붙들고 있어야만 하는 것이 아니라, 순간순간 있는 그대로의 자신을 바라보며 '삶과 죽음'의 관계를 통찰해 나가고 더불어 나를 버리며 자연의 이치에 합일되어 생활하는 것은 아닐까. 삶과 죽음은 궁극적으로 하나라는 것을 내보이는 낙엽처럼, 삶의 전체성은 삶과 죽음이 하나가 되어야 한다. 그러기에 우리가 살아 있다는 것은 시공간을 뛰어넘는 대척점에 서 있는 것이 아니고 죽음을 향하여 한 발자국씩 내디디고 있다는 사실을 잊어서는 안 된다. 하루하루 죽음을 깨달으며 살아가야만 하는 것이고, 죽음을 향해 걸어가야 하는 것이 삶이라면 영원히 살 것처럼 살아가서는 안 된다. 순간순간 죽음과 동행하며 살아가고 있다는 것을 스스로 규명하거나 이해하지 못하고 살아가는 것만큼 세상에 슬픈 일이 어디 있겠는가. 우리에게 닥쳐올 일들을 망각한 채 결코 죽지 않을 것처럼 지위와 명예 그리고 물질적 성공을 위해 앞만 보며 치닫는 사람들과 한 생명이 태어남과 동시에 떨어질 수 없는 죽음이 우리를 기다리고 있다는 것을 간과하며 숨을 몰아쉬며 달리고 달리다 육신의 행복을 다 이루어놓고, 때가 되어서는 두려움에 떨며 하루하루 살아가는 사람들에게 지금까지 이루어놓은 삶이 무슨 의미가 있는가. 죽음 앞에 당도해서도 '성공'과 '나'에 대한 집착 때문에 가쁜 숨을 몰아쉬면서도 아쉬움을 떨쳐버리지 못하는 사람들과 아직도 내가 살아있다고 단정하며 떠날 준비를 하지 않는 오만한 사람들의 모습을 보면 가슴이 찢어지듯 괴롭다. 삶의 가치를 어디에 두고 있든 죽음을 피할 수 없기에 모든 생명은 생명이 다하는 날까지 최선을 다해야만 하고, 다른 한편으로는 이웃과 더불어 살아가는 모습이 필요하다.

자신이 중심이 되어 살아가는 사람들의 망상은 생명이 유한하다는 흐름을 읽지 못한 채, 무언가에 집착하는 중독자들처럼 아직 내가 채우지 못한 욕망이 더 있다며 아쉬워하는 것이다. 살아온 길을 돌이켜보면 우리는 태어날 때부터 옷 한 벌도 걸치지 않고 손에 쥔 것 없이 태어났고 죽어 흙으로 돌아갈 때 아무것도 가지고 갈 수 없는 벌거숭이의 인생이다. 그러기에 우리에게 주어진 삶은 자신뿐 아니라 타자인 이웃과 더불어 어우러져야 하는 목적도 포함되어 있다. 정신세계는 소홀히 하고 이웃보다는 자신에 대한 애정이 넘쳐나는 사람들을 보면서 죽음은 거부할 수 없는 필연이 되어야만 한다는 것을 느낀다. 이들은 성공했다는 것을 사람들에게 과시하며 거대하고 영원한 우주의 역사에 기억되거나 남지도 않고 영원히 묻혀버리는 유한한 존재라는 것을 잊어버리며 살아간다.

삶은 선택도 아니고 죽음은 포기도 아닌 그저 도도하게 흘러가는 자연의 원리에 속해 있는 한 부분에 불과할 뿐이라는 것을 우리는 절대 잊어서는 안 된다. 죽음은 누구도 피할 수 없는 것, 죽는다는 것은 없어지는 것이 아니라는 것을 기억하자. 제 몸 일부를 떠나보낸 나목의 모습은 모든 것을 잃어버린 것처럼 보이지만 다음 세대를 위해 자연의 원리에 순응하는 것을 보며, 남아있는 내 생도 아쉬움과 두려움에 발버둥 치는 것이 아니라 자연의 순리를 의연하게 받아들이며 살아가야만 한다. 흔적도 없이 사라져 흙이 되지만 불평하거나 아쉬워하지 않는 낙엽처럼 내 육신이 죽어 먼 훗날 사람들의 기억 속에서 사라지더라도 안타까워하지 말자. 살아 움직이는 모든 것들은 보이지만 보이지 않는 것이며 결국 세월이 지나면 흔적도 없이 사라지는 것이기 때문이다. 빛바랜 낙엽에 저마다 겪었던 삶의 이야기가 담겨있듯, 걸어오고 걸어가야 할 길을 떠올려본다. 자꾸만 가을의 계절 속으로 걸어가는 자신을 돌아보며 비워 죽는다는 것은 세상 어느 것하고도 비교할 수 없는 아름다움이라는 것을 깨닫는 하루다.

인생은 고독의 연속

오늘 아침 출근 시간에 전철 안에서 인터넷 신문을 보던 중 눈에 띄는 글이 있었다. 사업체를 운영하던 최고 경영자가 인생을 접었다는 기사로, 삶을 포기한 그는 미국 박사학위에 유머나 행동, 남보다 세련된 매너에다 능숙한 영어 실력, 그리고 남들이 정말 부러워할 정도의 해외 인맥까지 여러 가지로 대단했다고 한다. 한마디로 말하면 모든 남자가 부러워할 만한 위치에 있었고 그 자리에 오르기까지 나름대로 '성공 방정식'을 잘 풀어나갔던 사람이라고 한다. 돈과 지위를 얻기 위해 치열하고 고된 과정을 거쳐서 정상에 섰지만, 어느 날 갑자기 그는 지독히 외로운 자신을 발견했다는 것이다. 그와 같이 동업했던 파트너는 "흉금을 털어놓고 이야기할 친구가 없이 살아온 자기 자신에게 '성공의 역설'을 느끼게 되었다는 말을 자주 했고, 허무를 느끼고 자살이라는 극단적인 길을 택하지 않았을까?"라는 추측을 한다. 자살 통계를 보면 80퍼센트가 남성인데 그 이유는 남자들의 관심사가 직장에 쏠려 있고, 그 안에서 경쟁과 적대감, 실직에 대한 불안감 등이 쌓여있다가 직장을 그만

두는 시간부터 갈수록 친구가 많아지는 여성과 달리 친구도 떨어져 나가고 내부 조직인 가족에게도 소외를 당하는 이른바 사회적 관계의 단절과 정서적 고립을 느끼기 때문이라고 한다. 기사의 내용을 보면 한마디로 인간이 느끼는 '고독(孤獨)'에 대한 이야기다. 이런 문제들을 극복할 수 있는 능력이 없을 때, 인간은 죽음이라는 극단적인 선택을 한다는 것이다.

고독이란 무엇일까. 내 주위에 사람들이 있지만 세상에 홀로 떨어져 있는 듯이 외롭고 쓸쓸한 것이다. 그러면 고독은 왜 느끼는 것일까? 그 앞에 선 사람들에게 외형적 모습만 비춰줄 뿐인 거울처럼, 내면의 세계를 보거나 찾을 수 없게 바쁘게 돌아가는 경쟁구도의 사회 속에서 '나'라는 본래의 모습을 잃어버린 데서 기인한다. 자신의 개성이나 인격을 박탈당한 채, 성공이나 최고의 자리만을 강요당하는 부조리한 사회 구조에서 오는 치열한 경쟁 구도가 스스로 상실감을 느끼게 하고, 인내가 바닥나면서 결국 '나는 고독하다. 그것도 지독하게'라며 한 번도 입가에서 돌지 않았던 낯선 단어들을 스스럼없이 내뱉게 만드는 것이다.

인간은 이해와 배려, 그리고 상호사랑이 우선되는 군집 생활에 대한 본능을 가지고 있다. 그러나 한 성원의 한계에서 오는 고독하다는 깨달음마저도 차단당하는 바쁜 현실과 '나'라는 본질을 찾을 기회도 주지 않는 악한 체제 속에서 개개인의 삶을 잃어버린 채, 계속해서 공정을 반복하는 기계처럼 살아야만 한다. 돈이 최고인 자본주의 체제는 자신의 성공이 곧 가족의 행복이란 등식을 주입하고, 가장은 가족의 평온

한 생활을 위해 온 인생을 투자해 앞만 보고 달리지만 계속되는 압박감에 시들어버린 몸과 마음은 결국 가족과의 대화 단절로 인해 오는 소통의 부재 속에서 이전까지 전혀 느껴보지도 못했던 고독과 소외라는 먹먹한 미지의 영역으로 내몰리는 것이다.

인간성을 상실시키는 경쟁의 구도 속에서 찾아오는 우울과 고독, 죽음의 경계선을 넘나드는 파괴상황으로까지 몰고 가는 이 현실을 생각해본다. 돈만 있으면 죽은 나사로(Lazarus)도 살려낼 수 있다는 개념을 극대화하는 천박한 자본주의에 의식화되어버린 사람들이 서로 간의 치열한 경쟁은 잘못되거나 죄가 아닐지도 모른다는 결론까지 도달해 버린 것은 아닐까. 고대 로마의 언어에서 '살다'는 원래 '사람들 사이에 존재해 소통한다'는 뜻이고 '죽다'는 '사람들 사이에서 존재하지 않기에 소통할 수 없다'라는 뜻이 있듯이, 존재의 참된 가치는 상호 간의 경쟁이 아니라 소통에서 오는 사랑의 구체적 관계이다.

고독하다는 것은 막연하고 감상적인 단어가 아니다. 현실과 소통할 수 없다고 느끼는 순간 그 인간은 절대 고독을 느끼는 것이다. 내 인생에 내가 없을 때 느끼는 좌절감, 오늘도 수많은 사람이 내 곁을 스쳐 지나가지만 소통할 수도 없고 나누며 더불어 살아갈 수도 없기에 외롭고 쓸쓸함 속에 고립되고, 그 고립이 확장되어 고독이 되는 것이다.

돌이켜보면 내 인생은 늘 고립되어 있었고, 고독의 연속이었다. 세계 제일의 도시인 뉴욕에서 이민 생활을 시작했고, 잔혹한 도시에서 거리로 내몰리지 않고 목구멍에 풀칠이라도 하려면 열심히 일해야 한다는 긴장에 짓눌려 여유도 없이 살아온 시간이 벌써 만 20년이다. 새벽부터 이리저리 분주하게 뛰어다니던 두 해 전의 어느 겨울날, 뼛속까지 파고드는 매서운 바람만큼이나 생명에 대한 파괴본능을 가진 자본주의 메커니즘(Mechanism)이 온몸을 휘감고 있다는 절망감에 휩싸였다. 나를 성찰할 최소한의 시간도 없이 기계처럼 일만 하는 나 자신이 마치 표정 없는 박제와 같았다. 외롭게 서 있는 거대한 빌딩들 사이사이로 드리워진 어둠, 그 속에 갇힌 채 냉기가 감도는 육신을 이끌고 일만 하고 있다는 것을 인지하게 되었다. 쓸쓸함과 외로움을 내 스스로 자초한 것이 아니라, 이 사회 구조가 자아를 빼앗고 고립(孤立)을 넘어 고독(孤獨)하게 만들었다는 억울함에 나름의 사회에 대한 철학적 질문을 하면서 한 계절을 시름 속에서 보낸 적이 있었다.

그러나 어떤 조건에서도 타협할 수 없는 우리들의 고귀한 인생은 강도만 다를 뿐 결국 어느 시대를 살아가든 그리고 어떤 주의에 속해 있든 본래 인간은 고독하기에 그 고독을 느끼며 평생을 사는 것이라는 사실을 깨달았다. 시대의 조류가 아닌 인간의 본성에 고독은 오감(五感)보다도 더 깊이 뿌리내리고 있기 때문이다. "인간은 나이가 들면 그만큼 자꾸만 고독해져 간다. 그러나 어쩌면 그것은 잘못된 일이 아닐지도 모른다. 왜냐하면, 어떤 의미에서 우리의 인생은 고독에 익숙해지기 위한 하나의 연속된 과정에 지나지 않기 때문이다."라는 일본의 소설가 무라카미 하루키의 말처럼, 고독은 살아있는 동안 끝없이 이어지는 연속적인 과정이며 절대 벗어날 수 없는 우리의 일상이다. 그는 또다시 "고독을 친구로 둘 수 있을 때 인생에 대해 조금 더 알 수 있지 않느냐?"라고 고독을 벗어나려고 발버둥 치는 사람들에게 반문한다.

고독을 벗어나려고 최선을 다하지만 신도 해답을 줄 수 없는, 인간에게 운명적으로 주어진 그 고독을 벗어날 수 없다면 빈 술병을 들고 취한 사람과 같이 그저 고독에 빠져 살아가는 것도 지혜가 아닐까. 우리가 떼는 발걸음 하나마다 생의 역사가 담겨 있듯 인간의 삶을 이루어 가는 과정 속에는 항상 차가운 금속성과 같은 고독이 함께하고 있으니 말이다. 인간이 불멸을 원하는 것은 자연의 혼미(昏迷)를 영원히 지속시키려는 망상과 다름없듯이 무덤에 갈 때까지 한순간도 떨어질 수 없이 동행해야 할 고독을 떨쳐버리고 싶다는 마음은 자연에 불응하려는 인간의 오판이며 인간이 생존해야 할 참된 의미와 목적을 모르는 가짜 염색체를 지닌 개체에 불과하다.

한 생명이 태동이 되고 죽음에 이르는 과정 속에는 우주의 역사가 응축되어 있듯이, 한 생명의 탄생과 더불어 죽음에 이를 때까지 불가분의 관계를 맺고 있는 것이 고독이기에 그것을 외면하거나 혹은 타자에게 소유를 이전하거나 양도할 수도 없다. 한 생명체와 하나가 되어 동시에 탄생하는 그 고독에도 우주의 역사가 함축되어 있다는 것을 증명하기 때문이다. 고독이란 전적으로 자신만이 소유할 수 있기에 혼자나 홀로라는 말이며, 나만이 대화가 가능하고 나만이 타인에게는 보이지 않는 내면세계를 깊숙이 들여다볼 수 있고 대화가 가능하다.

오늘이 행복하다고 느끼는 사람도, 이에 반해 하루하루가 불행하다고 통곡하며 살아가는 사람도 각자의 내면에는 항상 고독이라는 우주 역사의 그림자가 드리워져 있다. 행복이나 불행도 잠시, 결국은 인간 모두가 '나는 고독하다'라는 슬픈 단어를 되뇌며 더 이상 존재할 수 없는 세상 밖 무한만이 머무는 시공간으로 사라져 버린다. 양감이나 질감도, 색감도 없이 오로지 삶의 여정에 암흑만 드리우는 고독. 사랑이 위대한 것처럼 또한 고독도 위대하기에 피하지 않고 포옹하며 살아가야만 한다. 고독하다는 것은 힘들지만 자신을 성찰할 수 있도록 도와주며, 우주 속에 떠도는 먼지보다 더 미세하고 미약한 존재이지만 나를 '나' 되게 하는 힘을 갖고 있기 때문이다. "피할 수 없다면 즐기라."는 자포자기성의 유행어가 아니라, 너무 고독해서 느끼는 고통도 인간에게 주어진 도도한 자연의 일부이며 순리이기에 절대적으로 두려워하거나 외면하지 않고 살아가야 한다는 결단을 해본다.

"현명한 사람은 내 앞에 직면한 고독을 피하려거나 벗어나려고 발버둥 치는 사람이 아니라 고독과 같이 동행하며 즐기는 사람이다. 영원은 눈에 보이지 않지만 자신의 미래를 창조할 수 있는 원동력이 되는 것처럼, 깊은 고독에 빠져보지 않으면 영원을 창조하지 못한다."는 어느 노철학자의 말을 떠올리며, 굵은 봄비가 주룩주룩 내리고 만물이 흐릿한 수채화처럼 보이는 늦은 오후, 마음을 가다듬고 고독의 의미에 대해 다시 한번 생각해본다.

추억과 그리움의 단상

오선 위에 긴 박자와 짧은 박자의 음표가 수를 놓으며 이어지듯, 회색빛 하늘 공간에서 떨어지는 투명한 비는 작달비처럼 고음이 되고 때로는 귀를 기울여도 들을 수 없을 정도로 슬픈 잔비가 되어 진종일 내린다. 뒤뜰 담벼락 가까이에 서 있는 나목은 비 젖은 겨울바람에 이리저리 서럽게 춤을 추고 날개 젖은 새들은 허전한 가지에 웅크리고 앉아 털을 고르며 비가 멈추기만을 애타게 기다린다.

때아닌 스산하고 차가운 겨울비에 창밖 세상은 어둡게 젖어만 가고, 오가는 발길도 없는 창백한 거리 위로 보고 싶은 얼굴들이 순서에 따라 하나둘씩 일렬로 늘어선다. 쓸모없는 퇴적물처럼 머릿속에 주섬주섬 쌓아놓은 기억들도 시간이 지나면 망각의 다리를 건너 아득한 곳으로 떠나가지만, 재촉해도 떠나지 않고 아직 기억에 잠재해 있는 것들은 흙으로 돌아갈 때까지 뼛속 깊이 간직하고 싶은 추억이 있기 때문이다.

그 추억이란 부재(不在)의 전제가 아닌 한 생이 걸어오며 일어난 사실에서 생성되어진 흔적이기에 지울 수도 잊을 수도 없는 본능의 그림자이다. 연속해서 솟아오르는 샘물처럼 우리의 세포가 살아있는 동안 추억은 계속해서 생성되지만, 그 추억은 누구와도 같이 공유할 수 없는 나만의 것이다. 때아닌 비에 온 세상이 젖어가듯, 살아오면서 기껏해야 한 줌도 안 되는 추억을 머릿속에 널 뿌려 놓고, 자애의 기도문을 외우며 추억에 젖어 걸어가는 것이 인간이다.

오감을 통해 관찰, 주입된 과거의 사건들을 꺼내보지만 시간을 되돌려 그 시절로 돌아갈 수도 없기에 추억 하나하나마다 아픔이 내려앉아 있다. 강물과 같이 계속 흘러가는 잔혹한 시간은 감상적인 추억만 남겨놓은 채 모든 것을 빼앗아간다. 행복했던 시절로 남아있는 오렌지색 추억, 아픈 사연으로 기억되는 회색 추억, 그리고 만남의 기쁨과 이별의 아픔을 간직한 하얀 추억 등, 그저 그 시절을 돌아볼 수만 있을 뿐 두 번 다시는 경험할 수 없다. 추억을 많이 가질수록 상대가 행복해 보일 것 같지만 돌이켜보면 기쁨이나 행복보다는 아쉬움과 아픔의 상처가 더 많다.

더 나아가 과거의 사건을 현실로 연결해 만나보려는 기억의 회귀성(回歸性)이 사람의 추억이라면, 신을 향한 그리움은 시간과 공간을 초월한 영혼의 산물이기에 한 생명이 살아있는 동안은 시작도 끝도 없이 계속해서 이어진다. 남녀 간의 상사병이나 상사불망(相思不忘)과 같이 세월이 흐르면 사그라지거나 지워 없어지는 그리움과 달리, 신을 향한 그리움은 평생 동안 떠나지도 사라지지도 않는 정신 혹은 영혼의 심연 속에 가라앉아 있는 필연적인 사건이다. 인간이 존재하는 중요한 이유는 신에 대한 그리움 때문이다. 많은 사람이 그리움이 삶을 이끌어가는 원동력이 되기도 한다고 추상적인 말을 쉽게 내뱉지만, 신앙인에게 그리움이란 평생 동안 뼛속까지 깊이 앓고 죽어야 할 형체도 없는 신사병(神思病)이며, 예수처럼 이웃을 위해 모든 것을 포기하고 자신을 십자가 위로 내던져야만 한다는 전제가 뒤따른다.

물속에는
물만 있는 것이 아니다
하늘에는
그 하늘만 있는 것이 아니다
그리고 내 안에는
나만이 있는 것이 아니다

내 안에 있는 이여
내 안에서 나를 흔드는 이여
물처럼 하늘처럼 내 깊은 곳 흘러서
은밀한 내 꿈과 만나는 이여
그대가 곁에 있어도
나는 그대가 그립다
- 류시화, 〈그대가 곁에 있어도 나는 그대가 그립다〉

어린아이가 항상 어머니를 향해 그리워하는 것처럼, 에덴동산을 떠난 우리 영혼의 노스탤지어는 하나님을 향한 그리움이다. 그리고 사랑을 실천하는 것만이 하나님의 창조 목적에 대한 응답이다. 그러기에 신앙인의 삶 전체는 그리움이며, 그리움을 가지고 있다는 것은 세상을 변화시키고 자신까지 변화시키는 소망이 가득한 아름다운 사람이다.

오늘 문득 1969년 노벨문학상을 받은 사무엘 베케트(Samuel Beckett)의 《고도를 기다리며(Waiting for Godot, 원제: En attendant Godot)》라는 희곡이 떠오른다. 작가는 '고도(Godot)'라는 뜻이 "기독교적인 것과는 거리가 있다."고 말하지만, 그리움 없이는 기다림도 없고, 그리움 없이는 위대한 존재인 신을 만날 수도 없다는 것을 상기해야만 한다. 그리움을 이루기 위해 기다린다는 것은 한 인간을 존속시키는 힘이며, 그를 존재하게 하는 조건이다.

희곡의 두 주인공으로 육체를 상징하는 인물인 에스트라공(Estragon)과 영혼을 상징하는 인물인 블라디미르(Vladimir)가 그리스도와 함께 십자가형을 받은 도둑에 대해 이야기를 하다가 "이 광대한 혼돈 속에서 분명한 것은 단 한 가지, 그건 우리가 고도가 오기를 기다리고 있다는 점이야."라는 말이 가슴에 깊이 와 닿는다. 이후, 그들은 오늘도 고도가 오지 않았다는 소식을 듣지만 그래도 습관적으로 또다시 고도를 기다린다. 관객들에게 '습관은 인간의 모든 이성을 무디게 한다'는 작가 자신의 의도를 강조하기 위한 대사이지만, 그 대사 속에서 에스트라공과 블라디미르가 갖고 있는 그리움의 근원적 상황은 지독하게 메시아를 그리워하며 하염없이 기다리는 유대인들의 아릿한 신앙적인 개념과 비슷하다.

그러나 우리의 기다림과 그리움의 대상으로 본질이 하나님이신 '예수'는 결코 우리의 영혼 속에서 지워져 있거나 더불어 저 멀리 우주 뒤편에 숨어 계시기에 만나 볼 수도 없는 분이 아니라, 항상 우리 곁에 계시고 우리와 함께 하신다. 아니, 우리 안에 계시기에 우리의 결단에 따라 언제든지 만나 하나가 될 수 있다. 시곗바늘이 밑으로 내려갈수록 점점 짙은 어두움이 몰려오고, 갈수록 촘촘하고 무겁게 내리는 겨울비에 사물들이 구별할 수 없을 정도로 흐릿하게 눈에 들어온다. 암흑과 같은 세상을 살다 보니 기다림도 그리움도 사라졌다고 한탄하지만 그렇다고 우리의 영혼 안에 신에 대한 그리움이 지워졌거나 사라진 것은 아니다. 신은 언제나 어디서나 쉽게 만날 수 있는 존재라는 한 가닥 사실만 깨닫는다면 하나님과 동행할 수 있다는 증거이며 이후, 새로운 변화와 더불어 우리의 삶은 보석처럼 아름답고 영롱한 모습으로 바뀔 것이다.

겨울비

잠에서 깨어 일어나 내다본 거실 창밖으로 차갑고 무거운 겨울비가 빗살처럼 촘촘하게 내린다. 빗줄기가 생명줄처럼 땅과 하늘로 이어진 아침, 바깥 냄새를 맡기 위해 살짝 들어 올린 창문 틈으로 비에 젖은 바람은 마치 아카펠라의 향연을 하듯 아름다운 비음(鼻音)을 내며 쏟아져 들어온다. 방 안에서 내려다 보이는 뒤뜰에는 어제와 다르게 수북이 쌓여있던 오크나무의 노란 잎사귀들이 절인 깻잎처럼 하나둘씩 포개져 있다. 이리저리 흔들리는 나목들의 메마른 가지 위엔 언제 떠날지 모르는 몇 개의 색 바랜 잎사귀가 애잔하게 눈에 들어온다. 잎사귀 하나하나 떨어질 때마다 바람결을 타고 들려오는 나무들의 구슬픈 울음소리가 들리는 듯하다.

산다는 것은 상실의 연속이고, 살아온 만큼이나 고뇌와 아픔의 부피도 크다. 젊은 시절엔 늙어간다는 것을 상상도 할 수 없었지만 이젠 죽음보다도 더 무서운 늙어갈 일만 남아있다. 살아간다는 것은 순간순간 돌이킬 수 없는 시간임에도 불구하고 철없는 나 자신은 정작 항상 젊음을 유지할 것이라는 과오를 범하며 살아왔다. 목적지를 향해 달리는 레일 위의 기차가 뒤돌아 갈 수 없듯이 지나간 시간은 지울 수도 고칠 수도 없다.

철이 들어가면서 단 한 가지 두고두고 아쉬운 것은 나와 함께한 자연과 시간은 나를 지배한 것이 아니라 오히려 내게 무한한 자유를 주었고 자신의 의지에 따라 매 순간 올바르게 판단하며 살아갈 수 있는 이성을 준 시간의 소중함을 깨닫지 못한 아픔이다. 영혼이 성장할 수 있는 시련과 역경, 고통과 고뇌, 그리고 인내를 쓰레기 버리듯 저버린 인생을 무엇으로 변명할 수 있는가. 갈 길이 얼마 남지 않은 시점에서도 아직도 남겨둔 시간이 있기에 다른 길을 택할 수 있다고 변명으로 일관하는 나 자신은 도대체 어떤 인간인가. 종말에는 선택해 걸어온 그 길의 끝에 후회가 있는 줄 알면서도 실수를 합리화하는 나 자신을 보며 무책임한 인간이라는 분노가 치밀어 오른다. 아무리 손을 흔들어도 한번 떠나간 기차는 돌아오지 않듯, 산다는 것은 순간순간을 과거로 떠나보내는 쓰라린 현재와의 이별이다. 시간은 나와 함께하지만 필연적으로 사라질 수밖에 없다는 진리를 건성으로 받아들이며 살아왔던 내 자신을 다시 한번 돌아본다.

비 오는 아침, 비와 함께 시간은 새로운 언어로 강연을 하고 새로운 음악을 연주하지만 내 영혼은 알아들을 수도 이해할 수도 없다. 내가 느끼는 시간이라는 대상은 시각적 특징이 없기에 분명히 인지할 수는 없지만 내 육신이 쇠퇴해간다는 것만은 확실한 사실이다. 경계를 구별하는 과거와 현재와 미래라는 것이 실제로 존재하는지도 나로서는 알 수가 없다. 그렇다고 "존재에 대한 증명의 불가능이 비존재의 증명은 아니다."라는 말을 공감하거나 부정하고 싶지도 않다. 시간이란 시작도 끝도 없고 보이지도 않으며 만질 수도 없고 되돌릴 수도 없지만 내 영혼이 그토록 고통스러운 이유는 이타적이지 못하고 자신이 중심이 되어 살아왔었다는 후회가 육신이 시들어갈수록 더해지기 때문이다. 겨울비가 강렬하게 내리고, 자연의 모든 것이 서로를 위한 이타적 원리에 의해서 아름답게 돌아가는 계절 속에서 어느 날 갑자기 내 육신의 활동이 멈춰서는 순간을 떠올려본다. 한 생명이 흔적도 없이 소멸되어 우주 속 어딘가로 사라진다는 두려움에 나도 모르게 촉촉한 후회의 눈물이 두 뺨을 타고 하염없이 흘러내린다.

아무리 발버둥 쳐도 지금이라는 순간이 지나버리면 영영 돌아갈 수 없으니 한 줌의 재로 돌아가기 전까지 살면서 느꼈던 후회를 반추하여 다시 새로운 인생을 만들어 갈 수 있다는 희망을 품고 살아가야만 한다.

> 나 하늘로 돌아가리라
> 새벽빛 와 닿으면 스러지는
> 이슬 더불어 손에 손을 잡고
>
> 나 하늘로 돌아가리라
> 노을빛 함께 단 둘이
> 기슭에서 놀다가 구름 손짓하면은,

나 하늘로 돌아가리라

아름다운 이 세상 소풍 끝내는 날,

가서, 아름다웠다고 말하리라……

- 천상병, 〈귀천(歸天)〉

보통사람들은 어떻게 살든 인생살이 공친 시간은 없다고 위로하지만, 젊은 시절을 낭비하며 살아온 나에게는 그저 아름답게 포장된 말장난일 뿐이다. 사실 후회하는 만큼 원숙함을 만들어낸다는 말이 틀린 것은 아니다. 그러나 공쳤다는 것은 내 청춘을 실속 없이 소진했다는 말이며, 그 결과 치유할 수 없는 깊은 상처가 생겼다는 말이다. 어떤 모습으로 사는 것이 값진 것인지도 모르고 눈에 보이는 현실에만 너무 집착하며 살아왔기에 상실과 근심이 지금까지도 뼛속 깊은 곳까지 내려앉아 있다.

마음이 흔들리면 세상을 바르게 볼 수 없는 것이 당연함에도 세상의 흔들림에 따라 자신도 흔들려야만 세상을 바로 볼 수 있고 성공의 길로 줄달음할 수 있다고 판단했던 시절을 돌아보니 후회가 더한다. 헛된 일에 몸부림치고 안락이라는 유혹에 몰두했던 그 모습은 마치 사악한 메피스토펠레스(Mephistopheles)의 마수에서 벗어나지 못하고 자신을 결박시켜 가두었던 파우스트(Faust) 같다.

시간은 인간을 기다리지 않는다는 속성에 따라 내일이 찾아온다는 보장이 없는 것이 인생이기에 순간순간 겸허하게 살아가야 한다. 아무리 다짐하고 노력해도 돌아서면 자꾸자꾸 어두움을 쫓아만 가는 내 생활을 돌아보며, 차갑고 무거운 겨울비처럼 내 영혼 속에 후회의 눈물이 하염없이 흘러내린다. 앙상한 가지 위에 젖은 누런 잎사귀도 시간이 지나면 다시는 돌아올 수 없는 길을 떠나는 것이 정해진 자연의 이치이듯, 흙으로 돌아가야 할 인생이 영생불멸할 것처럼 세상 것을 붙잡고 있다는 것만큼 어리석은 것은 없다. 죽어 마지막 입고 갈 수의에도 주머니가 없는 공수래공수거(空手來空手去)의 인생이지만 천년만년 살 것처럼 욕망을 이루기 위해 숨 가쁘게 달려온 삶.

오늘 하루가 인생에 있어서 최선의 날이라는 것을 잊어버리고 내 이웃을 좀 더 사랑하지 못했음을 후회하는 겨울비 내리는 이 시간, 후회의 갈증은 더해만 간다. 사람들의 기억에도 떠오르지 않는 하찮은 존재이지만 아름답고 후회 없는 삶을 살아가기 위해 하루하루 최선의 노력을 하다가 때가 되면 꺼지는 등잔불처럼 살아가자. 창밖으로 쏟아지는 낯선 겨울비가 겨울 가뭄을 해갈시켜줄 활력수인 것처럼, 세상과 생활에 찌들어 힘들게 살아가는 사람들을 온몸을 다해 위로하며 살아가자. 이 비가 그치면 기력 없는 햇살이 거실로 스며들 것이고, 창가에 기대어 또다시 가슴을 움켜쥐며 후회의 눈물을 쏟을 것은 당연하다. 비록, 이 비가 그치면 창가에 기대어 또다시 가슴을 움켜쥐며 후회의 눈물을 쏟더라도 말이다.

작은 꿈

가을의 끝에 불어오는 스산한 바람에 어깨가 움츠러지고 고개를 돌려 보니 바로 뒤에는 초겨울이 바짝 따라붙은 느낌이다. 지금 뉴욕은 기온이 뚝 떨어져 코끝이 시리다 한들 겨울이라고 할 수도 없는 시간, 그리고 비록 시들어버렸지만 내리쪼이는 태양 아래 가을처럼 얇은 재킷을 입고 다닌다 한들 이상하게 느낄 것도 없는 계절과 계절이 교차하는 11월이다. 오늘도 먹고 살기 위해 아침부터 분주하게 움직여 내가 다니는 회사와 거래하는 한 호텔에 가기 위해 차를 멀찍이 주차하고 록펠러 센터(Rockefeller Center)가 있는 5애비뉴(Avenue) 50번가를 걷는다.

계절에 상관없이, 평소처럼 건너편 성 패트릭 성당 앞에 많은 관광객들이 몰려 있는 것이 눈에 띄었다. 몇 차선 되지 않는 길이라서 파노라마 카메라가 없이는 높은 성 패트릭 성당을 사진 화면에 다 담을 수 없기에 일반 카메라를 들고 있는 관광객들은 내가 걷고 있는 록펠러 센터 입구에 성냥갑 안의 성냥처럼 꽉 들어차 있었다. 수많은 사람들 사이로 이리저리 몸을 옮겨 걷다가, 또다시 빈 공간으로 몸을 돌리던 찰나 바로 앞에 21~3세쯤 되어 보이는 세 명의 한국여성이 눈에 들어왔다. "언니, 뉴욕의 가을은 정말 멋지지? 이곳에 사는 남자를 만나 뉴욕에 살고 싶어……" 옆을 지나면서 그녀들의 얼굴을 보기 위해 흘낏 눈을 돌려보고, 몇 걸음 옮기자마자 곧바로 등 뒤에서 말끝을 늘어뜨리며 "너만 그러니? 나도 여기 남자와 만나 이곳에 살고 싶은 것이 내 로망이야……"라며 다른 음색의 목소리가 들려왔다. 그리고 인파에 막혀서 진행할 곳을 찾고 있는 사이 "부러워라. 한국에 돌아가기 싫어……" 라는 또 다른 여자의 허스키한 목소리도 들려왔다. 이들의 대화 내용을 요약해보니 그녀들의 꿈은 돈 많고 멋진 남자를 만나 뉴욕에서 살고 싶다는 것이었다. 그들의 표정이 궁금해서 또다시 고개를 뒤로 돌려보는데, 마침 그녀들이 서 있는 자리 너머로 부와 성공의 상징인 세계 최대의 보석상 티파니(Tiffany)의 건물 일부가 살짝 눈에 들어왔다.

재물이라면 평생 행복을 이룰 수 있다는 물질 만능주의 사고를 가지고 있었던 한 여자가 상류층의 남자를 만나 살아가기를 원해 가정을 버리고 무작정 뉴욕으로 올라왔지만, 그 꿈을 이루지 못하고 같은 아파트에 사는 가난한 작가이자 돈 많은 부인의 정부(情夫)였던 남자를 만나 사랑에 빠져드는 내용을 담은 오드리 헵번(Audrey Hepburn, 홀리 골라이틀리 역)의 〈티파니에서 아침을(Breakfast at Tiffany's)〉이라는 영화가 떠올랐다. 그리고 사람들로 꽉 찬 촘촘한 틈 사이에서 건물 벽에 기대고 있는 3명의 홈리스들이 보였다. 백인 홈리스들의 골판지에는 "왜 거짓말을 합니까? 나요? 솔직히 맥주 마시고 싶습니다. 동전이라도 괜찮으니 마실 돈 좀 주세요. 부탁합니다." 또 하나는 "얼마 전 몸이 안 좋아 실직을 당했습니다. 다시 일어설 수 있도록 제발 나에게 기회를 주세요. 그러기 위해서는 당장 주거비가 필요합니다. 손길을 부탁합니다."라는 글이 보였다. 이들이 있는 바로 옆에는 40대 후반으로 보이는 멀쩡한 흑인이 "이곳 방문 중에 지갑을 잃어버렸습니다. 다른 주(州)에 있는 집으로 돌아가야 하는데 어려움에 부딪혔어요. 부디 도와주세요."라고 새 골판지에 쓴 깔끔한 글과 함께 크고 작은 여행가방 3개를 옆에 두고 서 있었다.

맨해튼의 중심이며 세계 최고의 브랜드를 자랑하는 상점들. 세계적인 부자들과 오랜 세월 명성을 같이 한 양복점과 구두, 보석 가게가 즐비한 거리에서 꿈을 꾸는 3명의 한국 여행객과 어려움에 처해있는 미국 남성들의 모습을 함께 만날 수 있었다. 꿈을 꾸며 자신의 처지를 상상해 보는 여행객과 콘크리트 바닥에 앉아 현재 처한 상황을 호소하는 사람들을 보면서 희망은 무한성이며 가능성이고, 현실은 유한성이며 필연성으로 다가왔다. 공기의 주입에 따라 모양과 크기가 달라지는 애드벌룬처럼 꿈과 좌절은 먼 거리에 있는 것 같지만 상황만 다를 뿐 우리들의 생활 속에서 항상 존재하고 있는 것을 실감하는 시간이다. 꿈은 대체적으로 가능성이 희박하지만 우리의 현실을 개선하거나 개량하기 위한 충분한 힘을 갖고 있다. 그러나 현실은 그리 녹록지 않아 수많은 실패와 좌절을 맛보게 한다.

꿈을 잡아라

꿈이 사그라지면

록펠러 센터(Rockefeller Center)

삶은 날개가 부러져
날지 못하는 새이니.

꿈을 잡아라
꿈이 사라지면
삶은 눈으로 얼어붙은
황량한 들판이니.

Hold fast to dreams
For if dreams die
Life is a broken-winged bird
That cannot fly.

Hold fast to dreams
For when dreams go
Life is a barren field
Frozen with snow.
- 랭스턴 휴즈(Langston Hughes), 〈꿈(Dreams)〉

소외된 자들을 위해 살아가겠다며 꿈을 갖고 섬에서 목회를 시작하였지만 철저하게 제도권에 묶여 있던 목회자들과 다른 사고로 인해 아웃사이더가 되어 하루하루 힘들고 불투명한 날을 보냈던 시절을 떠올려본다. 가까이하려는 사람들도 없고 찾아주는 이도 없이 외로운 시간을 보내던 어느 날, 바위에 부딪혀서 물거품이 되어 사라지는 파도를 보며 내 미래도 저 포말처럼 꺼져 사라져 버린다는 두려움에 떨며, 생활고로 고통스럽게 한 계절을 보내던 때였다. 꿈에 대한 열정도 소멸되어가고 점점 무능해지는 내 모습을 보며 애통해하던 시간이었다. 주위의 차가운 눈초리에 모든 생각들이 움츠러들며 삶에 대한 의욕까지 잃어버릴까봐 더더욱 두려웠다.

그저 섬 주민들과 공동체를 하고 싶다는 소박한 꿈이 거친 환경에 의해 한 줄기 연기처럼 가뭇없이 사라지고, 꿈에 대한 도전은커녕 무능함을 넘어 망가져 가는 내 생활을 보며 환경의 변화가 필요함을 느꼈다. 자신에 대한 믿음이 시들어버려도 이대로 꿈을 접을 수 없다는 분명한 사실이 가슴속에서 요동치면서 환경의 변화를 위해 이곳저곳을 두리번거렸다. 미래가 사라진 현실에 스트레스를 넘어 정서마저 불안정해지는 내 자신을 돌아보면서 소망했던 것이 이루어지지 않더라도 다른 장소에서 도전해봐야 한다는 결단을 내렸다. 소망했던 꿈을 이루기 위한 노력을 무덤 앞에 이를 때까지 계속해야 한다는 생각에 인맥으로 연결된 한국에서의 목회 생활을 포기하고, 가족이 모여 있는 뉴욕으로 가서 자유로운 생활과 더불어 미약하나마 소외된 자들을 도우며 살고 싶다는 꿈을 가지고 비행기에 몸을 실었다. 머릿속에 전혀 남겨 놓고 싶지 않은 한국에서의 지난 일들이 주마등처럼 지나가며 마음은 편치 않았지만, 새로운 보금자리를 찾아간다는 뿌듯함에 14시간 동안 눈 한번 뜨지 않고 깊은 잠에 빠져들었다.

뉴욕 존 F. 케네디(John F. Kennedy) 공항에 도착하던 날 땅거미가 몰려오는 시간, 마중을 나왔던 큰 형님은 반갑게 나를 맞아주었다. 차에 태우고 가면서 "목회 때문에 너무 늦게 들어온 감도 있지만 어쨌든 축하한다. 조카들의 교육을 위해서는 네가 이민을 잘 선택했다고 본다. 이민 와서 돈에만 너무 관심 갖지 말고 아이들의 교육에 힘쓰며 살아야 한다. 이곳에 왔으니 하는 말인데 앞으로 네가 하고 싶은 것이 무엇이냐?"고 물어왔다. 그때 "아이들의 좋은 교육은 물론이고 아이들이 결혼하고 난 후에 생활이 안정되면 꽃도 키우고 반려동물도 키우며 살고 싶습니다. 여유가 되면 경비행기 면허증을 취득해 아내와 같이 여러 나라의 하늘을 가르고 싶습니다."라고 웃으며 농담 반 진담 반으로 대답한 적이 있었다. 시집가는 것이 무엇인지도 모르고 마냥 좋아하는 어린 여자아이처럼 이민 사회를 모르고 하는 내 말에 어이가 없는지 미소를 지으면서 차창으로 고개를 돌리더니 "석양이 내리니 하늘이 어두워지는구나. 가족들이 네가 온다고 바비큐 파티를 한다고 기다리는데……. 네 꿈이 이루어지려면 쉬지 않고 열심히 벌어야 이루어질 텐데. 이민 생활이 험난하다고 포기하지 말고 최선을 다해 노력해서 네가 원하는 꿈을 이루기 바란다. 미국에 살다보면 가정만큼 중요한 것이 없다는 것을 느낄 것이고, 가정이 너의 꿈이 될 것이다. 그리고 5년 후에는 이민 생활을 시작한 모습과 어떻게 다른지 돌아보아야 한다. 그리고 또다시 5년이 지난 후에 5년 전의 모습과 어떻게 다른지 대조해야만 발전성이 있다. 그리고 계속해서…… 살다보면 이민 생활이 어렵다는 것을 알게 될 것이고, 이민 생활에 만족을 느낄 수 있는 방법은 지금보다

꿈과 현실의 간극을 좁히고 먼저 가정에 관심을 갖고 생활하는 것이다. 그렇다고 네가 소중하게 품어 온 꿈을 포기하라는 것이 아니라 나이가 들다 보면 가장 중요한 것은 가정이라는 것을 깨달을 것이라는 말이다. 한국하고는 달리 이곳은 개방된 사회이기에 아이들이 잘못된 길로 들어서는 경우가 많고, 그 영향으로 가정이 파괴되는 경우가 미국 사회에서는 비일비재하고 한인 사회에서도 허다하게 일어나고 있다. 가정이 파괴되면 네 꿈도 아무 소용없는 물거품이 된다. 건강한 가정이야말로 네가 품은 꿈만이 아니라 네가 살아가는 데 힘이 되고 가장 큰 행복이 될 것이다. 아메리칸 드림은 이미 시들어버렸고 살다 보면 가정에 꿈을 두고 사는 것이 최고의 가치이며 행복이라는 것을 네 자신이 깨달을 것으로 확신한다."라며 형제지간을 떠나 이민 선배로서 미국 사회를 보고 느낀 것을 나에게 전해주었다.

세월은 흐르고 이민 생활 20년이 넘어가는 이 시점에서 먹고 살기 위해 하루하루 고단한 생활을 하다 보니 원대한 꿈이 있다고 해서 행복한 것이 아니고 꿈이 없다고 불행한 것도 아니라는 것을 깨달았다. 꿈이 현실이 되고 현실이 꿈이 되어 넘나드는 장자(莊子)의 호접지몽(胡蝶之夢)처럼, 지금 나의 꿈은 가정이고 내가 느끼고 있는 현실 역시 가정이다. 젊은 시절처럼 나 자신이 기준인 개인적인 꿈이 아니라 이제는 가족이 건강하고 평안하며 성장한 자식들이 제대로 된 여자를 만나 분가해 아름다운 가정을 이루는 것이 꿈이다. 항로에 필요한 나침반과 같이 인생들에게 절대적으로 필요한 것이 꿈이지만 내 젊은 시절엔 환경을 무시하고 목적에만 몰두해 살아갔기에 그것은 꿈이 아닌 이상일 뿐이었다. 꿈이란 자신의 현재와 조화를 이루어야 함에도 불구하고 대부분 편한 생활을 보장받기 위해 자신의 현실과 동떨어져 있는 것을 기를 쓰며 이루고자 하는 것이 아닌가. 꿈은 나를 다듬고 나를 만들어가는 과정이며 자신의 발전을 위해 필요한 것이지만, 과도한 꿈은 자신을 실망과 좌절로 몰아넣고 실패한 인생을 살아가게 만든다. 그러기에 우리가 꿈을 꾼다는 것은 현실에서 가능하고 성취할 수 있는 것을 향해 한 걸음을 내딛는 것을 말한다. 눈높이를 낮추고 자신이 원하는 쪽으로 방향을 잘 잡고 나간다면 우리의 꿈은 현실이 될 수 있다.

누구나 갖고 있는 그 꿈은 불가능이라는 허영과 가능이라는 소박함 사이의 줄다리기다. 인간이 살아있는 동안은 미래이기에 이순(耳順)이 된 나 자신도 미래를 위해 꿈을 꾸며 살아간다. 땅끝까지 가보지 않으면 그곳에 무엇이 있는지 아무도 모르는 것처럼, 꿈을 이루기 위해 끝까지 노력하는 사람의 미래는 아무도 모른다.

2부

첫 번째 대륙횡단

떠나고 싶을 때는 떠나야 한다

오로지 돌아가는 것에만 열중하는 풍차처럼 아무 의미 없이 계속되는 단조로운 일상에 실증을 느껴본 사람이 있는가. 일상이라는 올무에 걸려 마지못해 살아가는 현실을 우리는 보통 창살 없는 옥살이 같다고 한다. 신선처럼 세상을 초월해 살아가지 않는 이상 누구나 맞닥트리고 있는 현실에 대해 염증을 느끼는 것은 당연하다. 남녀노소, 사회적 지위와 빈부에 관계없이 현실이라는 터전 위에 발을 딛고 올라선 사람들은 매일같이 피로와 스트레스를 받으며 살아가고 있고, 생존경쟁이 벌어지는 현장에서 비켜나 있는 사람은 아무도 없기에 잠시라도 그 현장을 떠나서 쉬고 싶어 하는 것이 사람들의 마음이다. 아무리 노력해도 좀 더 나은 생활로 도약할 수 없는 절망적인 현실을 마주하고 있는 사람에게는 마음을 가다듬기 위해 여행이 더욱 필요하지만 그들에게 여행이라는 단어는 사치에 가까운 이야기일지도 모른다.

그러나 아무리 노력해도 희망이 보이지 않을 때 자신이 왜 이렇게 무능하게 살아가고 있는지 알 수 없다는 회의가 가슴을 휘젓는다.

이익이라는 결과가 나타나야 하는 자본주의의 체제에서 피로와 절망을 안고 살아가는 인생들이 의외로 많은 것은 확실하다. 실제로 사회생활에 대한 무력감이 팽배해져 삶의 의욕을 잃어버리고 살아가는 사람들이 힘들어하는 모습을 내 주위에도 허다하게 볼 수 있다. 발을 딛고 서 있는 환경이 무의미하다고 느껴질 때, 누구나 그 우울함을 떨쳐버리기 위해 훌쩍 여행을 떠나거나 아예 현실을 접어두고 어디론가 도피해 유유자적하며 살고 싶다고 생각하는 사람은 나뿐만이 아닐 것이다. 숨 가쁘게 돌아가는 시스템 속에서 시간적 여유는 물론, 나 자신까지도 잃어버리고 산다는 생각에 비애를 느낄 때가 한 두 번이 아니었고, 한때 가족이 없다면 도시를 벗어나 조용한 곳에서 땅을 가꾸며 살고 싶다고 느낀 적도 있었다.

미국 땅에 첫발을 내디딘 이후로 계속해서 내 머릿속을 떠나지 않았던 것은 단 한 가지, 자식과 아내에게 생활의 고통을 주지 않으려면 열심히 일해야 한다는 것이었다. 그리고 아이들이 대학을 졸업하면 노후 준비를 해야 한다는 생각으로 하루하루 최선을 다해 버텨왔고, 일에 묻혀 숨 가쁘게 달려오면서 나도 모르게 내 본래의 모습을 잃어버리고 살아오고 있다는 것을 느끼게 되었다. 자기 자신을 잃어버리고 산다는 것만큼 슬픈 사연이 세상천지 어디에 있겠는가. 일을 하다말고 맨해튼 타임스 스퀘어의 벤치에 지친 몸을 기대고 있던 어느 초겨울 날, 문득 '나는 누구인가? 그리고 나는 어떻게 살아왔고 앞으로 무엇을 하며 어떻게 살아가야 하나?'라는 생각에 비애가 고무풍선처럼 부풀어져 갔다. 이후, 정신적 고민과 육체적 고통이 반복되는 현실에서 며칠이라도 비켜서 있으면 행복하고 자유로워질 것이라는 기대와 더불어 여행을 통해 자신을 돌아보고 생활의 불필요한 문제도 정리할 수 있을 거라는 간절함에 대륙횡단 계획이 시작되었다.

팀 보울러(Tim Bowler)가 자신의 소설 《리버보이(River Boy)》에서 "인생이란 가장 슬픈 날 가장 행복하게 웃는 용기를 배우는 것이다."라는 말을 토해낸 것처럼 노력해도 생활이 나아지는 것이 없기에 때로는 실망을 하지만 그 실망이 우리를 지배할 수 없으며, 더 이상 내려갈 수도 없는 실망의 정점은 곧 희망이라는 것을 알았다. 융통성 없이 일에 매여 있는 것보다는 잠시라도 환경을 바꾸어서 삶을 재충전해야만 한다는 생각이 마음 안에서 동(動)하면서, 작년 11월부터 대륙횡단 계획을 굳히게 되었다. 일을 마치고 돌아오면 책상에 앉아 인터넷 사이트를 찾아가 방문하고 싶었던 곳에 대한 자료와 상식들을 상세하게 수집하기 시작하였다. 수집하면서 내가 모르는 유명 관광지도 많다는 것을 알게 되었다. 인생을 새롭게 디자인하기 위해서는 생각해야 할 많은 시간이 필요할 것이고 그러기 위해서는 자동차 여행이 가장 적합하다는 생각을 하게 되었다.

> 나는 쏘다녔지, 터진 주머니에 두 손을 찔러 넣고.
> 내 외투(外套)는 닳아빠져 관념(觀念)이나 다름없었지.
> 창궁(蒼穹) 아래 걷는 나는, 뮤즈(Muse)여, 그대의 충복(忠僕)이었네.
> 오, 랄라! 나는 눈부신 사랑을 꿈꾸었노라!

내 단벌 바지엔 커다란 구멍이 나고,
나, 꿈꾸는 엄지동자, 걸음마다 각운(脚韻)을 떨어뜨렸지.
내 여인숙(旅人宿)은 큰곰자리,
하늘에선 내 별들이 다정하게 살랑거렸네.

나는 길가에 앉아 별들이 속삭이는 소리에 귀 기울였지.
멋진 9월의 저녁나절, 이슬방울들을
기운을 북돋우는 술 인양 이마에 느끼면서

환상의 그림자들 가운데서 운(韻)을 맞추며
나는 한쪽 발을 가슴까지 들어 올려,
해진 구두의 끈을
리라 타듯 잡아당겼지.
– 아르튀르 랭보(Arthur Rimbaud), 〈나의 방랑생활〉

여행의 시작과 가족에 대한 그리움

봄기운이 완연했던 4월 하순, 홀로 자동차 여행을 한다는 것은 신변에 위험할 뿐 아니라, 4주 동안 교대할 운전자도 없는 여행은 무리라고 읍소하는 큰아들의 모습을 뒤로 접어둔 채, 뉴욕을 출발해 남부와 서부, 중부를 거쳐 거주지인 뉴욕으로 다시 돌아오는 대륙횡단을 시작하였다. 각박한 뉴욕에서 치열하게 살아온 만큼이나 이번 여행에 대한 기대감은 더해갔다. 20년 동안 갖고 있었던 대륙횡단의 꿈이 드디어 이루어지는 순간이다.

해방감을 안고 달리는 첫 목적지는 미국 디프 사우스(Deep South) 지방인 루이지애나(Louisiana) 주의 뉴올리언스(New Orleans)다. 앨라배마 주와 미시시피 주를 거쳐 가야 하는 뉴올리언스는 뉴욕에서 1,370마일(2,200킬로미터) 거리에 있다. 목적은 뉴욕에서도 자주 볼 수 있는 프랑스풍의 앤티크나 건물보다도 19세기 말에서 20세기 초에 생겨난 행진곡 리듬에 즉흥적으로 연주하는 뉴올리언스 재즈(New Orleans Jazz), 일명 딕시(Dixie)라고도 불리는 재즈 페스티벌(Jazz Festival)이다.

그리고 1957년 테네시 윌리엄스의 희곡을 원작으로 비비안 리(Vivien Leigh)와 말론 브란도(Marlon Brando Jr.)가 출연한 영화 〈욕망이라는 이름의 전차(A Streetcar Named Desire)〉의 배경이 되었던 다운타운과 뉴올리언스의 명물인 전차를 보기 위해서이다.

새로운 것을 만난다는 설렘으로 출발했지만 뉴욕을 출발한 지 반나절도 안 돼 아내와 두 아들이 눈앞에 아른거렸고, 더욱이 밀폐된 차 안에서 혼자라는 외로움에 집으로 다시 돌아가고 싶은 갈등으로 씨름하였다. 오랫동안 공을 들여 계획한 여행이 수포로 돌아갈 수는 없다는 생각에 이왕 떠나온 것, 한 달이라는 유급휴가가 있는데 갈 수 있는 데까지 가보다가 정말로 심신이 허락되지 않는다면 다시 뉴욕으로 돌아가 남은 휴가를 가족과 함께 보내자는 결정을 내리고 계속해서 남쪽으로 향했다. 길과 길은 사이좋게 만나 끝없이 이어지지만 길 위에 있는 내 자신은 외로움을 따라 달리고 달린다. 애팔래치아(Appalachian) 산맥을 끼고 있는 웨스트버지니아(West Virginia)의 고지대를 따라 바람 타듯 계속해서 남쪽으로 내려간다. 풀과 나뭇잎 색깔은 짙푸름이 더해가고 북쪽인 뉴욕하고 전혀 다른 수목들이 산마다 군집을 이루고 있었다. 이곳저곳에서 나타나는 생소한 풍경이 눈을 찌르고, 쌀쌀하게 느껴지던 뉴욕 날씨와 달리 외투를 벗어놓을 정도로 체감온도가 올라가고 있었다.

한산한 도로에서 느끼는 적적함, 한나절이 지나도 가족과 함께하지 못한 아쉬움, 그리고 혼자라는 쓸쓸함이 가시지 않는다. 이번 여행을 함께하려고 몇 달 동안 아내는 건강에 공을 들였고, 체력이 좋아지는 것을 느꼈는지 나와 동행하겠다고 약속했다. 출발을 일주일 정도 앞두고 여자의 모성본능이 발동되었는지 두 아들이 걱정되어 못가겠다고 슬그머니 말을 바꿔버린다. 그리고 자신은 허약체질이라서 장기여행은 무리이고 도중에 여독이 풀리지 않으면 휴가는 고사하고 타지에서 오도 가도 못한다는 말을 힘주어 강조한다. 아내의 변명이 타당하다고 이해는 되지만 그래도 동행하지 못한 것이 내내 아쉽다. 먼 길이라 쉴 시간도 없이 계속해서 남쪽으로 내려와 첫 목적지의 중간지점인 테네시(Tennessee)의 댄드리지(Dandridge)라는 낯선 작은 마을에 도착해 숙소로 들어갔다. 700마일이 넘는 주행에 몸이 늘어지고 방에 들어서자마자 저녁도 거른 채 잠이 들었다.

다음 날 새벽 눈을 뜨자 프랑스의 시인 샤를 보들레르(Charles Pierre Baudelaire)가 "여행자들은 오직 떠나기 위해 떠나는 자들이다. 마음은 풍선처럼 가볍고 숙명은 결코 떨치지 못한 채, 그 이유도 알지 못한 채, 늘 '가자!'라고만 말하네."라고 읊어댔던 한 구절이 대뇌의 한 언저리에서 불쑥 떠올랐다. "이유도 알지 못한 채"라는 말이 강하게 가슴팍을 치고 들어온다. 여행은 과거와 현재와 미래가 함께 내재해 있다는 것을 망각한 채, 대부분의 여행자들이 떠나야 하는 이유나 목적도 모른 채 짐을 꾸린다. 마치 부풀어 오른 풍선이 하늘을 향해 몸짓하는 모양처럼 말이다. 나이가 더 들기 전에 대륙횡단 여행을 해야 한다는 소망이 이민 온 후 꼭 20년 만에 이루어졌기에 절대 무의미한 여행이 되어서는 안 된다는 생각과 함께 여행 중에 가족이 그립다고 우울해하거나 외로워하지 말자고 다짐해 본다. 숙소에서 내려다보이는 지척의 거리에 있는 목초지에는 한가로이 풀을 뜯는 소들이 보이고, 바로 옆에는 이른 아침부터 트랙터로 밭을 갈아엎는 농부의 분주한 모습도 보인다. 창문을 열자마자 정원에서 새들의 울음소리가 그치지 않고 요란스럽게 들려온다. 뉴욕에서 좀처럼 만날 수 없는 아침 풍경에 기분은 상쾌했고, 아늑한 목가적 풍경은 마치 산으로 둘러싸인 조국의 농촌마을 같은 담백한 정취가 묻어나온다.

산골마을을 출발하자마자 끝없이 펼쳐진 목초지와 아직 손이 닿지 않은 원시림이 번갈아 가며 눈에 들어오고, 이내 불안정했던 마음은 눈 녹듯 조금씩 사라지며 이전의 일상처럼 안정을 찾아가고 있었다. 테네시를 지나 앨라배마에 들어서자 뉴욕하고는 전혀 다른 남부의 풍광이 시원스럽게 다가온다. 자연 속으로 빠져드는 나를 발견하고, 이 자연 안에 나를 투영시키고 객관화시켜서 나를 발견하게 하는 시간이 되었으면 좋겠다고 내심 기대해본다. 자연과 함께 있는 이 시간은 나를 비울 수 있는 유일한 시간이며 어느 것으로도 대체할 수 없는 고귀한 시간이다.

늦은 오후, 뉴올리언스를 100마일 정도 남겨두고 허리케인처럼 괴팍한 폭풍우를 만나 고전을 하였다. 비가 얼마나 쏟아 내리던지 20미터 앞을 분간할 수 없을 정도로 악천후였다. 멕시코 만이 가까워서인지 한국에서나 뉴욕에서는 전혀 경험해보지 못한 이 험상궂은 폭풍우의 횡포에 가슴을 졸이며, 점점 더 굵어지는 비와 거세지는 바람을 만나기 전에 어서 빨리 목적지에 도달했으면 하는 마음에 발을 동동 굴렀다. 때로는 우리 인생도 날씨와 같아서 순풍에 돛을 달고 순조롭게 항해를 하다가 갑자기 몰아치는 폭풍우에 고전을 하는 것처럼, 감당을 못할 정도의 시련과 고난으로 하루하루 고통스럽게 보내는 시간도 있지만 한 걸음씩 헤쳐 나가는 그 역경의 시간이 성숙한 인생을 만드는 것이 아닌가. 거대한 자연의 현상을 경험하면서 내가 일상에서 소중하게 생각했던 것들이 하잘것없고 무가치하다는 것을 깨닫는 시간이다.

뉴올리언스, 욕망과 희망을 함께 노래하다

계속되는 폭풍우를 겨우 뚫고 뉴올리언스(New Orleans)에 도착해 미리 나와 기다리고 있던 동료를 만났다. 어둑해질 녘쯤, 잠깐 비구름이 비어 있는 사이에 동료와 함께 강원도 화천군 면적 크기만 하다는 폰차트레인(Pontchartrain) 호수를 찾았다. 너무나 넓은 호수라서 수평선 끝이 보이지 않을 정도였고, 바로 앞에는 이 호수의 정 가운데를 가로지르는 폰차트레인 코즈웨이(Pontchartrain Causeway) 다리가 보였다. 길이는 무려 38.44킬로미터로 인천대교의 2배가 넘을 뿐 아니라 세계에서 두 번째로 길다고 한다. 육지에 건설된 태국 방나(Bang Na)의 고가고속도로가 세계 최장의 교량으로 기록되어있지만 사실 1956년 개척자 정신(Frontier Spirit)으로 이 바다 호수 위에 건설한 폰차트레인 코즈웨이가 세계 최장의 다리라고 해도 과언은 아니다.

여러 전쟁으로 국력이 쇠약해진 기회를 이용해 영국이 점령할 것이라는 염려 때문에 러시아 로마노프 왕조가 남북한 면적의 7배나 되는 알래스카(Alaska) 땅을 미국에 단돈 7백20만 불에 팔아넘긴 역사가 있듯이, 1803년 프랑스령 루이지애나(Louisiana)도 알래스카 매입과 비슷한 역사를 갖고 있다. 1803년 프랑스는 아칸소(Arkansas), 아이오와(Iowa), 캔자스(Kansas), 루이지애나(Louisiana), 미주리(Missouri), 네브래스카(Nebraska), 오클라호마(Oklahoma), 콜로라도(Colorado), 노스다코타(North Dakota), 사우스다코타(South Dakota), 미네소타(Minnesota), 몬태나(Montana), 텍사스(Texas), 와이오밍(Wyoming) 등 여러 주의 일부를 포함하여 캐나다 국경까지 맞닿는 프랑스령 루이지애나를 고작 1,500만 불만 받고 미국에 매각해버린다. 당시 프랑스는 러시아와 대적하느라 온 국력을 쏟아 붙고 있는 상황이었고, 국력이 쇠퇴해진 때를 이용해 루이지애나 지역을 노리고 있는 영국에 강탈당할 수 있다는 계산을 한 나폴레옹 황실은 아예 미국 정부에 매각해버리는 것이 낫겠다는 정치적 판단을 하게 된다. 역사는 가정이란 없고 일회성에 그치지만 만약 프랑스가 루이지애나 식민지를 팔지 않고 제2의 프랑스 제국으로 만들었다면 지금의 미 대륙은 양분되어 있었을 것이고, 더 이상 미국의 영토 확장의 역사는 없었을 것이다.

결과적으로 미국이 세계 최고의 강대국이 될 수 있었고 미국식 영어가 세계 공통어가 될 수 있었던 것은 루이지애나의 매입 역사에서 단초를 찾아볼 수 있다. 너무 비옥해서 천혜의 땅으로 불렸던 루이지애나 영토의 일부인 루이지애나 주는 미시시피 강을 안고 있고, 가장 큰 도시인 뉴올리언스는 미시시피 강 하류와 멕시코 만이 맞닿는 곳에 있어 마치 허드슨 강과 대서양이 접해 있는 뉴욕의 맨해튼과 지리적으로 상당히 유사하다. 캐나다의 퀘벡처럼, 프랑스보다 더 프랑스적인 뉴올리언스에 어두움이 찾아오는 시각. 끝없는 수평선과 끝이 보이지 않는 교량을 뒤로하고 동료와 같이 이 지역을 대표하는 음식을 맛보기 위해 식당을 찾았다. 채소와 기름이 적게 들어간 음식을 즐기는 동부지역 사람들과 달리, 땀을 많이 흘리는 덥고 습한 지역이라서 대부분 음식이 짭짤했고 튀긴 음식이 많았다. 어디를 가든 백인들은 찌거나 삶은 음식을 즐기는 반면에 흑인들은 튀긴 음식을 즐기는 것이 일반적인데 이곳에서는 인종 구분이 없이 모두 튀긴 음식을 즐기고 있었고 심지어는 어린아이들에게서도 이런 모습이 눈에 띄었다. 주문한 음식의 양도 뉴욕보다는 훨씬 푸짐했고, 어느 지역에서도 볼 수 없는 큼지막한 비프스테이크가 상당히 인상적이었다. 남부의 음식을 즐기며 이런저런 대화가 오갔고 식사가 끝날 무렵 남서부를 여행할 때 주의 사항과 갈만한 곳을 조언해 주는 동료의 배려에 감사를 표하고 서로 자리에서 일어섰다. 기약 없는 이별이란 아쉽고 서러운 것인가. 만남이 있으면 헤어짐도 있는 것, 밤은 깊어가고 동료의 온화한 얼굴을 헤어졌던 그 자리의 어둠 속에 남겨두고 숙소로 향했다.

다음 날 아침에도 장대비가 내린다. 재즈 페스티벌(Jazz Festival)이 그 다음 날이면 끝나기에 혹시나 하는 마음에 기대를 가지고 하루를 더 머물며 기다리자고 마음을 추스르지만 여전히 무지막지하게 내리쏟는 빗줄기는 멈출 줄 몰랐다. 2박 3일을 계속해서 비만 내리기에 거리에서 이루어지는 축제도 볼 수 없어 포기하고 프랑스풍의 골동품을 진열해놓은 프렌치 쿼터(French Quarter)의 앤티크(Antique) 가게를 둘러보기 위해 다운타운으로 내려갔다. 주차를 하고 우산도 없이 가게를 향해 걸어가는데 쏴아~ 쏴아아~ 거센 빗소리가 고막을 건드린다. 젖은 몸으로 가게 앞에 서서 재즈 연주처럼 들리는 빗소리를 감상해본다. 젖지 않으려고 서둘러 길을 건너는 관광객 가족이 눈에 들어오고, 이미 젖은 옷인데 빗속에 몸을 맡기고 자유롭게 걸어보라는 말이 가슴속에서 메아리쳤다. 재즈의 고향답게 한 앤티크 가게 입구 옆에는 일회용 우비를 걸친 흑인이 자그마한 이동식 의자에 앉아 비를 보며 재즈풍의 노래를 흥얼거리고 있었다. 둘러보는 가게마다 루이 암스트롱이 트럼펫을 불고 있는 작은 액세서리는 빠지지 않고 있었다. 김치찌개에 주재료인 김치가 빠지면 김치찌개라고 할 수 없듯이, 이 도시가 암스트롱과 재즈(Jazz)를 빼면 그리 자랑할 만한 것도 그리고 지금처럼 유명해지지도 않았을 것 같다는 느낌을 받는 순간이다.

거리에 내리는 비와 그 너머로 꽃이 있는 프랑스풍의 레스토랑, 그리고 탁자가 있는 고풍스런 2층의 발코니가 눈에 들어오는데 그 모습이 마치 눈에 익은 유화처럼 보였다. 호기심에 길을 건너 이 레스토랑에 들어가 보았고 분위기가 좋아 보여 엉겁결에 의자에 앉게 되었다. 젊은 흑인 여성 서버가 다가와서 이곳의 유명한 음식이 무어냐고 물었더니 매콤한 스타일의 검보 수프(Gumbo Soup)라고 한다. 이 음식을 주문해 보니 카레색깔을 하고 있었고 내용물을 보니 가재와 함께 여러 해산물을 섞어 쌀과 함께 끓인 음식이었다. 그리고 진한 녹색을 하고 있는 것은 일종의 향료인 파슬리가 우려져 나온 것으로 보였다. 수프가 입안에 들어가 혀에 닿는 순간 식감은 한국 음식처럼 매콤했고, 배는 부르지만 중독성 있는 맛에 한 그릇 더 주문하고 싶었다. 이 음식의 유래를 알아보니 서아프리카에서 끌려온 흑인 노예들이 뉴올리언스에 도착해서 이곳에서 많이 나는 해산물과 그들이 좋아하는 쌀에 매콤함을 더해 만들어진 음식이라는 것을 알았다. 눈이 많고 추운 동부지역에 클램 차우더(Clam Chowder)라는 수프가 있다면, 남부에는 검보 수프가 있다는 사람들의 이야기가 얼핏 머릿속에 떠올랐다. 허먼 멜빌(Haman Melville)의 장편소설 《모비 딕(Moby Dick)》이라는 소설에도 잠깐 소개되었던 클램 차우더는 크림과 조개가 주종을 이루며 단맛을 내는 수프지만 검보 수프는 여러 가지 재료를 사용해서 각양각색의 맛과 더해진 매운맛으로 상당히 다른 식감을 나타내 주고 있었다. 비에 젖어 내려갔던 체온이 매운 검보 수프 덕분에 다시 정상으로 돌아오는 느낌이다. 여행이 좋은 것은 여러 지방의 일반적인 문화뿐 아니라 각양각색의 음식문화도 접할 수 있는 기회 때문이다.

프렌치 쿼터를 떠나 영화 〈욕망이라는 이름의 전차〉에서 등장했던 이곳의 명물 녹색전차가 운행되는 곳을 찾았다. 지금도 그 모습 그대로 운행되고 있는 녹색전차를 가까이서 보니 내부가 생각보다 정갈했고 속도는 나무늘보처럼 느려 마치 서부사막을 달리는 화차와 같았다. 속도가 느린 탓에 15~20미터 정도 앞에서 철로를 가로질러가는 겁없는 보행자들도 있었다. 전차를 보면서 갑자기 이 영화에서 "낯선 사람들의 사랑을 받는 것 말고는 공허한 마음을 메울 수 없었어요."라는 주인공 블랑쉬(Blanche)의 마지막 대사가 떠오르고, 때마침 노란색의 레인코트를 입고 철길 옆 도로를 따라 내 쪽을 향해 걸어오는 젊고 아리따운 여자를 보면서 블랑쉬 역을 맡았던 비비안 리(Vivien Leigh)와 흡사

뉴올리언스(New Orleans)의 녹색 전차

하다는 착각에 빠져들었다. 가족들의 밀린 세금 때문에 재산을 다 털어버린 블랑쉬는 뉴올리언스에 사는 여동생을 방문하게 되고 욕망이라고 이름 붙여진 한 전차를 타게 된다. 그리고 불안하게 시들어가던 블랑쉬는 여동생 집에 머물면서 마지막 희망까지, 난폭하고 인색한 매부 스탠리에 의해, 잔인하게 파괴되고 결국 정신병이 재발해 피폐해져 간다. 고전적이며 연극적인 연기가 빼어날 정도로 일품이었던 비비안 리와 영화 〈대부(The Godfather)〉에서처럼 폭발적이고 본능적인 연기를 한 말론 브란도의 서로 다른 접근법이 감동적이었다. 지금도 내 머릿속에는 시각적 이미지 자체보다는 연출 자체에 중점을 두었던 영화로 남아 있다.

토네이도의 고향, 텍사스로 향하다

다음 날 아침에도 무정하게 내리는 장대비를 원망하며 서둘러 뉴올리언스에서의 일정을 정리하고 곧바로 플로리다(Florida) 주 잭슨빌(Jacksonville)에서 시작되어 캘리포니아(California) 주의 로스앤젤레스(Los Angeles)로 이어지는 10번 고속도로를 타고 텍사스(Texas) 주를 향해 내달렸다. 비에 취소된 뉴올리언스 재즈 페스티벌을 보지 못한 아쉬움이 있었지만 내가 살아 활동하는 한 언젠가는 다시 찾아볼 것이라고 굳게 다짐하며 마음을 추슬러 본다. 3시간 정도 달려 텍사스에 들어서면서부터는 구름이 점점 얇아지고 있는 것이 보였다. 서쪽으로 갈수록 날씨는 점점 맑아지고 있었지만 사막에서 생성된 건조하고 더운 바람이 계속해서 불어왔다. 어두운 하늘 아래 그림 같은 자연 풍경이 펼쳐지고, 잡초가 듬성듬성 박혀있는 광활한 사막 평원에는 서부영화처럼 저 멀리 세 명의 카우보이가 소 떼들을 돌보는 장면이 눈에 들어온다. 여름 한낮에 오는 졸음처럼 처음 만나는 아름다운 남부 사막의 풍경에 내 마음도 몰입되어간다. 옛 노래들만 송출하는 라디오 방송에서 여자 목소리가 흘러나온다.

Lord I'm one, Lord I'm two,

Lord I'm three, Lord I'm four,

Lord I'm 500 miles away from home.

……

Lord I can't go back home this away.

If you miss the train I'm on

You will know that I am gone.

You can hear the whistle blow a hundred miles.

……

- 피터, 폴 & 메리, 〈500마일(Miles)〉

〈500마일(Miles)〉이라는 노래에 마음은 차분해지고 오늘 내가 달려야 할 길은 이 노래와 달리 500마일이 넘는다. 기름기 있는 얼굴 피부에는 미세한 모래 먼지가 달라붙고 건조함에 땀이 증발한 몸에 손이 닿을 때마다 풀처럼 끈적끈적함이 느껴진다. 예나 지금이나 변함없이 평화롭고 한적한 모습 그대로 있었을 것 같은 아름다운 사막의 풍경과 함께 그 풍경 속 절대고독이 느껴진다. 강렬하고 신비스런 페르시안 블루의 하늘바다, 그리고 목화처럼 하얀 구름은 청초한 영혼으로 세상을 살아가라고 손짓하며 어디론가 떠나간다. 속도가 빠른 노래가 나올 때마다 신나게 핸들을 때려가며 박자를 맞추며 노래에 흠뻑 젖어 달리

휴스턴(Houston) 전경

다 보니 어느새 휴스턴(Houston)에 들어섰다.

텍사스의 대도시를 여행하다 보면 휴스턴처럼 댈러스(Dallas)나 포트워스(Fort Worth), 샌안토니오(San Antonio)가 갖고 있는 공통점은 평지라는 것, 그리고 서울의 내부, 외부 순환도로처럼 각 도심을 중심으로 외곽도로가 상당히 발전되어 있다는 것을 발견할 수 있다. 이 도시는 우주항공국(NASA)이 있고, 미국 프로 야구 아메리칸 리그(American League)에 속한 휴스턴 아스트로(Houston Astros)의 연고지이다. 미국 과학의 중추 역할을 하는 도시답게 들어서자마자 베이지색 페인트칠을 한 고가도로가 눈에 띄었고, 여러 방향으로 복잡하게 얽히고 설킨 모습은 마치 공상과학영화에서 나오는 도로와 비슷한 이미지를 갖고 있었다. 다른 도시에 비해 문화시설은 좋았지만 댈러스처럼 허허벌판 위에 단시간에 세워진 계획도시라 자연적인 멋은 부족하였고, 인공미를 강조하는 이미지만 강하게 풍겨 나왔다. 내 취향하고는 사뭇 달라 시내 중심지만 잠깐 돌아보는 것으로 마무리하고 점심을 먹기 위해 스테이크를 전문으로 하는 식당을 찾았다. 점심이 지난 시간이라서 식당에는 몇 명의 손님만 보일 뿐 한산했다. 이곳에서 12온스(349그램) 크기의 앵거스 비프스테이크(Angus Beef Steak)와 사이드로 야채샐러드를 주문했다. 고기의 성숙도에 따라 맛의 차이가 있다고 하지만 전혀 개의치 않았던 것은 생선은 좋아하지만 붉은 고기는 좋아하지 않기 때문이었다. 양념이 가득 오른 두툼한 스테이크는 중간 정도로 잘 익혀져 나왔고 그래서인지 접시 위로 진한 육즙이 흘러내렸다. 붉은 고기를 그리 좋아하지 않는데도 스테이크 레스토랑을 찾게 된 이유는 텍사스에 가면 꼭 비프스테이크를 먹어야 한다는 뉴올리언스 동료의 조언 때문이었다. 입에 들어가자마자 육질이 너무 부드러워 녹는 느낌을 받았다. 역시 스테이크는 텍사스가 최고라는 뉴욕에서 떠돌던 풍문이 틀린 말은 아니었다. 더욱이 놀랍게도 1.5킬로그램짜리 스테이크도 있다고 한다. 잊지 못할 스테이크를 맛보고 곧바로 역사의 도시 샌안토니오로 향했다.

북아프리카의 사하라 사막이나 사우디아라비아같이 고운 모래로 된 사막(Erg Desert)은 전혀 눈에 띄지 않았고 오로지 흙에 약간의 돌이 섞인 자갈 사막(Reg Desert)과 암석 사막(Hamada Desert)만이 널려 있었다. 사막 길을 타고 하루를 묵어갈 샌안토니오로 가기위해 200마일 정도를 더 달렸다. 달리면서 보이는 다양한 모습의 들판과 다양한 모래 색깔, 풍화에 너덜너덜한 산들의 모습이 볼수록 아름답다. 1980~1990년대에 한국에서 수출되어온 차를 애국심으로 구입한 동포들에게는 이 10번 도로 중에서도 텍사스를 지나는 구간에 얽힌 사연이 상당히 많았다고 한다. 일본이나 미국 차보다도 기술면에서 상당히 부족했던 한국 차들이 계속되는 길고 가파른 고산지대를 넘어가다 트랜스미션에 문제가 생겨 황량한 사막에서 낭패를 맛본 사람이 허다했다고 한다. 그러나 이제는 이 10번 도로에서 힘차게 달리는 한국 차들이 보이고, 나 역시 이 도로를 내 조국의 기업 로고가 붙은 차를 타고 달린다. 조국에서 생산된 제품이 미국이나 일본, 유럽의 선진국보다 질적으로 부족하다 할지라도 나는 이 몸이 다할 때까지 계속해서 한국산을 사용할 것이다. 비뚤어진 국수주의자라고 비판할지 모르지만 내 집 안에 있는 생활용품 대부분이 한국산 제품들이고 또 다른 빈자리는 계속해서 한국산 제품으로 채워나갈 것이다. 비록 나 자신이 조국을 떠나 이국땅에 살고 있지만 한국인이라는 정체성을 잊지 않기 위해서 한국제품들을 사용하는 것이고 미력하나마 조국의 경제에 기여하고 있다는 자부심에 마음이 편해지기 때문이다. 언제 어느 곳에 있든지 내 조국은 항상 내 육신이며 영혼과 같다.

늙은 도시 샌안토니오에 가까워 갈 때쯤 하늘은 점점 트와일라잇 컬러(Twilight Color)로 변해가고 경건하게 느껴지는 색깔만큼이나 내 마음도 점점 차분해진다. 미리 예약해놓은 도심의 한 숙소에 짐을 풀

샌안토니오(San Antonio)의 리버워크

고, 곧바로 허기를 채우기 위해 유명한 강변 산책로인 파세오 델 리오(Paseo Del Rio) 근방의 한 작은 카페를 찾았다. 여러 레스토랑에서 가족들이 모여 즐겁게 저녁 식사를 하는 모습이 눈에 들어온다. 간단하게 치킨 타코와 비프 타코 하나씩 주문해 허기를 채우고 이어 식당 앞에 있는 리버워크를 거닐었다. 내일 일정에 대해 이런저런 생각을 하다 말미에 불쑥 아내와 두 아들이 보고 싶었고, 이 시간에 무엇을 하고 있는지 궁금해졌다. 내가 느끼고 있는 가족에 대한 그리움은 집을 떠나 아주 먼 거리에 있기에 그럴 수도 있겠지만 솔직히 살아오면서 가족에게 제대로 사랑을 주지 못해서 온 깊은 마음의 상처일 수도 있다.

이곳의 위치가 멕시코와 가까워서 그런지 산책로 건너편의 여러 레스토랑에서는 라틴 노래가 흘러나오고, 봉사하는 사람 역시 멕시칸 아메리칸(Mexican American)이 대부분이어서 오히려 미국이 아닌 멕시코에 온 것 같은 이국적 풍경이 느껴진다. 샌안토니오는 물이 풍부한 지역이라서 남부의 다른 도시와 달리 나무들이 많이 보였고 역시 개울을 낀 산책로도 심심치 않게 눈에 띄었다. 온천에서 나오는 물이 풍부해서 생활용수로도 쓰는 도시라고도 한다.

텍사스의 서쪽 경계 엘패소를 향해 달리다

다음날 새벽, 멕시코 국경에 접해 있는 도시 엘패소(El Paso)로 향했다. '통로, 앞길'이라는 뜻을 가진 엘패소는 수많은 서부영화의 배경이 되었던 곳이다. 원래 멕시코 땅이었던 이곳은 노다지를 얻기 위해 미국에 거주하는 브리티시 아메리칸(British American)들이 대거 이주해오면서 이주자들의 국가인 텍사스가 세워지게 되는 역사를 갖고 있다. 1836년 독립국이 되었던 텍사스는 강탈당한 땅을 회복하려는 멕시코인의 수없는 공격에 불안을 느끼고 국토를 지키자는 차원에서 1845년에 미연방의 28번째 주로 합류되었다. 텍사스 주가 다른 주와 비교되는 법은 주의 영역에 속한 모든 토지가 주정부의 소유로 명시되어 있다는 점이다. 이유는 국가의 재원인 석유가 이곳저곳에 다량으로 매장되어 있기 때문이다. 법적으로 건물만 사고팔 수 있을 뿐, 토지 소유는 불허하기에 매매는 전혀 이루어질 수 없다.

텍사스는 주택뿐 아니라 걷고 있는 거리 밑에도 천연자원이 엄청나게 매장되어 있을 정도라고 한다. 풍부한 천연자원 덕에 텍사스는 알래스카(Alaska), 네바다(Nevada), 플로리다(Florida), 워싱턴(Washington), 사우스다코타(South Dakota), 와이오밍 주(Wyoming State) 같이 세금이 없다. 오히려 알래스카처럼 원유를 팔아 세금으로 거두어 들인 돈을 1년에 한 번씩 지역과 부양가족에 따라 차등적으로 주민들에게 환급해주는 혜택이 있을 정도로 여타의 주와 비교해 상당히 부유한 주이다. 인구는 2,600만에 면적은 남북한 면적의 3배가 넘는 70만 제곱킬로미터로 동서로는 900마일(1,400킬로미터)이나 뻗어있는 텍사스 주는 연중 내내 높은 기온이 유지되기에 많은 미국 시민들에게는 플로리다 주 다음으로 이주하고 싶은 지역에 속한다. 그리고 한때 독립된 국가였기에 언제든지 미연방으로부터 독립할 수 있는 조건을 갖추고 있는 주이며 한때 소수의 사람들에 의해 연방 탈퇴를 하자는 운동도 일어난 적이 있었다. 정치적으로는 보수 기독교인들을 중심으로 공화당이 강세를 보이는 지역이다.

엘패소를 향해 달리는 동안 차체가 흔들릴 정도의 강력한 사막 폭풍(Desert Storm)을 몇 차례 만나 주행하는데 어려움을 겪었다. 달려도 좀처럼 끝을 만날 수 없는 공허한 황무지에는 오로지 강한 바람과 폭양(曝陽)뿐, 계절의 활력도 찾아볼 수 없고 그저 기온의 편차만 있는 곳이 고산지대의 사막이라는 것을 생애 처음으로 체험을 하게 되었다. 극한 기상조건을 안고 달리다 문득 기독교나 이슬람교에서 자주 등장하는 광야(廣野)라는 단어의 사막이 계시의 장소로 인식되는 것은 사막이 가져오는 극한 시련이 곧 구원의 상징으로 연결된 것은 아닐까 생각해 보았다. 1,500~3,000미터의 고지대에 형성된 평지 사막이라 기온과 기압에 따라 하루에도 수십 개 이상의 크고 작은 모래폭풍이 형성된다. 대부분 용오름 같은 회오리바람이 되어 잠시 동안 활동하다 제풀에 꺾여 스스로 소멸해버리지만 그중에 덥고 찬 공기가 만나는 곳에서 형성된 사막폭풍들은 강력한 토네이도(Tornado)가 되어 내륙의 북쪽으로 진행해, 토네이도가 지나간 마을이 통째로 사라지는 것을 TV 영상을 통해 자주 볼 수 있다.

고산지대에 들어서자 차체가 전복할 것 같은 강력한 바람이 계속해서 불어오고, 전방 0.2마일과 0.5마일 정도 되는 거리에서 뿌연 먼지를 휘감으며 도로를 가로질러가는 두 개의 크나큰 모래폭풍이 눈에 띄었다. 나보다 앞서 모래폭풍 쪽으로 접근해가던 트레일러의 한쪽 바퀴들이 도로 면에서 살짝 들썩이는 것처럼 보였고, 아직 세력을 확장하지 않았음에도 위력이 대단하다는 것을 느낄 수 있었다. 이 모습을 보고 난 후 얼마나 달렸을까 또 모래폭풍이 일어나 앞이 뿌옇게 보였다. 오조나(Ozona)라는 표지판이 보이고 거센 모래폭풍도 피하고 연료도 넣을 겸 지명도 생소한 곳으로 들어섰다. 2~3분 정도를 들어가니 마을입구에 주유소가 있었다. 차 안에서 한 조각 피자로 점심을 해결하고 쉬고 있는 사이 모래바람이 잠잠해지는 것이 보였다. 불쑥 욕망이나 욕심은 덧없이 사라지는 저 바람과 같다는 생각에 늦었지만, 지금이라도 헛되지 않은 삶을 살아야 한다는 결심을 하며 아무도 없는 들판에서 옛 노래를 불러보았다.

I close my eyes

only for a moment
and the moment's gone
all my dreams
pass before my eyes a curiosity
dust in the wind
all day are is dust in the wind

same old song
just a drop of water in an endless sea
all we do
crumbles to the ground though we refuse to sea
dust in the wind
we are is dust in the wind

don't hang on
nothing lasts forever but the earth and sky
it slips away
all your money wouldn't another minute buy

dust in the wind
all we are is dust in the wind
dust in the wind

everything is dust in the wind

dust in the wind

everything is dust in the wind

- 캔자스, 〈더스트 인 더 윈드(Dust in the wind)〉

큰 모래폭풍이 시야에서 멀어진 후에도 또다시 생성된 작은 모래폭풍이 이곳저곳에서 먼지를 일으키며 휘돌고, 인생은 그저 바람 속의 먼지와 같이 흩날리다 순식간에 사라진다는 두려움까지 가슴속에서 휘돈다. 이순(耳順)을 살아온 이 시간까지 어떻게 살아가는 것이 옳은 것인지 깨닫지 못하고 그저 눈에 보이는 안락에만 매달려 세월을 덧없이 보내고 있다는 생각에 비애가 흐른다. 내 인생이 왜 이 지경까지 이르렀는지 참으로 먹먹한 마음으로 사막들판을 바라다본다.

주유소를 막 나와 100미터 정도 움직였을 때쯤, 바로 건너편 갓길에서 잔디깎이(Lawn Mower)를 타고 잡초를 깎던 40대 초반의 백인 남자가 흔히 볼 수 없는 뉴욕 주의 자동차 번호판과 동양인을 보더니 어색한 눈초리로 먼저 손을 반쯤 들고 흔들어 인사를 한다. 가느다란 체구에 순진해 보이는 얼굴이 마치 흙을 사랑하며 살아가는 조국의 농민들 모습처럼 정감이 갔고, 반가운 마음으로 나도 그에게 손을 흔들어 답례하였다. 그리고 차를 세워두고 그에게 다가가 잠깐의 대화가 시작되었다. 먼저 사막폭풍(Desert storm)이 얼마나 자주 발생하고 어느 구간까지 이런 현상을 맞닥뜨리며 가야 하는지 물어보았다. 오늘같이 기상이 안 좋을 때는 중단 없이 온종일 발생하고 앞으로 200마일 정도까지는 이런 현상을 맛보며 가야 할 것이라고 그가 대답해준다. 이런저런 이야기가 오가다 떠날 때가 된 것을 눈치챈 농부는 다음 여행지가 어디이며 얼마 동안 여행을 하다 뉴욕에 돌아갈지 물어본다. 아직 3주 정도의 휴가가 남아있어서 언제 뉴욕으로 돌아갈지 모르겠다는 말과 함께 뉴욕을 방문하면 꼭 연락해달라며 메모지에 전화번호를 적어 그에게 건네주었다. 시간을 내주어서 감사하다는 말을 하고 차가 있는 쪽으로 몸을 돌렸다. "행운을 빈다!"는 말과 함께 손을 흔들어 준다. 이 만남처럼 피부색은 다르지만 서로의 인격을 존중해주고 인종이나 민족마다 가지고 있는 문화의 다양성을 이해해주는 세상이 어서 빨리 왔으면 좋겠다는 마음으로 차에 올라섰다. 발길도 뜸한 남부 시골의 한 거리에 잊지 못할 추억을 쌓아놓은 채, 또다시 서부를 향해 여행자의 고독은 시작된다.

뜨거운 햇살을 이고 있는 대지 위로 신기루가 피어오르고, 잡힐 것 같은 신기루는 달리고 달려도 계속해서 그 자리에 머물러 있다. 그리워할 누가 있는 한 삶은 계속되듯, 가야 할 목적지가 신기루 너머에 있다 할지라도 계속해서 달려야 한다. 풀 한 포기 누울 수 없는 검은 도로를 달리며 여행의 목적과 여행길에 있는 나를 다시 한번 돌아다본다. 장소가 바뀌었어도 뉴욕에서의 일상처럼 근심과 고민은 이곳에 그대로 옮겨져 있었고, 불확실한 미래 때문에 항상 불안해하던 정서조차도 그대로 가지고 있는 것을 확인한다. 고통스러운 생활에서 벗어나 있으면 조금이라도 행복해질 것이라는 예측은 사라지고, 일주일이 지난 지금 오히려 더 깊이 생각하고 있다. 인간은 장애물을 만날 때 비로소 자신을 발견한다고 했던가. 고민이 점점 더 깊어 갈 때쯤 불현듯이 “사람이란 모든 일에 적응하기 마련인 것 같다. 30년 후면 죽을 것이라는 생각을 한다고 해서 한 인간의 기쁨이 엉망이 되지는 않는다. 30년이건 사흘이건 그것은 단지 관점의 문제다. 하지만 어떤 모습들은 잊어버려야 한다.”라고 《인간의 대지》에서 생텍쥐페리가 한 말이 떠올랐다. 근심과 고민은 내가 어떻게 보느냐에 따라 달라지는 관점의 차이이기에 당연히 바꿔야만 한다. 미래에 대한 고민과 근심을 부정하는 현실은 자신의 투영일 뿐이라고 누군가 나를 비판한다 할지라도 남은 인생을 마음 편하고 행복하게 꾸려나가기 위해서는 생각을 바꿔야만 한다.

현재와 미래에 대해 이런저런 생각을 하는 사이 엘패소에 도착했고, 숙소로 들어가기 전 이 도시를 끼고 도는 리오 그란데 강(Rio Grande River)을 만났다. 서부영화 〈리오 그란데(Rio Grande)〉에서 소 떼들이 헤엄쳐 건너가던 모습과 달리 오래된 가뭄으로 모래 바닥을 드러내고 있었고, 이 작은 개울을 사이에 두고 높게 올린 철조망으로 미국과 멕시코의 국경이 형성되어 있었다. 공화당의 대통령 후보인 도널드 트럼프(Donald Trump)는 1,300만 명이 넘는 미국 내 불법체류자들의 반은 멕시칸(Mexican)이고, 멕시코 불법이민자들의 대다수가 육지를 통해 미국 국경을 넘어오기 때문에 부시 행정부 때 실행했던 〈안보장벽법(Secure Fence Act)〉을 이어갈 것이라고 선거공약을 한다. 보수주의자들 특히 기독교 보수주의자들이 많은 딕시 랜드(Dixie Land(Texas))의 주민들은 쌍수를 들고 환영한다. 〈안보장벽법〉이란 2006년 민주당의 반대에도 불구하고 공화당인 부시 행정부가 추진해서 세운 706마일(1,126킬

엘패소(El Paso)의 국경 철조망

로미터)의 국경 울타리를 말한다. 그러나 트럼프가 선거공약으로 내세운 〈안보장벽법〉은 미국이 멕시코와 맞대고 있는 국경 전체를 말하는 것으로 서울~부산 거리의 8배인 1,965마일(3,144킬로미터)의 어마한 거리다. 그야말로 장벽(障壁)법이 아닌 장성(長城)법이나 마찬가지다. '손 안 대고 코 푼다'는 우리네 속담처럼, 장벽을 세우는데 들어가는 비용 전액을 멕시코 정부에 부담시키겠다고 공언한다. 마치 제품을 생산한 기업이 소요된 모든 비용을 소비자에게 부담시키는 수법하고 같다. '목 마른 사람이 우물을 판다'는 우리 속담이 있듯이 필요한 나라가 해야지 왜 멕시코에 4~500억불이나 되는 비용을 전가하겠다고 하는가. 정치적 사안을 사업으로 혼동하는 트럼프를 보며, 만약 트럼프가 당선되면 미국 국민은 앞으로 4년 동안 팍팍한 길을 걸어가게 될 것이라는 생각을 해보았다.

철조망 너머로 보이는 멕시코 쪽에는 허름한 주택들이 빈틈없이 다닥다닥 붙어있었고 집 앞에 놓인 의자에 앉아 잡담하는 모습도 보였다. 그리고 미국 국경수비대의 눈을 피해 도강하려고 호시탐탐 기회를 엿보는 모습도 관찰되었다. 이들이 텍사스 땅의 주인이었음에도 불구하고, 국경을 넘다 체포되는 사람들이 최소한의 존엄도 인정받지 못한 채, 범법자로 간주되어 즉결재판을 받고 추방되는 현실은 마치 미국 역사의 아이러니를 보는 것 같아 기분이 씁쓸했다. 일제가 무력으로 조선을 합방시켜놓고 모든 주권은 일본에 있다고 포고하고 자국민은 일등 국민이라며 우리 민족을 탄압했던 역사와 비스무리하다. 이런 공약과 계획을 하고 있는 트럼프에게서 안보장벽이 아닌 인종편견의 장벽과 정치를 장사로 생각하는 장벽을 느낀다.

OK 목장의 결투 장소, 툼스톤을 찾다

다음날 새벽, 엘패소(El Paso)를 떠난 자동차의 동체는 사막폭풍을 헤치며 점점 서부 끝을 향해 옮겨가고, '태양의 땅'이라 불리는 뉴멕시코(New Mexico) 주를 거쳐 자갈 사막이 펼쳐진 애리조나(Arizona) 주로 들어갔다. 피닉스(Phoenix)를 향해 달리던 중 벤슨(Benson)이라는 표지판이 보였고, 그 밑에 자그맣게 툼스톤(Tombstone)이라고 쓰여 있는 표지판도 눈에 들어왔다. 묘비라는 뜻의 툼스톤은 일명 OK 목장의 결투로 유명한 곳이다. 이 결투는 1946년 존 포드(John Ford) 감독에 헨리 폰다(Henry Fonda)가 주연한 〈황야의 결투(My Darling Clementine)〉, 1956년에는 버트 랭커스터(Burt Lancaster)와 커크 더글러스(Kirk Douglas)가 출연했던 〈오케이 목장의 결투(Gunfight At The O.K. Corral)〉, 1993년에는 커트 러셀(Kurt Russell)과 발 킬머(Val Kilmer)가 출연한 〈툼스톤(Tombstone)〉, 그리고 1994년에는 케빈 코스트너(Kevin Costner)가 주연한 〈와이어트 어프(Wyatt Earp)〉라는 영화로 만들어지기도 했다. 1881년 10월 26일 오후 3시경 보안관 와이어트 어프(Wyatt Earp)와 그의 형

결투가 있었던 툼스톤(Tombstone)의 거리

제, 소도둑인 아이크 클랜턴(Ike Clanton)과 맥로리(Mclory) 형제가 한패가 되어 30초 동안 일어났던 총격 사건이다. 이러한 결투는 유럽뿐 아니라, 당시 미국 남부나 서부에서 자주 있었던 일이었기에 그리 특이한 것은 아니지만 1940년대에 들어와 영화 산업의 흥행을 위해 실제 있었던 사건보다 과장되게 표현한 것을 볼 수 있다. 툼스톤은 은광이 있어 부가 넘치는 마을이었고, 사실은 이 마을을 보호해주는 조건으로 갖가지 이권에 개입한 보안관의 부당한 행위에 자신들의 행위도 인정해달라는 소도둑들의 도전으로 일어난 사건으로 요약할 수 있다.

남들보다 호기심이 많아서인지 실제 사건이 있었던 장소인 툼스톤으로 발길을 돌렸다. 표지판이 있던 10번 도로에서 20마일을 넘게 멕시코 국경 쪽에 있는, 강렬한 햇볕이 내리쬐는 야외 세트장에서 이들의 결투를 재현하는 30분짜리 야외 연극을 관람하게 되었다. 내용과 관계없이 연극배우들의 진지한 연기에 관객 모두 매료되어가고, 종료되었을 때는 40명이 넘는 관객 모두가 일어나 힘차게 박수를 쳐주었다. 보안관인 와이어트 어프는 당시 도박꾼에 술집주인, 고리대금업자였고 150명이 넘는 사람들을 죽음으로 몰아넣은 무법자였다. 그럼에도 단지 보안관 배지를 달고 있기에 법을 수호하는 사람처럼 묘사되고 있는 것이 안타까웠다. 점점 잊혀져가는 툼스톤의 역사를 되살리고, 관광객들을 불러들이는 고육책으로 보이지만 진실을 왜곡하고 악인이 선(善)의 사자로 각색되어 정의의 본질을 왜곡시키는 것은 실로 잘못된 것이라고 생각되었다.

기독교 문화와 기독교적 가치에 기초를 두고 있는 미국 영화는 인간과 사회의 중요성을 중심으로 제작되는 우리나라의 영화와는 질적으로 다르다. 한국의 영화는 인간이라는 모토를 가지고 줄거리를 풀어가는 내용이 많지만 미국 영화의 대부분은 선악이라는 이분법을 이용해 시작부터 끝까지 파괴와 살인 장면이 넘쳐난다. 기독교적 가치를 내세운 그 이분법의 대표적인 예는 기병대나 서부 개척자들이 원주민 부족들을 학살하거나 오지인 인디언 보호구역(Indian Reservation Area)으로 이주시키는 모습을 담은 영화, 최근에 와서는 미국의 가치나 국익에 반하는 집단은 타도해야 할 적으로 규정하고 첨단무기를 동원해 싸우는

와이어트 어프(Wyatt Earp) 생가

전쟁영화나 첩보영화, 테러리스트 영화이다. 1970년대에 상영되었던 〈더티 해리(Dirty Harry)〉라는 영화는 은밀하게 인종에 대한 편견을 나타내고 있다. 내용을 훑어보면 치안을 유지하기 위해 동분서주하는 형사 해리의 이미지는 법을 수호하는 영웅적 백인종으로 인식하게끔 하였고, 상대인 유색인종들은 사회 질서를 어지럽히는 범죄자의 이미지를 갖게 하는 모순을 볼 수 있다. 많이 나아졌지만 지금도 간혹 백인이라는 인종적 우월성이나 유색인종의 문화를 비하하는 영화를 볼 수 있다. 미국 영화 산업이 자국의 백인 문화를 타국에 이식시키는 음모가 있음에도 불구하고 미국 영화 산업에 예속되지 않고 스스로 우리 식의 영화문화를 만들어가는 대한민국은 대단한 나라임은 틀림이 없다. 인종이나 문화를 이식시키기 위한 음모가 아닌 예술을 위한 한국의 영화 산업을 보며 한국 영화를 서로 앞다투어 수입해갈 날이 곧 올 것이라고 기대해본다. 멕시코 국경과 몇 마일 되지 않는 곳이라서 그런지 관람을 하고 난 뒤, 왔던 10번 고속도로로 돌아가다가 국경수비대원과 마주쳤다. 내 차 번호판을 보더니 국경수비대원이 단 한 마디만 물어온다. "당신은 미국 시민권자입니까?" 막힘없이 "그렇다."고 대답했더니 신분증을 확인도 하지 않았고, 몇 미터 앞에 떨어져 있던 다른 한 수비대원이 문제가 없다는 것을 눈치를 챘는지 팔을 반쯤 들어 올려 이미 펴져있는 엄지손가락으로 가던 방향으로 진행하라고 계속해서 앞뒤로 흔들며 신호를 보낸다. 구름 한 점 없는 대지 위에 쏟아붓는 햇볕에 가마솥처럼 부글부글 끓어오르는 툼스톤을 떠나 허허벌판에 들어 앉아있는 피닉스에 도착했다. 오늘 주행한 거리는 500마일로 그다지 길지 않는 평균 거리라서 별로 피곤함을 느끼지 못했다.

명상가들의 성지 세도나

피닉스(Phoenix)에서 하루를 머문 후, 다음 날 아침 숙소에서 북쪽으로 130마일 떨어진 코코니노 카운티(Coconino County)의 세도나(Sedona)를 찾았다. 붉은 사암으로 된 암벽과 봉우리로 이루어진 세도나는 누구나 한 번쯤은 들어봤을 명소이다. 입구에 들어서기도 전에 먼 거리에서부터 붉은 사암으로 된 벨락(Bell Rock)의 멋진 풍경이 눈에 들어온다. 이 지역은 평균 해발이 1,400미터가량 되는 산악지대로, 지명은 최초의 백인 이주자의 한 사람이며 이 지역 발전을 위해 헌신했던 우체국장 부인의 이름을 따 '세도나(Sedona)'로 붙여졌다. 조상 대대로 성스럽게 여겼던 이 지역에 백인 개척자들이 몰려오고 이에 야바파이(Yavapai)와 아파치(Apache) 족은 생사를 가늠할 수 없을 정도로 치열하게 대항했다고 한다. 몰살을 각오하고 마지막까지 백인 이주자들에게 저항했지만 싸움에서 패하고, 살아남은 원주민들은 남쪽으로 약 130마일 정도 떨어진 샌 캐롤 인디언 보호구역(San Carlos Indian Reservation)에 강제 수용되었다. 이곳저곳에서 몰려온 백인들에 의해 한동안 완전한 백인 거주지

세도나 입구에서 보이는 벨락(Bell Rock)

가 되었지만 많은 시간이 지난 최근에는 사진, 미술, 공예, 조각 등 다양한 분야의 예술가들이 정착하면서 인종 혼합지역으로 거듭나게 되었다. 내가 찾았을 때도 80개 넘는 화랑에서 활발하게 작품 활동을 하며 생활하는 유색인종이 눈에 많이 들어왔다.

이곳 사암암벽과 봉우리들은 사진을 통해 많이 보았던 탓인지 시각적으로는 기시감(旣視感)을 느끼고 있었지만 청각은 전혀 달랐다. 한 번도 느껴보지 못한 정적 때문인지 엄숙함이 느껴지고, 너무도 고요해서 마주치는 관광객들의 얼굴에도 차분한 분위기가 느껴진다. 초

자연적인 에너지는 아닐지라도 세계 어느 지역보다도 에너지가 강하게 떠돌기 때문에 명상가들은 물론 뉴에이지(New Age) 신봉자들이 많이 찾아온다고 한다. 몇 년 전 이곳의 붉은 사암에는 철 성분이 많이 함유되어 있어 그 자력이 인체에 영향을 준다는 학자들의 연구결과가 실린 글을 본 적이 있었지만 그다지 신빙성이 없다고 무시한 적이 있었다. 그런데 심리적인지 아니면 남보다 예민한 몸 구조 때문인지 얼마 전에 치과 치료를 해서 차도가 있었던 잇몸이 이곳에 당도하자마자 심한 통증을 느꼈고, 미세하게나마 신체의 관절 부분에서 나타나는 통증에 기와 관련이 된 무언가 있다는 판단이 들었다. 알아보니 그 이유는 지구의 땅속에서 나오는 고유의 파장(Earth Wave)인 볼텍스(Vortex) 때문이라는 것을 알았다. 볼텍스가 나오는 지역은 전 세계를 통틀어 불과 21곳밖에 안 되고, 그 가운데 다섯 곳은 애리조나의 세도나에 있다.

강한 햇살 때문에 벨락 주위에 나 있는 오솔길을 걷는데 불편했지만 도중에 큰 바위가 만들어낸 그늘에 앉을 때는 사막기후의 건조함 때문인지 생각했던 것보다 훨씬 시원했고, 그날따라 바람 한줄기 없어서인지 지금껏 살아오면서 전혀 느껴보지 못했던 깊은 고요함 속으로 빠져들었다. 수행자는 아닐지라도 명상을 하고 싶은 충동을 느꼈고, 긴장과 잡념에 시달리는 현실 세계로부터 의식을 떼어내고자 하는 것이 명상이라면, 왜곡된 세상에서 오염된 것들에 집착하며 살아왔던 의식을 비우고 순수한 정신을 찾아보자는 생각으로 양발을 포개고 앉아 명상의 시간을 가져보기도 했다. 30분의 짧은 명상이라서 내적인 세계로 향할 수는 없었지만 확실한 것은 잠시나마 머리가 맑아지고 심리적으로 안정감을 찾을 수 있었다. 이곳은 생각보다 한국인 관광객이 많이 찾아오는 곳이다. 산책 중에 10명 정도 되는 한국인 중년 관광객 팀을 만났고, 산책을 마치고 입구 쪽으로 돌아가는 40명 정도 되는 한국 대학생들도 만났다. 그리고 기를 받고자 바위 위에 누워있는 한국인들도 종종 눈에 띄었다.

곧바로 라스베이거스로 이동을 해야 하기에 앞서 오던 길로 몇 마일을 다시 내려가 1956년에 바위 위에 세워진 성 십자가 성당(Chapel of the Holy Cross)을 간단하게 둘러보기로 했다. 바위 한조각도 깎아내리지 않고 붉은 사암 위에 그대로 올려놓은 것 같은 느낌을 주는 성당으로 적막한 허허벌판에 있어서 그런지 왠지 고독을 품고 있는 것처럼 보이는 건물로도 유명하다. 성당 안으로 들어서기에 앞서 도로에서 올려다본 십자가 모양의 창들이 눈에 띄었고, 이 건축물의 전체 분위기가

명상가들의 성지 세도나(Sedona)

인위적이며 상업적 냄새를 풍기고 있다는 느낌을 받았다. 한참을 돌아서 성당 안으로 들어섰을 때는 크지도 작지도 않은 적당한 크기의 건축물이라는 것 말고는 별로 인상적인 것이 없었다. 이 성당을 방문하고도 감동을 받지 못했던 가장 큰 이유는 예배 말고 관광객들을 위한 건축물 같다는 것, 예수의 진리와 다르게 원주민들을 압제하고 학살한 개척시대의 백인 이주자들의 후손들이 세웠다는 것 때문이었다.

성당 창틀에 보이는 십자가가 진정 무엇을 의미하는지 이주자들의 후손들은 알고 있을까? 아브라함을 믿음과 건국의 조상이라고 간주하는 유대인처럼, 수많은 원주민을 고통 속으로 몰아낸 자신들의 조상을 필그림(Pilgrim, 순례자)이라고 말하는 미국의 보수 기독교인들을 보면 긴 한숨이 나온다. 그리고 조상들의 악행을 인정하기는커녕 개척시대인 그 당시에는 가족의 생존과 믿음을 지키기 위해 적들을 향해 총을 들고 싸울 수밖에 없었다고 합리화하는 기독교 지도자들의 비열함에 더욱 분노를 느낀다. 기독교가 회개의 종교임에도 불구하고 자신들과 연관된 과거의 역사를 회개할 줄 모르는 것은 종교로서 가치를 상실한 것이다. 더불어 잘못된 미국 기독교의 정신이 한국 기독교의 근간을 이루고 있다는 생각을 해보면 한국의 기독교는 더 이상 희망이 없는 종교로밖에 보이지 않는다. 마치 재벌기업의 총수가 주주들의 의견을 무시하고 편법을 동원해 자식에게 대물림하는 것처럼, 자식의 세습을 위해서 온갖 불의한 방법을 서슴지 않고 동원하는 한국의 초대형교회의 목사들을 보며 한때 미국 상원의 채플 목사였던 리처드 핼버슨(Richard Halverson)이 "교회는 그리스로 이동해 철학이 되었고 로마로 옮겨가서

세도나의 성 십자가 성당(Chapel of the Holy Cross)

는 제도가 되었다. 그 후, 유럽으로 가서는 문화가 되었고, 마침내 미국으로 가서는 기업이 되었다."라고 한 말이 떠올랐다. 그리고 자본주의와 함께 성장한 미국 기독교를 여과 없이 받아들이고 발전시킨 오늘날의 한국교회는 더 추잡한 행태를 보이고 돈과 인맥에 의해 움직이는 대기업이 되어버렸다. 성 베드로 성당을 신축하기 위해 돈이 필요해지자 "헌금함 속으로 던져 넣은 돈이 짤랑하고 소리를 내는 순간 구원을 받는다!"라고 헌금을 독려했던 알브레히트 대주교보다 더 악독한 한국 대형교회 목사들은 교회를 하나님의 사업이 아닌 자신의 기업으로 생각하고 운영하며, 성도의 피땀 어린 헌금으로 호의호식하며 부귀영화를 누리고 심지어는 세계 기독교 역사상 유례가 없는 세습을 하고 있다. 사회구조에서 결여되어서는 안 될 정의와 상식을 건너뛴 문란한 풍조를 만들어가고 있는 한국교회를 보며 과연 한국의 기독교는 미래가 있는가 생각해 본다. 악랄한 맘몬(Mammon)을 섬기는 목회자들의 행태에 과거처럼 교회가 세속화되어버린 사회를 걱정하는 것이 아니라, 오히려 이제는 이 사회에 속한 성원들이 교회를 걱정하는 것이 당연한 흐름이 되어버린 것이다. 더불어 날로 교회를 찾는 사람이 줄어들고 특히 젊은 층에서 교회와 기독교의 가르침에 반감을 갖는 것은 과학의 발전으로 기독교의 입지가 줄어드는 것이 아니라 기독교의 근본인 과거의 행적에 대한 회개와 신앙인 자신들이 저지르고 있는 죄에 대한 회개가 없기 때문이다. 한마디로 일본 군국주의가 저지른 악행을 부정하려는 일본 정부처럼, 기독교가 저지른 잘못을 덮어두려는 것에서 기인한다는 말이다. 성 십자가 성당을 방문하며 미국 기독교의 역사와 한국교회의 역사를 한눈에 보는 것 같은 아픈 마음, 그리고 기독교인들은 역사에 대한 비판의식이 없다는 말에 조국에서 봉사하던 교회를 떠나야만 했던 아픈 내 과거의 상처를 어루만져 보며 서둘러 발길을 돌린다.

인생이란 꼭 이해해야 할 필요는 없는 것
그냥 내버려두면 축제가 될 터이니
길을 걸어가는 아이가
바람이 불 때마다 날려 오는
꽃잎들의 선물을 받아들이듯이

하루하루가 네게 그렇게 되도록 하라
꽃잎들을 모아 간직해두는 일 따위에
아이는 아랑곳하지 않는다.
제 머리카락 속으로 기꺼이 날아 들어온
꽃잎들을 아이는 살며시 떼어내고
사랑스런 젊은 시절을 향해
더욱 새로운 꽃잎을 달라 두 손을 모은다.
- 라이너 마리아 릴케, 〈인생이란〉

휴가철이 아닌 5월 초순이라서 이곳엔 관광객들이 별로 많지 않았다. 미 대륙 관광은 4월 하순부터 5월 하순이 좋다고 말하는 이유는 춥거나 덥지도 않은 날씨 때문이기도 하지만 6월부터는 학생들의 방학과 직장인들의 휴가가 시작되기 때문이다. 대부분의 국립공원이 4월 초에서부터 10월 중순까지 개방하지만 6월에서 9월까지는 내국인뿐 아니라 외국 관광객까지 엄청나게 몰려들어 오기에 제대로 감상을 할 수가 없다. 기후가 따뜻한 서부와 남부는 옐로스톤(Yellowstone) 같은 일부 공원을 제외한 대부분의 공원이 일 년 내내 개방을 하지만 동부와 중북부의 공원은 다르다. 이 지역 공원은 10월부터 다음 해 4월까지 개방하지 않는데, 이유는 춥고 눈이 많아서 방문자들이 위험에 처할 수 있기 때문이다. 또한, 국립공원의 입장에서는 10월에서 이듬해 4월은 정비와 수리를 하는 중요한 기간이라는 것을 상식적으로 알고 있어야 한다. 이런 상식을 떠올려볼 때 출입이 해제되는 4월 중순부터 5월 하순까지,

그리고 폐쇄 직전인 9월 중순부터 10월 중순 사이에 여행하는 것이 좋다. 기후상으로도 덥다거나 춥지 않을 뿐 아니라, 성수기보다도 1.5~2배까지 싼값으로 숙소를 얻을 수 있고 교통도 원활해서 이동하는데도 불편이 없다. 또한 휴가철을 비껴가면 연료비도 싸다는 이점도 있다. 미국에서 20년을 넘게 살면서 미 대륙 여행의 가장 효과적인 방법이나 시기를 알고 있었기에 이번 여행에서 성수기보다 30~40퍼센트 정도의 경비를 절감했고 일정도 5일 정도를 절약할 수 있었다. 일정을 절약할 수 있었다는 것은 그 지역의 유명한 장소를 덤으로 더 둘러볼 수 있다는 말과 같다.

66번 도로에서 존 스타인벡의 《분노의 포도》를 떠올리다

또다시 고독한 여행자의 발걸음은 시작되고 세도나(Sedona)를 벗어나 눈이 시리도록 파란 하늘 밑에 사행천(蛇行川)처럼 구불구불 늘어진 험준한 산길을 따라 라스베이거스를 향해 달린다. 여행이란 늘 새로운 곳에서 새로운 풍경을 보는 것도 중요하지만, 새로운 눈을 가지고 세상을 보며 매 순간 자연과의 대화를 통해서 내 존재의 위치를 깨닫는 것이 아닌가. 가보지 못한 미지의 세계로 육신을 옮겨놓는다고 해서 여행이 아니라 마음 안에서의 자신과의 대화를 끊임없이 해야 하고, 더불어 카타르시스화된 영혼으로 자연과 만나야만 진정으로 아름다운 여행이 될 수 있다는 것을 깨달았다. 세도나를 떠난 후 4~50마일쯤 달렸을까. 서쪽 방향으로는 네바다 주의 라스베이거스와 동쪽 방향으로는 뉴멕시코(New Mexico) 주의 앨버커키(Albuquerque)로 갈라지는 40번 고속도로의 이정표가 보이고 플래그스테프(Flagstaff)의 갈림길에서 가야할 목적지인 라스베이거스가 있는 서쪽으로 방향을 틀어 황량한 사막 길을 달렸다.

플래그스테프에서 80마일 정도 달렸을 즈음, 도로 옆에 세워진 셀리그먼 피치 스프링스(Seligman Peach Springs)라는 교통 표지판이 눈에 보이고, 표지판 바로 밑에 일명 'Mother's Road'라고 불리는 미국 최초의 대륙횡단 고속도로인 66번 도로(Historic US 66) 표지판도 함께 붙어있었다. 표지판을 보자마자 "66번 도로는 작은 지류들의 어머니이며, 도피(逃避)하는 사람들의 길이다."라는 말이 떠올랐다. 1930년대 대공황 당시, 잃어버린 세대를 대표하는 작가이며 미국인의 사회주의 의식을 대표하는 존 스타인벡(John Ernst Steinbeck Jr.)의 소설 《분노의 포도(The Grapes of Wrath)》의 한 대사가 갑작스레 총알처럼 머릿속을 뚫고 지나갔다. 나 자신도 삶의 터전을 옮긴 이민자이기에 그들과 같은 마음으로 이주자들의 향수가 배어 있는 거리를 돌면서 40여 년 전에 읽었던 소설의 줄거리를 천천히 떠올려보았다.

텍사스에서부터 휘몰아치던 모래바람이 서서히 북쪽을 향해 밀고 올라와 농지가 점점 사막화되어 농사를 지을 수 없는 지경에 이르게 된 소작농들. 그리고 계속되는 흉작 때문에 은행 융자금을 갚을 수 없어 생명 같은 땅을 포기하고 많은 농부들은 도피 길에 오른다. 우리가 알다시피 자본주의 상징은 은행이며, 자본주의 시스템은 은행을 거쳐야만 굴러가게 되어있는 경제임을 입증하듯, 은행은 잔혹하게도 원금은커녕 이자도 지불할 수 없는 농민들의 땅을 몰수하고, 이에 농민들은 신성한 노동을 통해 일구어 놓은 수고가 모두 부자에게로 흘러가는 자본주의의 불평등을 인지한다. 소설 속의 주인공인 톰 조드(Tom Joad) 역시 굶주린 소외계층으로 전락되고, 자본주의가 부조리하고 불평등하다는 현실을 인식하면서 그 의식 속에는 주렁주렁 매달린 수확기의 포도

미국 최초의 대륙횡단 고속도로인 66번 도로(Historic US 66)

송이처럼 분노가 익어간다. 톰 조드는 포도원의 인부를 구한다는 전단지를 보게 되고, 고물 트럭을 몰고 젖과 꿀이 흐르는 복락(福樂)의 땅으로 묘사된 캘리포니아를 향해 떠난다. 3代의 가족을 이끌고 도착한 캘리포니아는 듣던 소문과 달리 곳곳의 거리마다 생계를 위해 개미 떼처럼 밀려온 이주자들로 들끓었고, 한 사람이 옮길 수 있는 자그마한 짐에도 실업자들이 벌떼처럼 몰려왔다. 그리고 적은 양의 음식에 여러 사람이 달려들 정도로 모두 빈곤과 굶주림에 시달렸다. 젖과 꿀이 흐르는 땅이라 일컬어졌던 그곳은 일자리도 구하기 어려웠고, 이주자들은 물론 가족들의 생존 자체도 위태로운 형국이었다. 끼니도 제대로 채우지 못한 사람들은 영양실조와 기아로 죽어갔지만 부자인 대지주들은 이런 상황을 방기한다. 작가는 농축산물 가격의 폭락을 우려한 나머지 이미

생산된 오렌지를 산더미처럼 쌓아 놓고 그 위에 석유를 뿌려 부패시키고, 가축들은 살처분한 후에 화학약품을 뿌려 누구도 못 먹게 하는 악랄한 부자의 모습을 부각시킨다. 인간의 생명보다도 돈이 최고라는 천박한 자본주의의 폐단을 적나라하게 경험하는 톰 조드는 새로운 시각으로 사회를 보게 되고 결국 사회 개혁이나 혁명의 의지를 불태운다. 톰 조드가 불의에 가득한 자본주의의 모순을 간과하지 않은 모습은 남다르게 생활고를 겪었던 젊은 시절 존 스타인벡의 사회의식과 일치한다. 스탠퍼드 대학에 입학했지만 등록금을 낼 수 없을 정도로 그는 너무나 가난했다. 수업보다는 목장이나 도로 공사장에서 일해야만 했고, 이후 학업을 포기하고 뉴욕 타임스 기자로 있으면서 객관적인 기사보다는 자신의 주관을 이입시켜 기사를 작성한다는 이유로 해고를 당한다. 해고를 당하고 난 다음 또다시 혹독한 가난 때문에 막노동현장으로 내몰리면서 자본주의의 문제점을 느끼고 깨달았던 것을 소설을 통해 묘사한다.

《분노의 포도》 줄거리와 맞물려 내 머리에는 2015년 11월, 대선 공약에 맞게 쌀값 인상을 해달라고 외치던 농민들의 외침과 공권력에 의해 물대포를 맞고 쓰러진 농민이 1년 반이 되도록 사경을 헤어나지 못하는 모습이 떠올랐다. 주권은 국민들에게 있음에도 불구하고, 부정부패를 일삼는 통치자와 후한(後漢) 말 영제(靈帝) 때의 내시처럼 아부에 몰두하는 무능력한 관료들, 그리고 권력에 유착해 탈세나 불법도 마다하지 않는 재벌이나 부자들에게 부를 수탈당하는 조국의 하류 계층의 처절한 신음소리가 66번 도로의 한 길모퉁이까지 들리는 것 같았고, 국민이 원하는 젖과 꿀이 흐르는 땅이 어디 있는지를 생각해 보았다. 복락의 땅은 정의와 상식이 통하고 최대한의 자유와 노력한 만큼의 경제적 기회와 사회적 지위의 도약이 제재 없이 이루어지는 구조가 가장 밑에서부터 위까지 견고하게 자리 잡고 있는 나라가 아닐까. 고향을 등질 수밖에 없었던 이주자들의 애달팠던 마음을 가슴에 담고 66번 도로를 빠져나와 다음 행선지를 향해 달리지만 무거운 내 마음을 아는 듯 차의 엔진소리도 애달프고 슬프기만 하다.

66번 도로 끝인 킹맨(Kingman)에서 93번 도로를 갈아타고 계속해서 라스베이거스로 가던 중, 미국 제32대 대통령인 프랭클린 D. 루스벨트(Franklin Delano Roosevelt)의 뉴딜(New Deal) 정책에 따라 콜로라도 강을 막아 세운 후버 댐(Hoover Dam)에 들렀다. 현재는 중국의 삼협(三峽) 댐이 세계 최대를 자랑하지만, 30년 전까지만 해도 지상 최대의 토목공사 중 하나로 불렸던 곳이 이곳 후버 댐이다. 1936년에 완공된 후버 댐 전면을 애리조나 주와 뉴멕시코 주의 경계인 그레이트 베이신 하이웨이(Great Basin Highway)의 다리 위에서 내려다보았다. 댐의 높이는 221미터에 기저부의 길이는 200미터이고 담수량은 자그마치 320억 세제곱미터인 8조 4,500억 갤런(32조 리터)으로 캘리포니아에서 사용하는 물을 공급해주는 역할을 한다. 산 중턱을 가로질러 건설한 다리 위에 서서 아래 보이는 후버 댐을 배경으로 몇 컷의 사진을 찍어본다. 바로 옆에는 젊은 커플이 있었고 남자는 다리의 높이를 실험해보려는 의도인지 까마득한 바닥을 향해 테니스공을 떨어뜨리는 모습이 포착되었다. 곧바로 고개를 아래로 내려 보는 순간 바람이 너무 세게 불어 중간

미드(Mead) 호수

쯤에서 다리 안쪽으로 들어가 버리더니 영영 보이지 않는다. 공이 사라지자마자 별안간 이곳에 대한 세간의 풍문이 떠올랐다.

물을 부으면 중력에 의해 아래로 떨어지는 것이 당연하지만 그레이트 베이신 하이웨이 다리 위에서 물을 부으면 아래가 아닌 위로 올라가는 신기한 현상을 볼 수 있다는 말이었다. 호기심이 많고 궁금하면 알고 싶어 못 견디는 성격이라 이 말이 진짜인지 아닌지 그냥 지나칠 수 없어 실험하고 싶은 충동을 느꼈다. 마침 손에 들려있던 물병을 열어 부어보니 물이 바닥으로 떨어지는 것이 아니라 머리 위로 날려 기포처럼 사라지는 것이었다. 알고 보니 이곳에서 중력이 통용되지 않는 이유는 전면이 매끈하고 둥근 모양을 한 댐의 구조에 의해서 강한 상승기류가 발생되기 때문이라고 한다. 궁금증을 풀고 난 뒤, 흡족한 마음으로 다리에서 내려와 차를 타고 라스베이거스로 가는 길 오른쪽에 거대한 에메랄드빛 미드(Mead) 호수가 보였다. 중국의 동정호처럼 끝이 안 보일 정도로 어마어마하게 넓었다. 후버 댐을 건설하면서 생긴 세계 최대의 인공호수 미드 호수를 보며 인공으로도 이렇게 거대한 아름다움을 만들어 낼 수 있다는 것에 감탄사가 절로 나왔다. 1924년부터 1936년까지 미국정부 개척국의 감독관이었던 엘우드 미드(Elwood Mead)의 이름을 따 미드호라고 붙여졌다고 한다. 석양은 헐벗은 산등성이로 내려앉아 있고 곧바로 밤하늘에 차오르는 상현달은 어두움이 깔린 대지를 향해 골고루 빛을 내뿜어주고 있었다. 라스베이거스에 도착해 숙소로 들어가기 전, 야경을 구경하기 위해 시내를 한 바퀴 돌아보았지만 4년 전과 별 차이가 없었다. 곧바로 숙소인 MGM 그랜드 호텔로 들어가 오늘 체험했던 여행을 메모한 후 다음 여행지를 위해 준비하고 취침에 들어갔다.

세월이 만든 신비,
자이언 캐니언과 브라이스 캐니언을 방문하다

다음 날 아침, 강렬하게 내리꽂는 폭염을 어깨에 지고 목적지인 자이언 캐니언(Zion Canyon)과 브라이스 캐니언(Bryce Canyon)을 가기 위해 15번 도로를 내달린다. 공기 흐름은 점점 빨라지고 옆 차창으로 고개를 돌릴 때마다 선글라스와 만나는 햇살은 마치 기다란 단백석(蛋白石)처럼 영롱하게 빛난다. 황량한 고원에서 만나는 자연의 황홀함, 속도를 올릴수록 마주했던 사물들은 급하게 얼굴 옆을 스쳐 지나가고, 감추어져 보이지 않던 사물의 앞부분들이 양쪽 사이드 미러 속으로 급히 빨려 들어오더니 이내 아련히 시야에서 사라져간다. 다가오기에 마주하는 아름다움, 스스로 그러하기에 너스레를 떨지 않는 자연은 오고 감도 없이 태곳적이나 지금이나 얌전히 본연의 자리를 지키고 있다. 보이는 것 같지만 육안으로는 보이지 않는 숨은 자연을 인간의 지혜로는 알 수도 깨달을 수도 없기에 자연은 영원한 공(空)이며 무한이다.

그랜드 캐니언(Grand Canyon), 브라이스 캐니언(Bryce Canyon)과 더불어 미국 3대 캐니언 중 하나인 자이언 캐니언 국립공원(Zion

Canyon National Park)이 가까워 오고, 지표 고도가 오를수록 하늘은 더 가깝게 느껴진다. 도로를 따라 펼쳐진 지평선 끝 위에 놓인 코발트색 하늘은 손을 뻗으면 닿을 것 같은데, 과연 인간이 상상할 수 있는 영역과 그 끝은 어디인가. 그리고 신이 머무는 우주는 우리에게 무슨 의미를 부여하고 있는가. 또한 늙은 옛사람의 백발처럼 바람결에 이리저리 정처 없이 흩날리는 하얀 구름이 머물 곳은 어디일까. 로키 산맥의 끝자락인 이 고도에서 부는 바람은 어디서 불어와 멈추어 서는 곳은 어디일까. 줄곧 인간과 자연의 경계에 대한 생각으로 빠져들었다. 그리고 달리는 동안에도 끊임없이 작열하는 태양에 지글거리는 대지, 타는 목마름에 축 늘어진 사막의 식물들을 보며 이슬을 몰고 오는 달콤한 밤을 기다리고 있지나 않을까하는 애처로운 마음이 든다. 머릿속엔 사물들이 갖고 있는 외연과 내포의 의미를 내 나름의 방식으로 정리해보지만 어떤 해답도 얻지 못하고 시름겨워하는 사이 이내 붉은 사암으로 이루어진 국립공원 자이언 협곡이 눈에 들어온다.

사막의 고원 안에 웅크리고 있는 거대한 신의 정원 자이언 캐니언. 조물주가 형형색색으로 만들어낸 작품들을 보고 있노라면 이해할 수 없을 정도로 오묘함과 신비함이 느껴진다. 아니 인간의 지혜로는 이해할 수 없기에 자연은 신비로운 것이다. 봉우리 하나하나를 보노라니 점점 무아지경 속으로 빨려 들어가고, 장엄하게 서 있는 거대한 사암 덩어리들을 보며 감동적인 아름다움에 점점 호흡이 가빠지고 이전에는 전혀 느껴보지 못한 장쾌한 풍광에 심장박동이 빨라진다. 남성적이라 불릴 만큼 장쾌하게 뻗어 있는 거대한 협곡을 가로지르는 도로는 마

자이언 캐니언(Zion Canyon) 입구

치 구절양장(九折羊腸)처럼 굽이굽이 늘어져 있고 험난한 길 바로 아래에는 오금이 저리도록 깊은 낭떠러지가 있어 전율을 느끼게 한다. 다른 한쪽으로는 깎아지른 절벽들이 보이고, 파란 하늘과 맞닿는 꼭대기는 마치 신선들이 거처하는 공간처럼 누구도 범접할 수 없는 신비스러운 느낌이다. '있는 그대로라는 뜻'과 같이 버진(Virgin) 강을 흐르는 물소리와 그 옆 바위를 스쳐가는 바람소리는 천상에 계시는 신의 목소리처럼 너무도 맑고 투명하며 깨끗해서 매혹적인 음색으로 다가온다. 온갖 고난을 이기고 최고의 아름다움을 피워낸 야생화, 그리고 키 작은 수풀

속에서 여러 목소리가 뒤섞인 새들의 합창, 강가에서 목을 축이는 어미 사슴과 새끼, 총총걸음으로 이곳저곳을 휘젓고 다니는 다람쥐, 이 모두가 바람과 하늘과 태양과 함께 어우러진 대자연의 뮤지컬이다.

불덩이처럼 뜨거운 햇볕에 몸뚱이는 붉게 그을리고, 상처가 치유되기도 전에 사정없이 휘저어대는 드센 바람에 또다시 살갗을 돌려대야 하는 인고의 세월을 보내면서도 보란 듯이 웅장하고 성스러움을 만들어낸 자이언 캐니언 앞에 고개가 숙여진다. 방대한 이 협곡의 역사에 견주어 인간이 품고 살아가야 할 세월은 비록 찰나에 불과한 시간이지만, 이 자리에 어깨를 웅크리고 서 있는 사람은 그동안 누구를 위해 무엇을 하며 어떻게 살아왔는가. 한 부분도 놓치고 싶지 않아 부지런히 카메라 셔터를 눌러대지만 이 아름다운 풍경과는 모순되게 살아온 나 자신을 돌아보며 하염없이 후회가 바람처럼 몰려오고, 더 이상 지금의 모습으로 살아가서는 인생을 실패할 수밖에 없다는 두려움에 가슴이 울컥한다. 이 거대한 자연 속에 애달프게 서 있는 나 자신을 돌아보며 앞으로 남은 시간을 더 이상 후회 없이 살아야 한다는 다짐을 강철처럼 굳게 해본다. 몇백만 년 동안 수많은 사연을 이겨내고 견고하게 서 있는 자이언 캐니언. 그 아름다움을 뒤로 하고 차에 올라선다. 자연을 훼손하지 않고 소형차들만 통행이 가능하도록 만든 자이언 캐니언의 터널을 지나 다음 목적지인 국립공원 브라이스 캐니언으로 향한다.

딕시(Dixie) 국유림을 왼쪽으로 끼고 동북쪽인 브라이스 캐니언 쪽으로 올라갈수록 화창하지는 않지만 적당하게 흐린 날씨에 산들바람은 숨을 쉴 때마다 활력을 주는 음이온 같았다. 때로는 몽유병자처럼

브라이스 캐니언(Bryce Canyon)의 첨탑들

소형차들의 통행만 가능한 자이언 캐니언(Zion Canyon)의 터널

넋을 놓고 달리다가도 종종 불어오는 건조하고 더운 바람에 깜짝 놀라 반쯤 감긴 눈을 부릅뜬다. 자이언 캐니언에서 한 시간 남짓 90마일을 달려 도착한 브라이스 캐니언. 서부의 3대 캐니언인 그랜드 캐니언은 광활함에 넋을 잃게 하고, 자이언 캐니언은 남성적인 웅장함에 두려움을 느끼게 하고, 브라이스 캐니언은 크기는 작지만 농익은 매실색과 촛대같이 아기자기하게 늘어서 있는 수많은 첨탑의 향연에 여성 같은 감정을 느끼게 하는 계곡이다.

평균 고도 2,400미터에서 1,300만 년 동안 차가운 물과 왜바람, 강렬한 햇볕이 빚어낸 모래바위들은 더 이상 수식어가 필요 없는 아름다움 그 자체이다. 수많은 첨탑들은 반원형의 모양으로 둘러져있고, 소나무 숲이 어우러져 불러내는 바람소리는 마치 아리아나 오페라에서 여주인공의 독창을 듣는 것 같은 착각에 빠질 정도이다. 인스피레이션 포인트(Inspiration Point)에서 내려다보는 많은 첨탑들은 노천극장에 촛불을 들고 빼곡히 앉아있는 관객들 같은 모습으로 보였다. 내가 서 있는 자리가 관객과 마주하는 무대같이 느껴지고 내 자신이 루치아노 파바로티(Luciano Pavarotti)가 된 것 마냥 착각에 빠졌다. 이내 유튜브에서 찾은 〈카루소(Caruso)〉와 〈오 솔레 미오(O sole mio)〉가 흘러나옴과 동시에 두 손을 높이 치켜들고 같이 따라 불러보았다. 오랜 풍수(風水)와 햇볕에 잘게 부수어진 토사 아래로 깊게 뿌리를 내린 침엽수림, 그늘진 숲 사이로 다람쥐 떼들이 평화롭게 오간다. 이름 모를 새들은 경사진 바위 아래서 무언가를 부지런히 쪼아대고, 멀리서 코요테처럼 생긴 동물의 게으른 움직임도 눈에 띈다. 모두들 움직이지만 고요함을 넘어 적막함이 깔려있는 환경이다. 브라이스 캐니언은 2시간 정도의 트래킹으로 완전하게 돌아볼 수 있는 작은 계곡이지만 그랜드 캐니언이나 자이언 캐니언과 달리, 아래로 내려가서 첨탑들을 지척에서 올려볼 수 있고 비록 밑 부분이지만 직접 내 손으로 만져 볼 수도 있다는 것에 정감이 갔다. 약한 사암과 흙으로 된 첨탑들은 마치 여성의 몸매를 만지는 것처럼 부드러웠다. 호사가들은 최고의 신인 제우스가 부인 헤라의 눈을 피해 이곳에 비밀스런 안식처를 만들어 밤마다 많은 여인과 사랑을 나누었고, 그때마다 새로운 첨탑들이 생겨나서 지금에 이르게 되었다고 그럴싸하게 이야기를 꾸며낸다. 그리고 제우스의 사랑으로 탄생된 수많은 첨탑들이 계속해서 하늘을 향해 솟아오르면서 결국 헤라의 눈에 띄게 되었고, 배신감을 느꼈던 헤라의 폭로로 인간 세상에 알려지게 된 곳이 바로 브라이스 캐니언이라고 이야기를 풀어놓는다. 당치않은 말이지만 이런 이야기 속에는 브라이스 캐니언의 신비를 더해주는 재미가 있다.

내려가지 않고 위에서 관람할 수 있는 여러 장소가 있지만 인스피레이션 포인트에서 보는 브라이스 캐니언의 전경이 제일 아름다웠다. 지질학자들에 의하면 이 아름다운 풍경도 앞으로 50~150년 후가 되면 지금의 모양하고는 상당히 다를 것이라고 한다. 자연이 빚어낸 위대한 예술의 근원에는 항상 불과 바람과 물이 있듯이, 이미지가 달라지는 가장 큰 이유는 평균 고도가 2,400미터라서 밤에는 결빙이 되고 낮에는 해빙이 되는데, 결빙은 바위의 팽창을, 해빙은 바위의 수축을 일으키기 때문이다. 오랜 세월 동안 팽창과 수축이 반복되었기에 바위에는 큰 압력이 가해져 있고, 이로 인해 응력을 잃어버린 바위 표면들은 수많은 균열을 일으켜 잘게 부서져 떨어져 나가는 부식 현상이 지금도 계속해서 일어나고 있는 중이라고 한다. 물은 영하로 내려가면 원래의 부피보다 110퍼센트까지 팽창하는 속성으로 인해 지금의 이런 아름다움을 만들어냈지만 앞으로는 이런 아름다운 풍경을 볼 수 없다는 말이다. 또한, 학자들은 약한 사암으로 된 후드(Hoodoo)들이 과거보다 너무 가늘고 얇아진데다 압력과 응력이 최고조로 축적된 지금이 과거보다 훨씬 더 강하고 빠른 속도로 침식이 진행된다는 연구결과를 얻어냈다고 한다. 시들어져만 가는 태양은 높은 봉우리에 살짝 기대어 있고, 일몰이 다가올수록 짙은 매실 색깔과 복숭아 색깔을 띠고 있던 봉우리들은 서서히 잠자리에 들어갈 준비를 하고 있다. 이윽고 태양은 산 너머로 스러져버리고, 내가 서 있는 곳은 2,700미터가 넘는 고지대라서 추위가 곧바로 몰려온다. 몸에 지방질이 없어서인지 방풍 재킷을 입고 있어도 어깨가 움츠려지고 몸이 부르르 떨린다.

어스름이 깔린 계곡을 바라보고 있는데 별안간 어디선가 카랑카랑한 목소리가 귀를 뚫고 들려온다. “젊은 시절을 헛되게 보낸 너는 지금도 무의미하게 시간을 보내고 있다. 남아있는 시간이 얼마 없다. 그래도 지금같이 살아가겠냐?” 질책하는 이에게 변명을 한다. “젊은 날을 실속 없이 살아왔기에 지금 이런 슬픈 모습으로 살고 있습니다. 몸도 마음도 시들어버렸지만, 이제는 후회 없는 삶을 걸어갈 것이기에 더 이상 나를 찾아오지 말아 주십시오.” 살점을 도려내는 것 같은 아픔을 느끼며 또다시 간절하게 부탁을 한다. “더 이상 나를 찾아오지 마십시오.”

인스피레이션 포인트(Inspiration Point)에서 바라본 브라이스 캐니언(Bryce Canyon) 전경

지금은 벌써 전설이 되어버린 먼 과거로부터
내 젊음의 초상이 나를 바라보며 묻는다.
지난날 태양의 밝음으로부터
무엇이 반짝이고 무엇이 불타고 있는가를.

그때 내 앞에 비추어진 길은
나에게 많은 번민의 밤과
커다란 변화를 가져왔다.
나는 그 길을 이제 두 번 다시 걷고 싶지 않다.

하지만 나는 내 길을 성실하게 걸어왔고
그 추억은 보배로운 것이었다.
잘못도 실패도 많았지만
나는 절대 그것을 후회하지 않는다.
- 헤르만 헤세, 〈내 젊음의 초상〉

지나버린 시간은 돌이킬 수 없기에 후회해도 소용없다. 오늘이라는 시간은 내 안에 있고 살아있는 한 내일이라는 시간도 내 안에 있기에 스스로 아름답게 만들어갈 수 있다는 희망을 가지고 살아가야 한다. 시간이라 명명된 기차는 브레이크가 없어 멈추거나 쉬지도 않고 종착역을 향해 끊임없이 질주하지만 그 안에 머물고 있는 내 자신은 죽음에 도달하기 전에 후회되지 않는 무언가를 해야만 한다. 아름다운 풍경

숙소인 판귀치(Panguitch)로 가는 길

과 달리 탄식이 뿜어져 나오고 진이 빠져나간 다리에 힘을 주며 터벅터벅 주차장을 향해 내려간다. 그리고 걸어 내려오면서 단 한 번뿐인 인생을 더 이상 후회하며 살아가지 않겠다고 다짐해본다. 밤하늘을 바라보며 판귀치(Panguitch)에 있는 숙소를 향해 달리는 시간, 집을 떠나온 지가 벌써 열이틀이 넘어가고 하루 평균 500마일의 장거리 여행에 지친 몸을 응원하듯 별마다 초롱초롱 빛을 내고 있었다.

델리케이트 아치로 유명한 아치스 국립공원을 가다

여행 때마다 항상 그랬듯이, 이번 여행도 새벽 5시가 되면 어김없이 눈을 뜨고 6시가 되기 전에 숙소를 떠나 다음 목적지로 향한다. 일찍 일어나는 새가 먹이도 많이 얻듯, 항상 일찍 서두르는 이유는 가야 할 곳이 장거리든 단거리든 늦게 출발하면 예상보다 훨씬 늦게 도착해 제대로 구경을 못 하거나 최악의 경우는 입장하지 못해 근처에서 하룻밤을 숙식해야만 하는 경우도 생기기 때문이다. 일찍 서두르지 않으면 여행 일정이 하루가 더 늘어날 수 있을 뿐 아니라 그만큼 여비나 시간도 낭비되는 불편을 겪는다. 요약하면 방문할 곳이 많을수록 부지런해야만 시간이나 경비, 육신의 피곤함도 줄일 수 있다는 말이다. 그리고 일정에서 시간이 절약되면 덤으로 또 다른 곳을 갈 수도 있다.

동부와 달리 서부 내륙의 오지를 여행할 때 꼭 참고해야 할 것은 당일 일정을 마치고 숙소로 들어가기 전에 차의 연료를 가득 채워놓아야 하고, 숙소에 도착해서는 타이어 공기압은 물론 다음 날 있을 목적지까지의 거리와 교통상황을 분석하고 구간날씨도 미리 확인해서 도착 예상시간을 미리 찾아두면 좋다. 외진 지역의 교통이 아무리 원활하다고 할지라도 2시간 정도는 여유 있게 잡아야 운전자가 심적으로 부담이 되지 않는다. 숙소에서 목적지로 출발하기 전에는 안전운행을 위해 앞 유리창에 덕지덕지 붙어있는 곤충들을 닦아내고 눈어림으로라도 다시 한번 타이어 공기압을 체크해 두고 행동을 하면 하루 일정이 힘들지 않게 진행될 수 있다. 기본적으로 지켜야 할 것은 목적지에 빨리 도착하고 싶은 마음에 과속을 하는 경우가 있는데 이것은 절대 금물이다. 제한 속도보다 10마일을 넘어서지 않은 상태에서 안전운전을 하면 사고의 위험을 줄일 수 있다. 숙소에 들어가면 다음 날을 위해 일찍 취침하고, 운행 중 연료 눈금이 반 정도 되면 주유소를 찾아 가스를 채워주면서 15~20분 정도로 휴식을 취하는 것이 시간을 절약할 수 있는 방법 중 하나이다.

아침 5시 반, 로키 산맥의 서남쪽 끝자락에 위치해 있는 유타(Utah)의 판귀치(Panguitch)를 떠나 250마일 떨어진 아치스 국립공원(Arches National Park)을 향해 달린다. 바람이 강하게 불고 있었지만 날씨는 그다지 나쁘지 않았다. 애리조나 주와 경계인 유타 주의 맨 남쪽 모뉴먼트 밸리(Monument Valley)처럼, 아치스 국립공원 역시 유타 주와 콜로라도 주 경계인 오지이기에 여행자들이 미리 계획하지 않으면 쉽게 접근하기가 힘든 곳이다. 서부를 여행하는 사람들이 아치스 국립공원이나 모뉴먼트 밸리에서 펼쳐지는 아름다운 풍광을 보지 못한다는 것은 이 지역에 대한 여행상식이 부족하거나 아니면 남들처럼 그저 유명 관광지에 가서 발도장만 찍고 오면 된다는 생각을 하는 사람이기 때문일지도 모른다.

아치스 밸리(Arches Valley)는 37대 리처드 닉슨(Richard Nixon) 대통령의 재임시절인 1971년에 국립공원이 되었다. 이곳에는 2,000개가 넘는 아치들이 있고 우리에게 잘 알려진 것은 약 90개 정도이다. 45미터인 더블 아치(Double Arch)라는 이름도 우리 귀에 익숙하지만, 국립공원 정상에 가까운 델리케이트 아치(Delicate Arch)는 너무도 유명해서 전 세계에서 발행되는 일반 서적과 지리 서적, 사진집이나 여행 잡지는 말할 것도 없고 일반 엽서와 달력도 수없이 장식해 온 세계 최고의 자연 풍경 중 하나다. 지구에 남아있는 아치(Arch) 중 최고의 아름다움을 갖춘 이 사암(砂巖) 아치는 여행 작가나 자연 풍경을 위주로 하는 예술 사진작가는 물론이고 일반 사진작가들도 꼭 방문해야만 하는 제일의 명소로 꼽힌다. 차로 달리면서 구경하는 일반 국립공원과 달리 델리케이트 아치는 주차장에서부터 1.5마일을 걸어가야 한다. 그곳에 도착하기 위해서는 길도 없는 거대한 바위 위를 걷기도 하고 때로는 낭떠러지가 펼쳐진 좁은 계곡 길을 따라 올라가야 한다. 델리케이트 아치가 보이는 바로 아래, 바위를 깎아 만든 좁은 길에 다다르면 한쪽엔 낭떠러지가 훤히 눈에 들어오고, 한쪽 방향으로 부는 바람이 아닌 이리저리 휘저으며 불어오는 왜(倭)바람 때문에 많은 관광객들이 상당한 곤욕을 치르며 오른다. 고소공포증이 있음에도 불구하고 델리케이트 아치의 아름다운 광경을 보기 위해 비틀거리며 좁은 바윗길을 통과했기에 이곳을 나름 천로역정의 길(天路歷程, Pilgrim's progress Road)이라고 명명해 보았다.

1,500미터 정도를 오르니 멀리서 바늘구멍처럼 보이는 델리케

아치스 국립공원의 더블 아치(Double Arch)

가장 아름다운 사암 아치로 알려진 델리케이트 아치(Delicate Arch)

이트 아치가 눈에 들어왔다. 아치를 보는 순간 앙드레 지드(Andre Gide)의 《좁은 문》이 떠올랐다. 또다시 몸을 제대로 가누지 못할 정도의 거센 바람을 맞닥트리며 한쪽으로 비탈진 바위 언덕 위를 기어가듯 하는데 이를 본 어린 백인 여자아이가 나를 보며 피식 웃는다. 거센 바람에도 불구하고 속옷은 땀에 젖어 있었고, 힘겹게 도달한 델리케이트 아치 밑에서 잊지 못할 추억을 남기기 위해 한 컷 한 컷 정성을 다해 사진을 찍는다. 폭이 12미터에 높이가 16미터나 되는 개선문 같은 아치, 이 아름다운 풍광을 보기 위해 몇 날 며칠을 마다하지 않고 5,000마일을 달려온 시간이 헛되지 않았다는 뿌듯한 기쁨이 가슴속에서 요동친다. 포즈를 취할 때는 마치 세상 시련 다 이기고 개선문에 들어선 승리의 전사 같은 느낌이 들었다. 힘들게 올라온 탓인지 찍었던 인물 사진을 확대해보니 마치 영화 〈25시〉의 마지막 장면에서 주인공 앤서니 퀸(Anthony Quinn)이 독일군 철모를 쓰고 허탈하게 웃는 모습처럼 보였다.

어제나 오늘이나 변함없이 드센 바람을 이기고 서 있는 델리케이트 아치는 여성의 피부처럼 고운 빛깔과 섬세하고 우아한 몸매 같아서 찾는 이들 모두가 탄성을 연발하지만 지금의 이 모습을 만들어내기 위해 얼마나 많은 역경을 견디어 냈는지 생각해 본다. 수백만 년 동안 한시도 쉬지 않고 불어오는 모진 광풍을 견디어내고 뜨거운 햇살에 몸을 데어가면서도 굳건하게 서 있는 델리케이트 아치를 보며 아름다움은 수많은 시련 속에서 피어난다는 것을 깨닫는다. 이 아름다움이 훼손되지 않고 오랫동안 후손들이 찾아와 볼 수 있는 아치가 되었으면 하는 간절한 마음에 "신이시여! 이 아름다운 자연을 영원토록 보호해주소서!"라고 하늘을 향해 외쳐본다. 아름다운 풍광을 두고 떠나는 것이 아쉬워 바위에 앉아 한참 동안 주위를 바라본다. 그리고 망원경으로 보이는 먼 곳에는 만년설이 덮여있는 콜로라도 주의 한 캐니언(Canyon, 협곡)이 희미하게 눈에 들어왔다.

콜로라도 주의 협곡들을 보며 갑자기 감리교 목사이며, 성직자답지 않게 성격이 포악하고 호전적이며 인종차별주의의 선봉자였던 존 치빙턴(John Chivington) 대령이 떠올랐다. 그리고 치빙턴 대령이 이끄는 군대에 의해 일어난 샌드크리크(Sand Creek) 대학살사건을 떠올려본다. 이 샌드크리크 지역에 금광이 발견된 뒤 수많은 백인이 해일처럼 밀려오고, 그 지역에서 평화롭게 살던 아파치(Arapaho) 족, 샤이엔(Cheyenne) 족은 거주지를 지키기 위해 침입자들과 생사를 건 치열한 싸움에 빠져들어 갔다. 이곳 원주민을 멸족시키겠다는 음모를 가지고 개입했지만 얼마 후 피를 흘리지 않고도 이 지역을 얻을 수 있다고 판단한 미국 정부는 아파치 족과 샤이엔 족에게 조건을 내세운다. 이 지역을 양도함과 동시에 인디언 보호구역으로 옮기는 대가로 매년 15,000불과 원주민 1인당 40에이커(161,880제곱미터, 49,000평)의 땅, 농기구와 가축을 샤이엔 족에게 제공하기로 약속한다. 그러나 미국 정부는 이 약속을 지키지 않았고, 굶주림에 시달리던 부족들은 백인들이 소유한 가축들을 습격하는 일이 자주 발생한다. 이 일로 백인들과 인디언 사이에 계속해서 마찰이 일어나게 되었고, 호전적인 존 치빙턴 대령은 이 기회를 이용해 샤이엔 족을 완전히 청소하고 100퍼센트 백인이 거주하는 지역으로 만들겠다는 계획 아래 700명의 군인을 이끌고 1864년 11월 29일 새벽,

인디언들이 잠들어 있는 사이 야영지를 공격해서 부족들을 몰살시킨다. 당시 남자들은 버펄로 사냥을 나갔고, 그곳에 남아있던 여자와 어린아이들 뿐 아니라 갓난아이들까지 난도질하며 극악무도하게 죽였다. 죽은 자들의 코와 귀, 손과 발을 자르고 심지어는 여자와 남자의 성기를 잘라 말안장에 걸거나 모자에 꽂고 다닌 전대미문의 사건이었다. 그는 "알을 그대로 두면 이(Sucking Lice)가 되는 법, 인디언들은 사탄과 악마의 후손이기에 다 청소해버려야 한다."며 "나는 인디언을 죽이러 이 땅에 왔다. 인디언을 죽이는 일은 어떤 방법을 동원해도 모두 옳고 고결한 일이라 믿는다."라는 말을 거침없이 외쳐댔던 사람이다.

존 치빙턴 대령은 기독교만이 참 종교이고 백인종만이 하나님의 참 자손이기에 다른 인종들은 제물 같아서 죽여도 죄가 되지 않는다는 신념 아래 아메리카 원주민에게 총칼을 들이댔던 것이다. 자신이 믿는 기독교 이외의 어떤 종교도 선할 수 없고 기독교 문화를 벗어난 것들은 악마의 문화일 뿐이며, 피부색이 다른 인종은 저속하고 부정한 동물에 불과하다는 편협한 신념으로 살아왔던 살인마가 당시 백인 기독교인들에게 영웅으로 추앙을 받았던 것은 무엇을 의미하는가? 마치 한 영혼이라도 구원받게 하는 것이 신으로부터 받은 소명이며 우리의 의무라며 스페인과 포르투갈 군대와 함께 라틴 아메리카 정복의 길을 따라나섰던 가톨릭 선교사들과 세례를 거부하는 원주민을 무자비하게 목을 잘랐던 가톨릭 신부들의 야만과 다름없다. 미국 정부의 지원 아래 이루어진 살인과 기독교를 빙자해 살인을 정당화했던 치빙턴 부대의 야만은 인류가 사라지지 않는 한 결코 잊을 수 없는 역사로 남을 것이다.

샌드크리크 사건이 일어난 지 150년이 넘게 지났지만 샤이엔 족과 아파치 족의 어머니들은 잊을 수 없는 치빙턴의 만행과 미국 정부의 악행을 자녀들에게 가르치고 있다. 더 나아가 모든 아메리카 원주민들은 백인들이 서로 협약한 평화협정을 지키지 않았을 뿐 아니라 오히려 자기들을 강제수용소인 보호구역(Indian Reservation Area)으로 몰아낸 후, 굶고 추위에 얼어 죽도록 방관했고 보호구역 안으로 끊임없이 알코올과 마약을 반입시켜 스스로 멸족하도록 시도했다는 것을 가르친다. 땅을 빼앗은 것도 모자라 버펄로를 사냥하듯 원주민을 학살했던 영국 기독교 이주민들의 야만에 지금까지도 원주민 사회에서는 분노를 삭이지 못하고 있고, 그때 그 역사의 여파로 원주민 지역에서 교회와 기독교인을 찾아볼 수 없다. 이전까지는 미 대륙에서만 최대한 8,000만 명의 토착민이 살해됐었다는 역사학자들의 연구 결과가 있었지만, 최근에 와서는 1억 명이 넘는 토착민이 살해당했다는 학설이 정설로 굳어지고 있다. 1억 명의 숫자는 스페인이 멕시코를 침략하며 죽인 2,500만 명의 원주민보다 4배가 넘고, 나치 정권에 의해 죽임을 당한 유대인의 숫자인 600만 명보다도 17배에 가까운 숫자이다. 그럼에도 불구하고 1억 명 이상의 토착민들이 영국 기독교 이주민에 의해서 학살당했다는 것을 미국 정부는 왜 통계조차 내지 않고 감추려고만 하고 시민들에게는 이런 거대한 역사적 사건을 묵인하도록 강요하는 것일까?

미국 정부가 실행했던 개척시대의 야만은 마치 태평양 전쟁 때 20만 명이나 되는 한국의 소녀들을 강제로 동원해 성노예로, 징용된 청년들을 전쟁터의 총알받이로 대체했던 악랄한 일본의 군국주의 역사와 같다. 미국의 기독교인들은 자신들의 조상이 저지른 잘못된 역사에 대한 회개도 없이 아브라함의 후손들이 가나안 땅에 들어가기 위해 그곳의 토착민과 싸웠듯이 젖과 꿀이 흐르는 이 대륙을 차지하기 위해서는 어쩔 수 없는 일이 아니었겠느냐고 오히려 양식 있는 사람들을 질책한다. 과거 조상들의 신앙이나 신념은 현재를 살고 있는 자신들의 문제는 아니라고 말하는 미국 기독교인들을 보면 가슴이 터질 것 같은 분노를 금할 길 없다. 이런 논리라면 교회는 회개의 종교가 아닌 자신들의 이익을 위해 전쟁과 살인, 약탈을 신봉하는 집단이다. 과거 이런 과오가 있었다고 해서 기독교를 부정하는 것은 절대 아니다. 신앙의 조상들이 행했던 과거를 돌아보고 하나님의 뜻과 인간의 존엄, 그리고 그들이 걸어왔던 역사를 거울삼아 우리 후손들은 잘못된 길을 걸어가지 말자는 뜻이다. 세월이 지날수록 학살과 약탈로 점철된 미국이나 유럽의 역사에서 교회가 어떤 역할을 했었는지 관심이 없는 한국교회와 복만 추구하는 교인들을 보면서 안타까움을 넘어 애잔함이 느껴진다. 그리고 한국 전쟁 때 남쪽이 공산화가 되지 않도록 도와준 미국은 하나님의 은혜로 맺어진 혈맹이라고 굳게 믿는 보수신앙인들의 무지함을 보며 "역사를 망각하는 민족은 망한다.", "비범한 사람은 역사에서 배우고, 보통 사람은 경험에서 배우고, 못난 사람은 역사와 경험에서도 배우지 못한다."라는 말을 떠올려 본다.

아치스 공원의 북쪽 끝에 있는 데빌스 가든(Devil's Garden)으로 가기 위해 주차장으로 내려가는데 예닐곱 걸음 앞에 두 백인 청년이 걸어가고 있었다. 그중 한 청년이 하모니카를 연주하는데 귀를 기울여 들어보니 반주가 기가 막힐 정도다. 내려오면서부터 줄곧 연주하던 음악은 〈올드 블랙 조(Old Black Joe)〉, 〈스와니 강(The Old Folks at Home)〉, 〈켄터키 옛집(My Old Kentucky Home)〉, 〈메기의 추억(When You And I Were young, Maggie)〉, 〈오 마이 달링(Oh My Darling)〉, 〈오 수재너(Oh Susanna)〉 등 전부 미국 민요였다. 듣고만 있다가 〈은발(Silver Threads Among The Gold)〉을 연주할 때는 실례를 무릅쓰고 잰걸음으로 다가가서 한국어로 흥얼거렸다. 동양인이 부르니 의아했던지 옆에 있던 청년이 미소를 지으며 이 노래를 아느냐고 물었다. 저 친구가 연주하는 미국 민요들은 중학교 음악 시간에 배워서 다 안다고 답했더니 그러면 반주에 맞춰 부를 수 있겠냐고 물어온다. 영어 가사는 모르고 번안된 한국어 가사만 알고 있다고 했더니 말이 떨어지기가 무섭게 곧바로 하모니카를 손에 쥐고 있던 친구가 다시 은발을 빠른 박자로 연주해 흥에 겨워 발로 장단을 맞추며 신이 나게 불렀다. 그리고 〈스와니 강〉, 〈켄터키 옛집〉도 연주에 맞춰 불렀다. 서로 악수를 하며 이름을 주고받다가 연주하던 친구가 나에게 어디서 왔느냐고 물어왔다. 뉴욕에서 왔다고 대답을 해주었고, 나 역시 연주하던 친구에게 어디서 왔느냐고 물었더니 "워싱턴 주 시애틀에서 왔다."고 한다. 그리고 "내 옆에 있는 사람은 같은 학과 동료인데 이달 말 졸업하고 다른 주로 떠나면 만나기가 쉽지 않을 것 같아서 좋은 추억을 만들기 위해 이곳에 왔다."고 부연한다. 세월이 흘러 가정을 꾸리고 직장생활에 매이다 보면 지금 같은 우정이 지속될 수 있을까. 관포지교(管鮑之交)라는 고사성어처럼 늙어서도 젊은 날의 추억을 잊지 않고 교제가 계속 이루어지는 그런 친구

신나게 하모니카를 연주하던 청년

가 있다는 것은 참으로 행복한 일이다. 주차장에 도달한 후 헤어져야 할 이들과 가볍게 포옹을 한 후, "우정도 시간이 지나면 느슨해지지만 지금처럼 서로 마음을 풀지 않고 영원하기를 바란다. 두 사람의 앞길에 항상 행운이 같이 하길 원한다."는 말을 건네주었다. 차에 올라선 그들에게 손을 흔들어 주고, 주차장을 벗어난 자동차는 시야에서 아득히 멀어져 갔다.

추억은 인생을 이끌어가는 힘이 있듯이, 이들하고의 만남은 먼 훗날 그리움의 편린이 될 것이라는 생각을 하며 데빌스 가든(Devil's Garden, 악마의 정원)으로 발길을 옮긴다. 풍화작용에 의해 아름다움을 만들어낸 아치들과 달리, 이 지역의 아치들은 아직 초기의 형태를 갖고 있어서인지 감동적이지는 않았다. 대부분의 아치가 평범한 지느러미(fin) 모양을 하고 있었다. 1분 1초라도 시간을 낭비를 해서 안 된다는 생각으로 서둘러 차에 올라타고 이어 캐피톨 리프 국립공원(Capitol Reef National Park)으로 향했다.

잠자는 무지개의 땅,
캐피톨 리프 국립공원

무료한 마음에 라디오 주파수를 맞추어보지만 고산지대라서 전파가 잘 잡히지 않았고, 한적한 도로 위의 주행에 따분함이 갈수록 더해진다. 지루함을 없애려고 7~80년대에 유행했던 팝송과 한국의 포크송을 불러본다. 신나게 핸들을 쳐가며 박자를 맞추고 간주 부분에서는 입으로 악기 소리를 내거나 때로는 안전벨트를 기타 줄처럼 긁어 댔다. 며칠 전하고는 달리 미래에 대한 염려와 고민도 덜해지고, 이번 여행을 잘 시작했다는 생각이 점점 짙어져 간다. 흥겹게 노래를 부르다 보니 나바호 부족의 사유지인 캐피톨 리프 국립공원(Capitol Reef National Park) 표지판이 눈에 들어온다. 앤텔로프 캐니언(Antelope Canyon)처럼 태양의 빛과 각도에 따라 다양한 색채로 변한다고 해서 캐피톨 리프(Capitol Reef)를 '잠자는 무지개의 땅'이라고 부른다. 지하에서 올라온 다양한 화산성 퇴적암으로 생성된 캐피톨 리프는 눈에 띄게 아름답거나 웅장하지는 않았지만 여러 가지 형태의 색채를 띤 첨탑, 아치형 등의 기암괴석들이 그런대로 볼만했다. 특히 많은 바위에 구혈(甌穴, 침식작용에 의

나바호 부족 사유지에 위치한 캐피톨 리프 국립공원(Capitol Reef National Park)

해 암반에 생기는 구멍)이 있는 캐피톨 협곡은 다른 곳에서 볼 수 없는 또 다른 맛이 있었고 기대 이상으로 아름답게 느껴졌다. 바위들을 볼 수 있도록 공원을 가로지르는 시닉 드라이브(Scenic Drive, 경치가 좋은 도로를 뜻하는 도로 표지)가 끝나고, 캐피톨 협곡(Capitol Gorge)에 다다라서는 좁은 비포장도로가 시작되었다.

이곳은 1970년 아카데미상 4개 부문을 수상했던 영화 〈내일을 향해 쏴라(Butch Cassidy and The Sundance Kid)〉가 촬영되었던 장소로도 유명하다. 인생을 짧고 굵게, 그리고 멋있게 살기 위해 서부 대평원 끝까지 내일을 향해 달리던 고독한 청년들. 실제 인물인 부치(Butch)와 선댄스(Sundance)의 실화를 바탕으로 제작되었고, 제작 당시 최고의 주가를 올렸던 미남 배우 폴 뉴먼(Paul Newman)과 로버트 레드포드(Robert Redford)의 맛깔스런 연기가 일품이었다. 그리고 폴 뉴먼과 함께 자전거를 타던 장면을 연출한 흑발의 여배우 캐서린 로스(Katharine Ross)의 아리따운 얼굴이 지금도 머릿속에 생생하다. 죽음 앞에서도 절망하지 않는 두 청년의 마지막 연기는 보통 배우와 다르게 참으로 압권이었다. 두 은행 강도를 잡으려고 혈안이 되었던 군인들이 신고를 받고 현장에 출동하고, 그들이 머물고 있는 장소를 물샐틈없이 겹겹이 에워싼다. 나중에야 포위망을 뚫을 수 없다는 것을 안 두 주인공은 "이번엔 호주(Australia)로 가자!"라는 낙천적인 말을 하며 동시에 건물 밖으로 뛰쳐나온다. 군대 지휘관의 명령과 함께 비 오듯 퍼붓는 총탄 소리를 마지막으로 이들의 모습은 서서히 스크린에서 어두워진다. 추억이 되어버린 이 영화의 줄거리를 떠올리며 '빗방울(총알들)이 머리에 떨어져도……'

라는 뜻을 담은 간단한 가사와 경쾌한 리듬의 주제곡 〈Raindrops Keep Falling On My Head〉를 빠른 속도로 상쾌하게 불러보았다.

거친 길은 계속되고 SUV(Sports Utility Vehicle)가 아닌 높이가 낮은 승용차라서 속도를 올리기에는 좀 불편했다. 오랜 세월 수많은 차바퀴들의 흔적이 쌓이고 겹치며 만들어낸 좁다란 이 길을 따라 얼마쯤 들어갔을까. 산속이라서 그런지 끝에 도달하기도 전에 이내 쌀쌀해지고 더불어 땅거미가 급히 몰려오기 시작했다. 야간 주행은 위험하다는 생각에 서둘러 핸들을 돌려 캐피톨 리프 국립공원을 벗어나서 70번 도로 서쪽 방면과 89번 도로 남쪽 방면을 타고 숙소가 있는 판귀치(Panguitch)로 향했다. 아치스 국립공원(Arches National Park)이 오늘 하루 일정이었지만 불필요한 시간을 줄이다 보니 캐피톨 리프 국립공원까지 들려 중요한 곳은 다 보게 되었고 평소의 일정보다 4시간 정도 늦은 밤 11시 반쯤 되어서야 숙소에 도착했다. 몸은 피곤하지만 미룰 수 없었던 일은 여행 소감을 기록하는 것이었고 다음 날 있을 일정을 위해 준비를 한 후 자정이 넘어서야 잠에 들었다.

유타 주에서의 마지막 밤을 보낸 그날 이른 새벽, 바깥 기온은 영하 3도였고 차 지붕과 후드(Hood)에는 서리가 꽤 두껍게 내려 있었다. 입에서는 숨을 내쉴 때마다 허연 김이 쏟아져 나온다. 여명과 마주하며 차에 낀 서리를 제거하고 있는 사이, 부스스한 눈으로 모텔 주인이 다가와 "여기는 로키 산맥에 속한 고지대라 5월까지는 새벽 기온이 항상 영하로 떨어지니 감기에 걸리지 않도록 얇은 재킷이라도 입고 다니는 것이 좋다."고 귀띔을 해준다. 이런저런 이야기를 하며 친절하게 대해주는 젊은 백인 여주인에게 감사의 뜻으로 'I ♡ NY' 이 새겨진 열쇠고리 하나를 건네주며 "그날이 언제일지는 모르지만 먼 훗날 내 아내와 같이 꼭 한 번 들르겠다. 그때까지 이 열쇠고리를 가지고 있어주면 내 마음은 감동적일 것 같다."는 말을 하고 머물렀던 숙소를 떠났다. 세계 이곳저곳을 누벼본 나로서는 그 어느 곳보다 유타 주의 경관만큼 아름다운 곳은 보지 못했다는 생각과 더불어 유타 주는 신이 내려주신 천혜의 땅이며 세계 제일의 몽환적인 경관을 갖춘 곳이라고 나름의 평가를 해보았다.

유타 주 여행을 마치고 575마일 거리인 캘리포니아 주의 베이커스필드(Bakersfield)로 떠나는 이 시간, 기쁜 만남이었기에 어려운 이별이 되고 그 이별이 있기에 새로운 만남을 기대하듯, 떠나야 하기에 가슴속엔 아쉬움이 가득하지만 언젠가는 또 다른 모습으로 유타 주를 다시 방문할 수 있을 거라는 기대를 가지고 핸들을 돌린다. 또 다른 모습이란 육신이 쇠퇴해져 얼굴 주름이 예전보다 더 많아지겠지만 생각이나 마음 씀씀이는 지금보다 더 성숙해진 모습이 아닐까 짐작해본다. 마을을 벗어나 고속도로에 들어선 후 차바퀴는 굉음을 토해내며 힘차게 굴러가고, 시야에 아름다운 풍경이 눈에 들어올 때면 이내 바퀴는 둔하게 움직인다. 15번 도로 남쪽 방면으로 내려가는 도로에는 그랜드 캐니언(Grand Canyon)이 있었지만, 이미 서너 번을 들러본 곳이라서 내년을 기약하고 곧바로 계획했던 목적지로 직행했다. 베이커스필드는 동문이 살고 있는 곳으로 서부여행을 하면 꼭 방문하겠다고 약속을 했기 때문이다. 중간 기착지인 라스베이거스를 거쳐 가면서 이미 정해져 있던 길을 택하지 않고 7~80마일 정도 더 긴 모하비(Mojave) 사막 남쪽을 거쳐 가는 경로를 택했다. 데스 밸리 국립공원(Death Valley National Park)을 가로질러 가야 하고 번잡하게 여러 도로를 갈아타야 하는 불편함도 있지만 오늘 새벽 떠나올 때 숙소의 여주인으로부터 경치가 좋다는 귀동냥을 얻었기 때문이다. 슬로프 로드(Slope Road)와 다운힐 로드(Downhill Road)가 벨트처럼 계속 이어지는 험준한 산길에다 해수면보다 표고가 낮은 길을 거쳐 갈 수 있어 나름 기분이 좋았고, 달리고 있어도 저 멀리에는 어떤 볼거리가 있을지 궁금증을 자아낼 정도로 계속해서 바뀌는 주위 풍경에 넋을 놓는다.

거친 바람과 함께 이 거리를 먼저 앞서갔던 여행자들의 흩뿌려진 고독을 쓸어안으며 황량한 사막 길을 달린다. 지금 달리고 있는 주위의 분위기는 색깔만 다를 뿐, 마치 에밀리 브론테(Emily Jane Brontë)의 유일한 소설 《폭풍의 언덕(Wuthering Heights)》의 배경이 되었던 영국 요크셔(Yorkshire)의 황량한 고원 속을 달리는 것만 같았다. 척박한 대지 위에 멀리 삐쭉삐쭉 서 있는 민둥산의 모습은 캔버스에 아름답게 그려진 유화처럼 보이고, 그 안에 한두 그루의 나무가 외롭게 뿌리를 박고 서 있는 모습을 보노라면 가슴이 싸하다 못해 마음까지 아리다. 호젓이 서 있지만 찾아오는 벗은 바람과 이슬과 강한 햇살뿐. 지금 이 시간 내가 어디론가 달려가고 있는 것처럼 산다는 것은 돌이킬 수 없는 흘러감의 연속이다. 지나버린 시간에 육신은 낡아지지만 내 안에 있는 나를 잊고 나를 그리워할 만큼, 그리고 모질게 나를 버리고 나를 끌어안을 수 있을 만큼 내 영혼은 날로 새로워져야 한다.

안개처럼 이미 사라져버린 과거에 골몰하다 보니 라스베이거스에서 2시간 반쯤 떨어진 데스 벨리 국립공원 옆을 지나고 있었다. 항상 그렇듯이 달리면서도 계속해서 확인하는 내비게이션은 해수면보다 낮은 숫자를 나타내고 있었다. 데스 벨리의 일부 지역이 해수면보다 낮은 곳이라는 것에 대해 깜박 잊고 있었고, 난생 처음으로 해수면보다 낮은 지역에 몸을 맡겨보는 기분이 상당히 야릇했다. 한참을 달리다 보니 눈에 익은 모하비(Mojave)라는 단어가 붙은 표지판이 보이고 더 달려가니 사막 위에 2.5마일 정도 되는 거대한 모하비 항공 & 우주 항만(Mojave Air & Space Port)의 활주로가 보인다. 그 뒤엔 엄청난 크기의 현대와 기아 자동차의 주행 테스트를 하는 레이싱 코스도 보였다. 그리고 몇 마일을 더 내려가니 이름도 알 수 없는 엄청난 크기의 공군기지도 보였고, 그 건너편엔 수많은 비행기가 줄을 지어 세워져 있었다. 이 지역은 전쟁을 대비해 공군기들을 비축해두는 장소란다. 실망스런 마음으로 20마일 정도를 또 더 내려갔다. 에어리어(Area) 51 가까이에는 군산복합 기업체나 군사기지 뿐 민간인 거주지는 전혀 눈에 띄지 않았다. 이 지역에 군수물자를 보관하는 장소나 실험장소가 많은 이유는 나름 부식을 지연시키는 건조한 기후 때문이라고 추측해보았다. 상상을 초월한 무수한 군수물자를 보면서 자본주의와 대립적인 사회주의와의 이데올로기 문제가 아닌, 돈이 돌아가야만 하는 자본주의 시스템과 정권을 잡은 사람들이 안보를 이용해 안정적으로 권력을 유지하기 위한 속임수 내지는 음모로 연결해 보았다.

역사 속 전쟁의 원인이 힘없는 민중으로부터 시작되지 않았고 집권자들의 영웅심이나 역사에 길이 남고 싶은 공명심에서 비롯되었다고 확신한다. 왜냐하면, 세계역사를 훑어보아도 휴머니즘을 위한 전쟁이란 존재하지 않았을 뿐 아니라, 남을 위하는 이득 없는 전쟁도 절대 존재하지 않았기 때문이다. 그러기에 앞으로도 계속될 수밖에 없는 갈등 속에서 위대한 전쟁이라는 허구가 성립될 수 없는 것은 모든 전쟁에는 최고 권력자의 이기심이나 욕망이 녹아져 있다는 사실 때문이다. 생각건대 '전쟁 개시'라는 집권자의 한 마디 명령에 많은 젊은이들이 이유도 없이 죽어가고 국민들은 명분 없는 전쟁에 궁핍한 생활로 내몰리는 것이 진실로 옳은 것인가? 앞으로 전쟁을 원하는 군 통수권자가 있다면 호화로운 궁에 들어앉아 입으로만 말하지 말고 자신들이 최전선에 앞장서서 지휘하는 것이 옳다고 말한다면 내 생각이 잘못된 것인가? 지나는 곳마다 살상 무기가 넘쳐나는 것을 보며 안타까운 마음을 멈출 수 없다.

불덩이처럼 뜨겁게 달아오르는 마음하고는 상반되게 다른 한쪽에서는 내 마음을 아는지 모르는지 수많은 풍력발전기가 이곳저곳에서 바람을 일으키며 쉴 새 없이 돌고 있었다. 사막에 세워진 수백 개의 거대한 풍력 발전기를 보면서 사회적으로 불안과 불신을 심어주는 화석연료, 특히 대재앙을 유발할 수 있는 핵발전에 대해서는 세계 모든 국가가 제고해야만 한다고 생각해 보았다. 몇 년 전, 조국의 핵발전소 시설용량이 세계 5위이고, 인구와 면적으로 비교해 산출된 밀집 부분에서 세계 최고라는 인터넷 기사를 보았다. 더욱이 핵발전소의 관리가 일사불란한데다 비리로 인해 조달되는 부품들이 대부분 불량이라 미세한 부분이라도 문제가 되면 후쿠시마 발전소처럼 대재앙을 몰고 올 수 있다는 해설을 보았다. 자본의 확대와 재생산을 위해 필수적인 것이 전기 에너지라면, 전기를 생산하더라도 대기 환경을 오염시키는 화석 연료나 언젠가는 분명 인류를 대재앙으로 몰아넣을 핵발전이 아닌, 풍력이나 태양열, 조력이나 수력 등 자연을 이용한 에너지 생산에 주목하고 실행할 필요가 있다고 본다.

오던 길을 돌아 원래의 목적지로 향해서 돌아선 길 반대편에는 간간이 노부부들이 끄는 캠핑카들이 스쳐 지나간다. 이들을 보며 활동할 수 있을 때 열심히 일하고 은퇴한 후엔 아내와 같이 캠핑카를 몰고 북미 대륙 명소들을 두루두루 다니며 행복한 시간을 보내야겠다는 생각을 해본다. 캠핑카는 숙박시설을 찾아가는 시간이나 그것에 따른 비용을 낭비하지 않고 어디서든 세워놓으면 된다는 장점뿐 아니라 가정에서의 일상이 캠핑카 안으로 그대로 옮겨지기에 부부간의 소통이 더욱 활발해질 수 있는 장점도 있다. 미국인 사이에서도 대륙횡단은 꿈이며 행운이 따라줘야 한다고 말하는데, 이들도 동부에서 서부로, 서부에서 동부로 한쪽만 선택하는 편도횡단이 미국 인구의 5퍼센트 정도밖에 안 되고, 남부 서부 북부 중부까지 거치는 원형 모양의 여행은 3퍼센트 미만이며, 더욱이 캠핑카로 미국 전 지역의 명소를 돌며 일주하는 경우는 1퍼센트도 안 된다고 한다. 캠핑카 여행은 차체가 커서 일반차량으로 여행하는 것보다 더 많이 조심해야할 뿐 아니라, 운행 속도 또한 더딘 만큼 다른 장소로 이동하는데 많은 시간이 소비되고 그에 따른 경비도 만만치 않아 숫자가 줄어드는 것은 당연하다. 남녀노소를 막론하고 캠퍼(Camper)가 되어 이곳저곳 가고 싶은 곳을 가는 것이 지금도 많은 미국인들의 로망이며, 이런 기회가 온다는 것은 최고의 행운 중 하나라고 생각하고 있다.

해 질 녘에 베이커스필드(Bakersfield)에 도착했고 여행기간 동안 한식을 한 끼도 입에 대지 못해 힘들었기에 두 주 만에 먹는 이 한 끼는 나 스스로가 한국인이라는 것을 깨닫게 해주는 소중한 시간이었다. 미국에서 셰일가스(Shale Gas)가 가장 많이 매장되어 있는 지역답게 식당 앞에는 셰일가스를 퍼 올리는 펌프가 보였다. 한국이나 뉴욕에서는 볼 수 없는 현장이기에 신기한 눈으로 관찰하고, 이어 부러울 것 없는 포만감에 고개를 들어보니 석양을 감싸고 있는 구름이 길게 축 늘어져 있고 한쪽에서는 달이 차오르고 있었다. 오후 8시인 캘리포니아보다 3시간이 빠른 뉴욕은 밤 11시. 달을 보노라니 노모와 가족에 대한 이미지와 그리움이 동시에 솟구치고, 지금 이 시각에 모두 무엇을 하고 있을지 자못 궁금해졌다. 그리고 갑자기 안록산이 이끄는 반란군의 포로가 되어 장안에서 오도 가도 못하는 신세가 된 당제국(唐帝國)의 시성(詩聖) 두보(杜甫)가 가족을 그리며 읊은 오언율시(五言律詩)가 떠올랐다.

오늘 밤 부주에도 떴을 저 달을
규방에서 혼자서 바라보고 있겠지.
멀리 있는 가엾은 어린 자식들은
장안의 나를 그리는 걸 알지 못하겠지.
향긋한 밤안개는 쪽머리 적실 게고

맑은 달빛은 옥 같은 팔을 차갑게 하리라.
어느 때에야 얇은 창에 기대어
우리 둘의 마른 눈물 자국을 비출 것인가.

今夜鄜州月 (금야부주월)
閨中只獨看 (규중지독간)
遙憐小兒女 (요련소아녀)
未解憶長安 (미해억장안)
香霧雲鬟濕 (향무운환습)
清輝玉臂寒 (청휘옥비한)
何時倚虛幌 (하시의허황)
雙照淚痕乾 (쌍조누흔간)
-두보(杜甫), 〈월야(月夜)〉

가족이 그리운 것은 누구에게나 인지상정(人之常情). 아이들에게 전화를 걸어 한참 동안 그립다는 애정을 표시하고 오늘의 여행 소감을 수첩에 메모한 후, 곧바로 잠자리로 들어갔다. 가족이 그립고, 여러 날 동안 과도한 주행으로 심신이 피곤해서인지 군불 지피듯 몸만 뒤척여지고 정신은 멀뚱멀뚱해지는 것 같았다. 커튼 사이로 달빛은 캄캄한 실내로 스며들어오고, 침대에 누운 채 실눈으로 바라본 창밖에는 몇몇 별들이 초롱초롱 빛나고 있었다. 생각하고 싶지도 않은 불편한 지난 시간 속으로 점점 빨려 들어가고, 무엇으로도 비교할 수 없는 금쪽같은 젊은 시절의 삶을 잘못 선택해 지금 이 자리에 이르렀다는 아쉬움이 가슴 깊이 내려앉고 있었다. 걸어온 삶을 생각해 보니 지금 서 있는 이 자리가 당연히 내 자리일 수밖에 없다는 생각이 드는 것은 남을 배려하거나 사랑할 줄 모르는 이기적인 인간이었기 때문이다.

세쿼이아 국립공원을 거쳐 로스앤젤레스로 향하다

다음 날 아침, 대학을 졸업한 이후로 평생 만날 수 없을 것 같았던 동문 목사를 이국(異國)에서 30여 년 만에 다시 만났다. 기억 속 학창시절 동문 목사의 풋풋한 모습은 이미 사라지고 그의 얼굴에는 우리가 일상에서 느끼는 중년의 모습이 그대로 드러나 있었다. 30여 년이 지나 중년이 되어서야 만나는 해후에 감회가 넘쳐나야 하는 것이 당연하지만 오히려 무정한 세월이 싱그러운 우리의 옛 모습을 앗아가 버렸다는 서글픔이 가슴 안에서 내내 떨쳐지지 않는다. 동문이 준비해준 귀한 아침 식사를 대접받고, 곧바로 거대한 아메리카 삼나무들을 구경하기 위해 친구와 같이 시에라 네바다(Sierra Nevada) 산맥 안에 있는 세쿼이아(Sequoia)와 킹스 캐니언 국립공원(Kings Canyon National Park)으로 향했다. 30년 만의 만남이라서 서먹서먹할 것 같았지만 서로 활달하고 호탕했던 성격만큼이나 거리끼는 것 없이 이런저런 이야기가 서슴없이 오갔다. 아침 식사 때까지만 해도 서글픔에 젖어있던 감정은 이내 사라지고 학창시절에 겪었던 일들, 서로 기억할만한 사건들이 끊임없이 오가고 웃음소리가 차 안에서 떠나지 않는다. 끊임없이 대화가 이루어지고 학창시절의 기억들이 새록새록 떠오른다.

이런저런 이야기에 빠져있는 사이, 세쿼이아 국립공원(Sequoia National Park)의 표지판이 눈에 들어왔다. 해발 2,200미터인 정상을 향해 구절양장(九折羊腸)과 같은 길을 계속해서 올라가니 거목들을 구경하기에 앞서 모로 락(Moro Rock)이 우리를 반갑게 맞아주었다. 꼭대기에 올라서 주위를 살펴보다 문득 올 1월 감상했던 영화 〈토탈 이클립스(Total Eclipse)〉에서 폴 베를렌(Paul−Marie Verlaine)이 랭보(Arthur Rimbaud)를 향해 내뱉었던 한 대사가 떠올랐다. “영혼은 육체만큼 중요하지 않아. 영혼은 영원하기에 영혼을 사랑할 시간은 얼마든지 있어. 하지만 육체는 시드는 걸.” 단 한 번밖에 주어지지 않는 인생, 세월이 쌓이고 쌓이면 육체는 점점 시들어 가는 것이기에 더 늙기 전에 가고 싶은 곳을 스스럼없이 가야겠다. 멀리 시에라 네바다 산맥의 봉우리들, 그리고 4,421미터로 미국 본토에서는 가장 높다는 휘트니 산(Mountain Whitney)이 만년설과 함께 오연(傲然)한 모습으로 눈에 들어온다. 바로 아래쪽에는 차를 몰고 굽이굽이 올라왔던 길이 사행천(蛇行川)처럼 보였다. 그리고 시름시름하며 줄을 지어 올라오는 차량들을 보며 문득 나에게는 혼돈의 시간이었던 유신시대와 민초들의 고단한 삶을 서정으로 연결시켜 묘사한 한 저항시인의 시가 떠올랐다.

간다
울지 마라 간다

흰 고개 검은 고개 목마른 고개 넘어
팍팍한 서울길
몸 팔러 간다
언제야 돌아오리란
언제야 웃음으로 화안히
꽃피어 돌아오리란
댕기 풀 안쓰러운 약속도 없이
간다
울지 마라 간다
모질고 모진 세상에 살아도
분꽃이 잊힐까 밀 냄새가 잊힐까
사뭇사뭇 못 잊을 것을
꿈꾸다 눈물 젖어 돌아올 것을
밤이면 별빛 따라 돌아올 것을

간다
울지 마라 간다
하늘도 시름겨운 목마른 고개 넘어
팍팍한 서울길
몸 팔러 간다
-김지하, 〈서울길〉

길쭉한 평면 종이의 끝과 끝을 붙이면 안과 겉의 양면이 있게 되지만 이와 달리 한 번 꼬아서 양 끝을 붙이면 안과 겉을 구별할 수 없고 한쪽 면만 갖는 곡면이 된다는 위상기하학(位相幾何學)의 성질을 설명한 것이 뫼비우스의 띠 이론이다. 이 이론은 탈출을 시도해도 그 자리로 되돌아올 수밖에 없다는 무한반복의 개념을 나타내고 있다. 군부독재정치를 몰아내고 민주정권을 세웠지만 2000년대에 들어와서는 이를 거부하고 다시 민간독재정권을 선택해서 가시밭길을 걷고 있는 국민들을 떠올려본다. 그리고 현재 민간독재가 낳은 폐단이나 실정을 보며 조만간 백성들은 분노를 할 것이고 그들의 손으로 또다시 민주정권이 세워질 것이다. 그리고 뫼비우스 띠의 이론처럼 또다시 시간이 지나면 민주정권을 버리고 독재정권을 선택하게 될 것은 확연하다. 국민 개개인이 자신의 정체성을 깨닫지 못할 때 생기는 비극은 스탈린과 모택동의 독재시대처럼 많은 고통과 희생을 낳는다는 것을 우리는 깨달아야 한다. 수많은 생명들을 담보로 얻어진 민주주의를 다시 민간독재자들에게 정권을 맡긴 안타까운 현실을 보며, 지금까지 흘러온 세계와 국내 정치 역사를 기억해내지 않고 그들을 선택한 동포들에게 실망을 느낀다. 나를 낳아주고 만들어준 내 조국이 세계 최고의 민주국가로 성장하기를 기대한다면 무리일까. 정치에는 문외한이며 민주주의가 무엇인지도 모르는 사람들을 선택해 9년이라는 세월을 고통 속에서 보내고 있는 것을 보면 안타까운 마음이 앞서지만 다시 민주정권이 들어서면 그 통수권자는 국민들을 위한 정치를 할 것이라는 기대를 해본다.

모로 락에서 내려와 본격적으로 세계 제일의 크기를 자랑하는 세쿼이아 거목들을 구경할 차례이다. 세계에서 가장 키가 큰 나무는 레드우드(Redwood)에 있고, 세계에서 제일 부피가 큰 나무는 이곳 세쿼이아(Sequoia)에, 그리고 세계에서 제일 나이가 많은 나무는 고대 브리슬콘 소나무 숲(Ancient Bristlecone Pine Forest)이라는 곳에 있다고 한다. 이곳 모두가 캘리포니아 주에 속해 있다. 오늘 구경하게 될 세쿼이아는 미국 최초의 국립공원 옐로스톤(Yellowstone)에 이어 두 번째로 국립공원이 되었다. 1890년도에 국립공원이 된 이곳을 중심으로 30마일 동쪽에는 해수면보다 낮은 데스 벨리(Death Valley)가 있고 바로 몇 마일 앞에는 미국 본토에서 가장 높은 휘트니 산이 있는 지리적 특수성이 관광객들을 끌어 모은다는 느낌을 받았다. 다른 한편으로는 식생과 지질공부를 한 눈에 할 수 있는 곳이기에 교육적 차원에서 자녀들과 함께 오면 좋은 곳이라고 느껴지기도 했다. 이곳 세쿼이아에는 보는 사람들이 위압감을 느낄 정도의 상상을 초월한 몸 둘레와 고개를 힘껏 젖혀야만 볼 수 있는 30층 높이에 육박하는 자이언트 세쿼이아 나무들이 수없이 널려있다. 사람이 거목 옆에 서 있으면 마치 일반 나무에 붙어있는 매미 정도의 크기밖에 되지 않을 정도로 거대하다. 동부에 뻗어있는 애팔래치아(Appalachia) 산맥의 원시림보다 더 큰 나무들이 이곳 세쿼이아에 존재하는 가장 큰 이유는 경쟁대상이 되는 다른 품종의 나무가 없기 때문이다. 그리고 고지대라서 항상 강풍이 거세게 부는 데도 불구하고 뿌리를 얇게 내린 거목들이 쓰러지지 않고 서 있는 비결은 그 뿌리들이 흙 속에서 뒤엉켜 서로를 지탱해주고 있기 때문이라고 한다. 서로를 보호하기 위해 울창한 숲을 만들어 바람을 막아주는 역할을 하는 모습을

거대한 세쿼이아(Sequoia) 나무 옆에서

보며 오히려 이 군락지가 인간 사회보다도 잘 조직화되어 있다는 것을 느낀다.

이곳에는 'Sentine(보초), House(하원의원), Senate(상원의원), President(대통령)'라고 이름이 붙여진 특별한 거목들도 있지만 가장 눈에 띄었던 것은 맨 아래쪽의 지름이 11미터, 둘레는 31미터, 나무 맨 위쪽 지름이 4.2미터에 굵은 가지는 2미터가 되고 키는 84미터에 무게는 자그마치 2,200톤, 수령은 3,000년쯤 되는 'General Sherman Tree(셔먼 장군 나무)'였다. 수령이나 높이는 몇몇 거목에 뒤지지만 부피만큼은 세계 최고를 자랑한다. 고대 브리슬콘 소나무 숲에 있는 세계 최고령의 나무가 6,000년이 넘었다고 하니 인류 최초의 문명인 수메르의 역사와 궤를 같이한다면, 중국의 은 왕조가 망하고 주 왕조가 건국될 시기보다 먼저 세상에 와 자리를 잡은 나무가 'General Sherman Tree(셔먼 장군 나무)'이다. 이 나무는 1879년 이 공원을 찾은 울버턴(Wolverton)이라는 사람이 발견하였고, 남북전쟁 당시 그가 종군한 북군의 사령관이었던 윌리엄 셔먼(William Sherman)의 이름을 따 셔먼 장군 나무라고 명명하게 되었다고 한다.

비공식적으로는 세계 제일의 높이를 가진 나무가 레드우드(Redwood) 국립공원이 아닌 이 세쿼이아 국립공원에 있다고 한다. '므두셀라(Methuselah)'로 명명된 최고령 나무는 세퀘이아 국립공원 바로 옆에 있는 화이트 마운틴(White Mountain) 국유림에 있는데 수령은 무려 4,800년이 넘었다고 한다. 항간에 '므두셀라(Methuselah)'가 너무 위험한 지역에 있기 때문에 일반 사람들이 찾지 못하도록 비밀로 하고 있다는 소문이 있지만 실제로는 인간에 의해 훼손될 염려 때문에 그 장소가 어디 있는지 산림청에서 공개하기를 꺼리고 있단다. 이유는 1964년 노스캐롤라이나대학 지리학과 대학원생인 도널드 러스크 커리(Donald Rusk Currey)가 나무를 연구하기 위해 산에 머물다가 '프로메테우스(Prometheus)'라고 이름 붙여진 브리슬콘 소나무를 만나게 되고, 나무의 나이를 알기 위해 샘플을 채취하려고 여러 방법을 동원했다고 한다. 시도를 해보았지만 나무 자체가 너무 단단해서 하는 수 없이 연장을 사용해 잘라내었고 이에 산림청에서 검사해본 결과 수령이 5,000년을 넘었다는 사실이 밝혀지면서 기겁을 했다고 한다. 세계 최장수의 나무가 한 청년에 의해 지구상에서 사라져 버린 것 때문에 큰 충격을 받았던 산림청은 이 나무마저 사라질까 봐 모든 사실을 감추고 있다는 것이 오래전에 보도를 통해서도 밝혀졌다. 세쿼이아의 나무들은 자체적으로 생산하는 독성분인 타닌(Tannin)이 있어 화재나 병충해에 강하고 인간의 손만 닿지 않는다면 보통 6,000년까지 살 수 있다고 한다. 설명된 표식처럼 나무들 하나하나를 살펴보니 해충으로 인한 상처가 없다는 사실에 너무도 놀랐다.

오늘 트레킹을 하는 자이언트 포레스트(Giant Forest)의 아메리카 삼나무들이 벼락이나 화재 같은 수많은 재해를 견디며 평균 3,000년을 넘게 살아 있다는 사실에 경이와 더불어 자연의 신비로움을 느낀다. 눈에 잘 보이지 않는 겨자씨가 큰 나무로 성장하는 모습을 보며 놀라듯, 평균 4.7밀리그램에 불과한 씨가 세계에서 가장 거대한 아메리카 삼나무로 자라는 것은 놀라움을 넘어 충격 그 자체로 받아들여진다. 발길을 옮기는 곳곳마다 짙은 향나무 냄새뿐만 아니라 대도시에서는 전혀 느낄 수 없는 신선한 음이온이 코를 뚫고 들어왔고, 마치 왜소한 사람이 거인 왕국에 찾아온 것처럼 시종 신비로운 분위기가 넘쳐났다. 크레센트 메도우(Crescent Meadow)로 들어가는 곳에 쓰러져 길을 막고 있는 거대한 거목에 구멍을 뚫어 자동차가 거뜬히 지날 수 있는 터널 로그(Tunnel Log)도 볼만한 구경거리였다. 역시 쓰러진 세쿼이아 나무의 속을 파서 만든 타프스 로그(Tharp's Log)라는 집도 볼만했다. 동물들에게는 안식과 찾아오는 사람들에게는 기쁨을 주는 아메리카 삼나무들. 죽어서도 버릴 것 하나 없이 자연과 인간에게 유익을 남겨주는 이 나무들을 보면서 내 스스로도 사리사욕에 매이지 않고 사람들에게 사랑과 기쁨을 줄 수 있는 아름다운 사람이 되어야 한다는 다짐을 한다.

30여 년이 지난 지금 동문 친구와 또 하나의 추억을 만들고 베이커스필드(Bakersfield)를 거쳐 또 다른 동문을 만나기 위해 어두움을 뚫고 2시간 거리인 로스앤젤레스(Los Angeles)로 내려간다. 내려가면서 또 다시 재미나는 대화가 시작되고 마르틴 부버(Martin Buber)가 "삶은 대화다."라고 말했던 것처럼, 삶은 대화이고 대화는 삶을 깨닫게 한다는 것을 체험하는 시간이다. 더불어 추억이란 세월의 구름 뒤에 숨어 있는 아련한 그림자이기에 드러나지 않고 숨겨진 나를 찾아 만나보는 일일 것이다. 계획했던 여행 일정이 종반(終盤)을 향해 치닫고, 칠흑 같은 어둠을 뚫고 달리는 차 뒤로 새로 자리한 풋풋한 추억이 사박사박 따라온다. 지금 이 순간 지나가는 일들을 아무리 그리워한들 그 시절로 돌아갈 수 없기에 추억이 되는 것이고, 그 추억은 아련하지만 과거의 아

터널 로그(Tunnel Log)

름다움을 갖고 있다. 아름답게 경험된 과거의 시간은 추억이라는 단어를 붙여도 전혀 어색하지 않지만 많은 사람이 애잔함이나 쓰라린 기억은 추억이라고 생각지 않는 것은 왜 그럴까. 언짢은 감정에 대해 기억하고 싶지 않은 인간의 회피본능에 기인하는 것이 아닌가. 그러나 살다 보니 항상 좋은 일만 있는 것이 인생사가 아니기에 불쾌한 기억에도 추억이라는 단어가 존재할 수 있다는 생각을 나름 해본다. 지나버린 시간은 한 인간이 갖고 있는 모든 생활의 총합체이기 때문이다.

그래서 어느 시인이 말했던가. "추억이란 흘러간 세월 속에 정지

된 시간 속의 그리움이며, 잊어버리려고 해도 잊을 수 없어 평생 꺼내 보는 마음속의 일기장"이라고. 삶에 세월이 더해질수록 한 시절의 아픔을 성숙한 태도로 더 깊이 관조할 수 있고, 그 아픔도 삶의 일부로 승화시킬 수 있는 능력이 있기에 추억이 되는 것이다. 많은 사람들이 만들어 놓은 추억의 길을 따라 도착한 로스앤젤레스(Los Angeles)가 정겹다.

멈춰 버린 한인 상가 승강기

30여 년 만에 대학교수인 두 동문을 만났고, 긴 세월만큼이나 추억이 담긴 촉촉한 대화는 밤이 깊어가는 줄 모르고 계속된다. 자정이 가까워져 오는 시간. 먼 훗날 새로운 모습으로 다시 만나자는 기약을 하며 자리를 일어섰다. 그저 눈만 감으면 잘 자는 성격 탓에 경비도 절약할 겸, 숙소는 한인 상가가 밀집해있는 사우나탕의 수면실로 정하고 그곳에서 하루를 잤다. 새벽 4~5시면 눈이 떠지는 습관이 어김없이 발동하고, 일어나 아래층에 있는 사우나탕에 가려고 승강기를 탔는데 문이 닫힌 후 몇 초가 지나도 움직임이 없었다. 이상하다고 느껴져 열림 버튼을 눌렀는데도 문이 열리지 않았다. 계속해서 열림 버튼을 눌러보지만 헛수고일 뿐이다. 전날 밤 사우나에서 준 주머니 없는 반바지에 티셔츠만 걸치고 나왔기에 휴대폰을 소지하지 못한 상태였다. 갇힌 승강기에서 도와달라고 문을 두드리며 소리쳐 보지만 새벽이라 듣는 이도 없다. 수면 부족으로 몸은 피곤하고, 지금 상황에서는 어쩔 수 없으니 기다려 보자는 마음으로 그냥 승강기 바닥에 드러누워 눈을 감고 노래를 부르기 시작했다.

내가 노래를 부른 이유는 사람이 갇혀있기에 도움을 달라는 일종의 SOS와 같은 구조신호이다. 서너 곡쯤 불렀을 때, 누군가가 내 노랫소리를 들었는지 한국어로 “안에 누구 있어요?”라고 물어온다. 예상했던 것보다 빠른 시간 안에 들려오는 목소리에 화들짝 놀라서 “예, 승강기에 갇혀 있어요.”라고 대답했더니, “건물 관리인을 데리고 올 테니 떨지 말고 몇 분만 기다려요.” 그리고 “저 승강기는 고장이 잦아 사람들이 잘도 갇히는구먼. 지금 이게 몇 번째야. 에이~”라고 혼잣말로 중얼거리며 계단으로 내려가는 중년 남자의 목소리가 희미하게 들리더니 또다시 정적이 흐른다. 내 느낌으로는 그 중년 남자는 사우나탕에서 일하는 종업원 같았다. 한참을 지나서야 건물 관리인이 와서 문을 열어주어 거의 30분 만에 밖으로 나올 수 있었다. 비록 짧은 시간이지만 내 외침에 응답해주는 누군가의 목소리가 애타게 기다려지기는 처음이다.

‘기다림은 희망의 다른 이름이며, 기다리는 자체가 나 자신을 열어두는 행위가 아닐까?’라는 생각이 들었다. 짧은 시간 동안의 기다림이던, 오랜 시간 동안의 기다림이던 기다린다는 것은 내가 살아 있다는 증거이고 희망을 품고 있다는 것이기에 더욱 존재의 의미가 있다는 것을 깨달은 시간이었다. 삶에서 기다림이 없다는 것만큼 그 삶을 망치는 비극은 없다는 것을 염두에 두며, 한바탕 소동 후 샤워를 하고 곧바로 LA 다운타운으로 가서 변한 것이 있는지 한 바퀴 돌아보았다. 그리고 고급주택이 몰려있는 베벌리 힐스(Beverly Hills)의 거리를 돌아보았지만 방문했을 때마다 그랬듯이 뉴욕처럼 감명을 받을만한 분위기를 찾을 수 없어 에둘러 샌프란시스코(San Francisco)와 지척인 프리몬트(Fremont)로 향했다. 101번 도로를 타고 올라가다 산타바바라(Santa Barbara) 해변이 내려다보이는 거리에서 차를 세워놓고 끝없는 태평양을 바라보다 오랜 여정에 몸이 너무 피곤했던지 〈섬 집 아기〉의 동요처럼 스르륵~ 낮잠이 들어버렸다.

존 스타인벡의 고향 살리나스

라스 크루스(Las Cruces)에서 태평양 연안 고속도로(Pacific Coast Highway)인 1번 도로로 갈아타고 해변을 따라 올라가는 길옆에는 드넓은 포도밭과 와이너리(Winery) 간판들이 자주 눈에 띄었다. 태평양을 마주 보는 캘리포니아 주의 나파 밸리(Napa Valley)에서 생산되는 와인과 대서양이 지척인 뉴욕 주의 서폭 카운티(Suffolk County)에서 생산되는 와인이 미국 내에서는 가장 유명한 와인으로 인식되고 있는데, 맞수답게 맛도 두 곳 나름대로의 특색이 있다. 대체적으로 나파 밸리를 중심으로 캘리포니아에서 생산되는 포도주는 서로 다른 여러 지형과 더불어 대체적으로 날씨가 온화 건조하고 일조량이 많아서인지 뒷맛이 달짝지근하지만, 대서양을 낀 롱아일랜드(Long Island)의 서폭 카운티(Suffolk County)에서 생산되는 와인은 높낮이가 없는 평지에다 다습하고 흐린 날과 비가 많아서 당도가 그리 높지 않아 뒷맛이 약간 쓰거나 떨떠름하다는 특징이 있다.

캘리포니아 전체가 아닌 샌프란시스코 북쪽에 위치한 나파 밸리에만 1,800개의 와이너리가 있고, 서폭 카운티의 와이너리는 몇십 개도 안 되는 것을 보면 그만큼 캘리포니아가 포도 생산에 적합한 땅이나 기후를 가지고 있는 천혜의 땅이라는 것을 알 수 있다. 1976년과 1986년, 2006년 세 차례의 와인 시음대회에서 프랑스 보르도산(産) 와인을 제치고 세계 최고의 와인이 된 캘리포니아산(産)은 미국 내에서 소비되는 와인의 90퍼센트 이상을 차지하지만, 대서양을 끼고 생산된 뉴욕산(産)은 생산량이 아주 적은 데다 고급스런 와인으로 인식되어서인지 생각보다 비싼 편에 속한다. 와이너리에 들러 몇 병의 와인을 구입한 후, 갈 길이 멀어 간단하게 포도밭 동영상만 찍고 서둘러 샌프란시스코 쪽으로 올라갔다.

올라가다가 존 스타인벡(John Steinbeck)의 장편 소설 《에덴의 동쪽(East of Eden)》 배경이 되었고, 역시 제임스 딘(James Dean)이 주연을 맡은 영화 〈에덴의 동쪽(East of Eden)〉의 촬영 장소였던 해변의 소읍(小邑) 몬터레이(Monterey)를 둘러보고, 동쪽으로 10마일 정도 떨어진 존 스타인벡의 생가가 있는 소읍 살리나스(Salinas)를 찾았다. 살리나스에 들어서자마자 옆 차선에서 신호를 기다리던 운전자 옆으로 다가가 존 스타인벡의 생가가 어디에 있냐고 물어보았다. 친절하게도 독일계로 보이는 두 자매는 가던 길을 멈추고 직접 존 스타인벡과 관계된 장소들을 안내하며 설명해주었다.

90년대에 찾았던 독일 프랑크푸르트의 괴테 하우스나 이태리 플로렌스의 단테 하우스같이 복잡하거나 시끄러운 느낌과는 달리 주위 환경이 잘 정리되어 있었고, 크긴 하지만 건물 자체도 군더더기 없이

존 스타인벡(John Steinbeck)의 생가

단출하였다. 윌리엄 포크너(William Faulkner), 어니스트 헤밍웨이(Ernest Hemingway)와 더불어 1962년 노벨 문학상을 받은 존 스타인벡(John Steinbeck)은 1930년대 사실주의를 대표하는 작가로 대부분의 작품내용에는 강렬한 사회의식이 담겨있다. 문학의 길로 들어선 젊은 시절, 경제적 궁핍으로 인해 견디기 힘든 절망의 시간과 잔혹한 고통을 경험했기 때문으로 풀이된다. 더불어 좋은 작품에도 불구하고 헤밍웨이나 포크너에 비해 상대적으로 명성이 떨어지는 이유는 독자들로부터 오는 인기나 명성, 평판이나 물질적 풍요 등을 그 스스로가 엄격하게 경계했기 때문이었다. 더불어 언론이나 문학계, 독자들과도 쉽게 타협하지 않고 그가 원했던 글만을 썼던 것은 그만이 갖고 있는 특유의 강단(剛斷) 때문이었다. 또한 그러한 자신만의 캐릭터 때문에 대부분의 작품 속에서 이분법처럼 호와 불호를 명확하게 제시하고 있는 것을 볼 수 있다.

그의 대표적 작품으로는 대공황 시절, 고통 받는 사람들의 희망과 사랑을 이야기하는 《분노의 포도》가 있고, 인간의 본질을 파헤치고 그 대안으로써 온화한 휴머니즘을 제시한 《에덴의 동쪽》이 있다. 사회의식을 치열하게 담아낸 이 두 작품으로 말미암아 존 스타인벡은 영화배우 제임스 딘과 함께 보수적인 미국 사회에서 어둡고 고독한 반항아 이미지로 자리잡는 원인이 된다. 특히 창세기 4장의 아벨과 카인의 이야기에서 모티브를 얻은 《에덴의 동쪽》은 1960년대 한국에서 영화로도 상영되었던 세계적인 작품이다. 최근 소설에 이어 영화를 다시 보며 시대는 다르지만 러시아 문학인 《전쟁과 평화》, 《죄와 벌》하고 비교해도 스케일의 차이만 있을 뿐 내용의 깊이에서는 절대로 뒤처지지 않는다는 생각이 들었다. 내용 중에서 아담 트레스크(Adam Trask) 가의 모든 상황을 알고 있던 그 마을 보안관이 아담의 아들이며 영화의 주인공인 칼(Cal(Caleb))을 향해 "아벨을 죽인 카인은 에덴의 동쪽으로 가거라"라는 대사와 형 아론(Aron)의 여자 친구였던 에브라(Abra)가 칼의 아버지 아담에게 "사랑을 받지 못하는 사람의 고뇌를 이해해 달라"고 눈물로 호소하며 작은아들 칼을 용서해달라고 애원하는 장면은 어느 작품에서도 느낄 수 없는 압권이었다. "It's awful not to be loved, it's the worst thing in the world(사랑받지 못한다는 것은 이 세상에서 가장 괴로운 것이다)."라는 대사가 패션의 유행처럼 한때 많은 사람들로부터 회자되었고, 40여 년이 지난 지금도 제임스 딘의 이미지만큼이나 이 대사가 머릿속에 강렬하게 남아있다.

사회로부터, 인간으로부터, 혹은 나 자신 스스로 인정받기 위해 살아가는 세상이 되어버린 이 시대를 아픈 마음으로 바라본다. 사람과의 관계 속에서 자신이 인정받지 못하고 산다는 것을 느껴본 사람은 뼛속까지 상실감을 느끼게 된다는 것, 그 상실감이 자신의 생활에 어떤 영향을 주는지 그리고 얼마나 큰 불행을 가져다주는가를 생활에 지장이 있을 정도로 깊게 경험했기에 감동적으로 다가왔던 기억이 있다. 누구에게도 인정받지 못하고 산다는 것만큼 슬픈 일이 이 세상 또 어디에 있는가. 사실 가까이 있는 사람으로부터도 인정받지 못하고 산다는 것은 죽음보다 더 큰 슬픔이다. 에브라의 말에 후회하는 아버지 아담은 칼을 불러 "이제 네가 나를 간호해다오."라며 용서와 화해의 손길을 내미는 뭉클한 장면도 눈에 선하다. 더불어 "아담, 어서 칼을 편하게 해주세요. 한 번만 기회를 주시고 어서 자유를 주세요. 인간이 짐승보다 나은 건 자유가 있어서 그러니 어서 자유를 주고 축복해주세요."라며 몸종처럼 오랜 시간 자신을 보필했던 중국인 집사 리(Lee)의 권유에 죽음 직전까지 지켜왔던 아집이 무너지고 결국 아담이 이 소설의 가장 중요한 열쇠인 "Timshel(팀셸)!" 이라는 말을 남기며 눈을 감는다.

존 스타인벡이 도입한 'Timshel(팀셸)'은 'Timshol(팀슬)'이라는 히브리어이다. 영어로 번역하면 'as for you, you may rule over it(너희는 죄를 다스릴 수도 있을 것이다)'이라는 뜻으로 인간 스스로 악에 맞설 힘이 있다는 것을 확인시켜주는 하나님의 말씀이다. 동부에는 어니스트 헤밍웨이가 있다면 남부에는 윌리엄 포크너가 있고, 서부에는 내가 어느 작가보다도 사랑하는 존 스타인벡이 있다. 그의 고향 살리나스의 낯선 풍광이 처음 찾는 나에게 생경함을 주기보다는 오히려 그의 작품의 배경이 되었다는 느낌 때문인지 정서적으로 포근함과 더불어 안정감을 느끼게 해주었다. 그리고 방문자에게 친절하게 대해주고 안내까지 해주는 두 자매의 친절함에 여행지가 아닌 조국의 고향처럼 아늑함도 느끼게 해주었다. 연중 온화한 기온과 '전 세계의 샐러드 접시'라는 별칭을 가지고 있을 정도로 양상추와 브로콜리 같은 채소, 그리고 포도와 화훼를 주업으로 하는 목가적 환경이 존 스타인벡에게 영감이나 감수성을 충만하게 해주는 촉매제가 되었던 것은 아닌지 추측해보았다.

17세까지 살았던 생가가 커피숍과 기념품점이 되어 있었지만 그의 손때가 지금도 고스란히 남아있는 것 같은 느낌이 들었다. 역시 존 스타인벡 기념관(John Steinbeck Memorial Hall)은 작가의 고향이라는 것을 암시하듯 입구 벽면에 《에덴의 동쪽》과 《분노의 포도》에서 등장하는 내용들을 상징적으로 나타낸 페인팅 벽화가 사실적으로 그려져 있었다. '소금 늪지(salt marsh)'라는 뜻을 담은 스페인어 'Salinas'는 1874년 이 도시가 설립되기 이전까지 멕시코의 땅이었던 탓인지 거리 곳곳에는 스페인풍의 건물들이 흔했고, 존 스타인벡이 다녔던 살리나스 고등학교 역시 스페인풍의 고풍스런 하얀 건물이었다. 잠깐 동안 작고 조용한 살리나스의 거리를 둘러보며, 내가 그렇게도 방문하고 싶어 했던 작가의 고향과 생가에 와있다는 것이 너무 감격스러워 실감이 나지 않았다.

또다시 추억을 쓸어 담고 꼭 만나야 할 사람이 있어 프리몬트(Fremont)가 있는 북동쪽을 향해 핸들을 돌린다. 운전을 하면서도 오랜 시간 친절하게 안내해주었던 두 자매의 잔상이 머릿속에서 내내 지워

존 스타인벡 기념관(John Steinbeck Memorial Hall)의 벽화

지지 않았고, 이런 사람들이 있기에 세상은 아름답게 돌아가고 있는 것이 아닌가 하는 생각을 했다. 살리나스의 서편 하늘에 떠 있는 구름은 어린아이처럼 찡그리고 있었고, 어스름이 온전히 내려서야 목적지인 프리몬트에 도착했다. 롤모델로 평가받는 선배 가운데 한 사람이라는 입소문처럼, 처음 대면하는 시간이지만 친구처럼 온화함과 다정함이 느껴졌다. 대화를 할수록 그의 영혼이 맑다는 것을 느낄 수 있었고, 특히 문학에 대해서 대화를 나눌 땐 보통 글쟁이들과 다르다는 것을 알았다. 사물과 세상을 보는 시각은 정과 사랑이 넉넉하게 담겨있었고, 그가 갖고 있는 사상은 좌나 우로 치우치지 않고 바르게 보려고 노력하는 모습도 보였다. 내가 써놓은 글에 대해서도 정확하고 심도 있게 비평해주었고, 앞으로 현재성과 근접성, 지속성을 가지고 글을 써보라는 방향까지 제시해주었다. 이런 깊이 있는 대화가 얼마만인가. 문학에 대해서 서로 관심이 있었기에 가능했다는 생각을 해본다.

폴 오스터(Paul Auster)의 《달의 궁전(Moon Palace)》 중에서 "대화란 공 던지기다. 글러브 안으로 공이 잘 들어가도록 던짐으로써 상대가 웬만해서는 놓치지 않도록 하고, 받는 입장일 때는 자신에게로 공을 서툴게 던졌을지라도 상대의 공을 능숙하게 다 받아줘야 한다."는 내용과 같이 이날의 대화는 서로가 상대에게 초점이 맞춰져 있었기에 물 흐르듯 아주 자연스러웠다. 이런 배려 속에 도란도란 이야기를 주고받다 보니 새벽 2시가 되어서야 잠자리에 들었다. 이곳까지 6,400마일을 달렸고, 눈을 뜨면 서둘러 샌프란시스코에서 뉴욕으로 연결된 80번 고속도로를 타고 3,000마일을 달려 집으로 돌아가야 한다. 뉴욕으로 출발하기에 앞서 자동차 정비소에서 엔진 오일을 교환한 뒤, 어느 커피점에서 간단하게 아침 식사를 했다. 이별 앞에 선 선배의 눈에는 아쉬움이 넘쳐나고, 나 역시 지금 이 자리를 떠나면 쉽사리 선배를 만날 수 없을 거라는 아쉬움과 섭섭함에 가슴이 메어졌다. 언제 만나리란 약속도 없는 이별의 아픔을 그 자리에 묻고 또다시 주행을 시작한다. 사이드 미러에서 작아져 가는 그의 모습에 이별은 시작되고, 이별이란 힘들고 가슴 아프지만 소중한 만남으로 만들었다는 것에 조금은 위안이 된다. 20마일 거리 밖에 안 되는 샌프란시스코에 들려 금문교와 롬바르드(Lombard) 거리, 그리고 노면전차를 구경하고 가면 좋겠다고 권유했지만 햇빛 알레르기에 몸 여러 곳에 수포가 생겨 더 이상 여행하기가 힘들었고, 머릿속엔 어서 빨리 뉴욕으로 돌아가 쉬고 싶은 생각뿐이었다.

제2의 고향 뉴욕으로 향하다

캘리포니아 주의 수도인 새크라멘토(Sacramento)를 거쳐 최인호 작품 《깊고 푸른 밤》의 배경이 되었던 타호 호수(Lake Tahoe)로 들어가는 길목인 네바다 주 북서쪽의 리노(Reno). 로키 산맥의 서쪽 끝자락인 리노에 들어서자마자 이 봉우리 저 봉우리 할 것 없이 두터운 만년설을 덮고 있었다. 초여름 날씨에 보는 오연(傲然)한 만년설이 생소함을 넘어 신기하게만 느껴진다. 뉴멕시코(New Mexico)나 애리조나(Arizona), 텍사스(Texas)에서 만난 건조한 사막 기후와 유타(Utah)의 고산지대에 펼쳐지는 냉랭한 사막 기후, 캘리포니아(California)의 해양성 기후, 네브래스카(Nebraska)에서 만난 스텝(초원) 기후, 루이지애나(Louisiana)와 미시시피(Mississippi), 앨라배마(Alabama)의 습한 아열대성 기후, 그리고 애팔래치아(Appalachian) 산맥이 낀 버지니아(Virginia)와 웨스트버지니아(West Virginia), 펜실베이니아(Pennsylvania)의 온대 기후 등 미 대륙에 분포하는 모든 기후를 두루 체험하면서 미국 땅이 넓다는 것을 실감할 수 있었다. 국토가 넓은 덕에 곡물, 채소, 과일의 주생산지에서 생산량이 감소가 되어도 다른 지역에서 조달할 수 있을 정도로 먹을거리가 무한정해서 변동은 있을지라도 식품비가 폭등하지 않는다. 더구나 미국의 모든 분야는 독점체제가 아닌 무한경쟁체제라서 소득 대비로 본 식품 가격은 세계 어느 나라에 비교해도 저렴하다는 것을 느낄 수 있다.

아름다운 풍경에 피곤함도 모르고 달리다 해가 저물어 이름도 생소한 네바다(Nevada) 북부의 엘코(Elko)라는 곳에서 하루를 묵었다. 숙소에서 오늘의 행로를 정리하다 보니 이번 여행에서 가슴에 닿는 것이 있었다. 마음을 비우고 여행하다 보니 풍경 하나하나에 집중 내지는 몰두할 수 있었다는 것이다. 반면에, 몰두할 수 없을 때는 떨구어내지 못한 '이기'와 '욕심'이 정신 속에 만연해 있어 자연의 신비와 제대로 된 아름다움을 감동적으로 볼 수 없었다. 이순(耳順)이 되어서야 철이 들어가는지 마음을 비워 바라보는 자연 하나하나가 너무 아름답고 사랑 자체라는 것을 깨닫는다. 무소유의 본체를 갖고 있는 자연은 인간이 살아가는 동안 유용하게 사용할 수 있지만 소유나 개발의 대상이 아니며, 또한 자연을 지배할 어떤 권한도 우리에게 전혀 주어지지 않았다는 것을 알아야 한다. 오로지 자연이 만들어 놓은 공간에 조용히 머물다 때가 차면 떠나야 하는 것이 인간에게 주어진 최선의 길이다.

독일 출신의 사회학자 에리히 프롬(Erich Fromm)이 《소유냐 존재냐(To have or To be)》에서 "뭔가를 소유한다고 말하는 것은 물체가 영속적이고 파괴될 수 없다는 환상에 바탕을 두고 있다. 내가 모든 것을 소유하고 있는 것처럼 보일지라도 실제로는 아무것도 소유하고 있지 않다. 내가 어떤 물체를 보유, 소유, 지배한다는 것은 사는 과정에서 스쳐

가는 한순간에 불과할 뿐이다."라고 했지 않았는가. 이 사회학자의 말을 '인간의 목표는 물질을 풍성하게 소유하는 것이 아니라 자연과 더불어 풍성하게 존재해야 한다는 것. 인간과 자연이 서로 공존하기 위해서는 자연의 본질을 바로 알아야만 하고 거기에 따라 인간에게 부여된 의무를 성실히 이행해야만 하는 것'으로 대체해 보았다.

사실 기독교 정신에 기초를 두고 있는 서양의 과학기술문명은 세계를 산업화의 경쟁으로 몰아넣고 계속적으로 자연을 파괴하고 있을 뿐, 위기가 닥친 지금까지도 자연과 인류 생존을 위해 전혀 대안을 갖고 있지 않다. 자연을 경외하고 보호하고 그 속에서 살아가려는 동양사상과 달리, 창세기 1장 28절의 "땅을 정복하라"는 말에 기초해서 '정복'은 곧 소유이며 축복이기에 자연의 질서가 깨져도 괜찮다고 암묵적으로 용인하는 자본주의의 정신과 산업정책을 본다. 원시시대처럼 자연 안에 살아갈 수 없다고 변명하는 자본주의의 현실에서 "자연을 적극적으로 이용하되 자연을 보호해야 한다. 하늘과 땅은 만물의 근원이기에 자연을 보호해야만 사람들이 풍요로운 생활을 지속할 수 있다."는 순자(荀子)의 자연관을 상기해본다. 끝없는 인간 중심의 소유욕에 앞으로 십여 년만 지나면 자연 스스로 정화할 수 없는 시점에 다다르고, 22세기 초에는 무분별한 파괴에서 오는 환경오염 때문에 지구는 더 이상 인간이 살 수가 없는 행성이 된다는 환경학자들의 말을 떠올려 본다. 소유 중심으로 살아가는 것보다는 나라는 존재를 인식하고 자연이 주는 법칙에 순응하며 살아가야겠다는 다짐을 하며 하루를 정리한다.

솔트레이크 시티를 거쳐 로키 산맥으로 빨려 들어가다

다음 날 아침, 타 주(州)와 비교할 때 상대적으로 인구가 적고 교통이 낙후된 내륙지역인 와이오밍(Wyoming) 주를 향해 출발을 했다. 와이오밍(Wyoming), 아이다호(Idaho), 몬태나(Montana), 네브래스카(Nebraska), 노스다코타(North Dakota), 사우스다코타(South Dakota) 같은 지역은 여객기가 착륙하지 않고 그냥 영공만 거쳐 간다고 해서 'Overfly(오버플라이)'라고 불리는데, 인구도 적고 산업이 발전되지 못한 농업 중심의 중부지역을 비하하는 말이다. 이런 단어는 역시 산업이 발달하지 못한 가난한 남부지역을 'Deep South(디프 사우스)'로 그리고 부유하지만 기독교 수구보수주의자들이 많은 텍사스 주를 'Dixie Land(딕시 랜드)'로 부르는 것과 같다.

이른 아침, 숙소가 있던 엘코(Elko)를 떠난 지 20마일도 채 못가서 내리막길에 잠복해 있던 백인 경찰에게 과속운행으로 걸렸다. 네바다 주의 고속도로 제한 속도는 시간당 70마일(112킬로미터)인데 인구가 적어 교통량이 없다 보니 95마일(152킬로미터) 이상을 달렸기 때문이다. 면허증과 자동차 등록증을 제시하라는 경찰의 요구에 응하면서 "뉴욕을 가는데 I-80 고속도로는 초행길이라 긴장해서 속도계를 볼 수 없었고, 본의 아니게 과속했으니 이해해 달라."고 공손한 언어로 그에게 내 의사를 전했다. 경찰차에 돌아가서 내 인적 사항을 떠들어 본 뒤, 다가와 "여기는 제한속도가 70마일이니 과속하지 말고 규정 속도로 달려라. 벌금 티켓(Ticket)은 없으니 그리 알고 여행을 마음껏 즐기되 조심해서 운행해라. 가족의 품으로 돌아갈 때까지 당신에게 행운이 따르길 빈다."고 하며 나에게 면허증과 자동차 등록증을 돌려주었다. 참으로 감사했고 나는 그에게 "내 말을 이해해줘서 진심으로 고맙다. 내가 만나본 경찰 중에서 당신이 최고다. 당신만한 경찰을 만나 본 적이 없다."라는 말을 하고 떠났다. 유색인종에 대해 무시하는 못된 백인 경찰도 있지만, 40대 초반쯤으로 보이는 이 경찰은 때묻지 않은 시골 사람이라서 그런지 참으로 공손한 태도와 언어를 사용해서 몇 개월이 지났지만 지금도 그의 얼굴과 이름을 선명하게 기억한다.

빠른 속도로 1시간쯤 달렸을까. 고속도로의 갓길에 '연방 교도소'와 더불어 '면회할 장소는 2마일 앞'이라는 안내 표지판이 눈에 띄었고, 멀리 인적을 찾아볼 수도 없는 허허벌판에 회색 콘크리트 건물이 눈에 들어왔다. 갓길에 차를 세워놓고 바라보는 교도소는 사람 키의 3~4배 이상 되어 보이는 높은 담장과 그 위에는 전류가 흐르는 철조망이 겹겹이 둘러싸여 있었다. 그리고 8개나 되는 감시탑도 있었다. 삼엄한 교도소 건물과 음침한 주위환경을 보면서 자신을 파괴하려는 체제와 맞서 끝없는 탈출을 감행하는 영화 〈빠삐용(Papillon)〉이 스쳐 지나갔다. 그리고 남미 프랑스령 가이아나의 이름 모를 한 섬의 절벽에서 마지막 탈출이 이루어지는 장면과 더불어 흘러나오는 주제곡 〈Free As the wind〉의 애수에 찬 선율이 머릿속에서 흘렀다. 주인공은 자신의 꿈에서 사람을 죽이지 않았다고 주장하지만, 검사가 주장하는 죄명은 "당신이 살인을 안 했을 수도 있소. 그러나 당신이 지은 죄는 당신 스스로 인생을 낭비한 죄로 당신을 고발하겠소. 그 죄 값으로 당신은 사형이요."라는 섬뜩한 장면이 한참 동안 머릿속에 머물렀다. 황량한 벌판에 앉아있는 배심원들, 그리고 준엄한 모습으로 판결을 내리는 검사의 모습과 판결을 받은 후, 돌아서서 걸으며 계속해서 '유죄'라고 내뱉는 스티브 매퀸(Steve McQueen)의 모습이 오늘 이 시간 거울처럼 반사되어 영혼 속에 나타나고 있는 것은 나에게 무엇을 의미하고 있는가. 이 영화의 주인공처럼 실속 없이 이런저런 모양으로 젊은 시절을 보내버린 나 자신도 시간을 낭비한 공모자로 비춰지기 때문이다.

아까운 한 시절을 허무하게 보내버린 후회 속에 "단 하루를 살더라도 자유를 누리고 싶다."며 인간이 추구해야 할 자유를 위해 탈출을 시도하고, 계속되는 실패에 지옥 같은 시간을 보내지만 끝까지 자유에의 꿈을 포기하지 않고 결국 탈출에 성공했던 주인공의 의지를 본다. 살아있기에 자유가 필요하고 자유를 얻기 위해서는 의지가 필요하듯, 자유를 향한 그 의지가 항상 내 안에도 살아 움직이기를 기대해 본다. 모래바람은 계속해서 불어오고 육신이 갇혀 있어 자유롭지 못한 수감자들과 육신은 자유하지만 영혼은 갇혀있는 내 자신을 돌아보며 복받치는 슬픔에 가슴이 싸하다. 곡만 있었을 뿐, 없던 가사를 만들어 부른 앤디 윌리엄스(Andy Williams)의 〈Free as the wind〉를 애절한 감정을 담아 불러본다.

Yesterday's world is a dream like a river
That runs through my mind made of fields
And the white pebbled stream
That I knew as a child
Butterfly wings in the sun
Taught me all that I needed to see
For they sang, sang to my heart,
"Oh, look at me Oh, Look at me"
"Free as the wind, free as the wind"
"That is the way you should be"

Love was the dream of my life
And I gave it the best I know how
So it always brings tears to my eyes
When I sing all of it now
Gone like the butterfly sings
And the boy that I once used to be
But my heart still hears
The voice telling me,

"Look, look and you'll see"
"Free as the wind, free as the wind"
"That is the way you should be"

There's no regret that
I feel for
the bitter-sweet taste of it all
If you love,
there's a chance you may fly.
If you fall, well, you fall.
rather the butterfly's life
you have lived for a day and been free
Oh, my heart still hears
that voice telling me
"Look, and you'll see"
"Free as the wind, free as the wind"
"That is the way you should be"
- 앤디 윌리엄스, 〈Free as the wind〉

모든 인간은 자유롭게 세상에 태어났지만 인생이 틀어져 애처롭게 갇힌 영혼들의 아픔을 느끼기도 전에 내 육신은 이미 교도소를 지나 몇 마일 앞을 달리고 있었다. 홀로 하는 여행은 따분하거나 싫증날

사막을 덮고 있는 노천 소금

수도 있다는 일반적인 생각을 하지만 그것은 선입견에 불과하다. 여행을 좋아하는 사람들은 누구도 동반하지 않고 홀로 떠나는 것을 선호한다. 이유는 몰두와 명상이라는 두 가지가 여행자와 자연을 새롭게 연결시켜주는 마력 때문이라고 한다. 이런 사실을 듣기만 했을 뿐 경험하지 못했지만 실제로 겪어보니 여행 전문가들의 말에 백배 공감이 된다.

솔트레이크 시티(Salt Lake City)가 가까워 올 때쯤 도로 양편에서 백설처럼 하얀 지평선이 눈에 들어왔다. 끝없이 펼쳐진 하얀색 장관에 감탄사가 절로 나오고 차를 세우고 가까이 가보니 놀랍게도 흰 모래가 아니라 사막 위를 덮고 있는 노천(露天) 소금이었다. 몇 년 전 노천 탄광에서 석탄을 보는 것처럼 사막에서 노천 소금을 본다는 것에 신기한 생각이 들었다. 알고 보니 데스 밸리(Death Valley)와 더불어 이 지역 땅이 미국에서 가장 염분이 많다고 한다.

작은 병에 소금을 담고 한 시간 정도 달리다 보니 도로 옆에 그레이트솔트 호(Great Salt Lake)가 보였고, 그 안으로 들어섰다. 일반 바다보다 8배나 짠 24퍼센트의 농도를 가진 이스라엘의 사해(死海, Dead Sea)보다도 오히려 1퍼센트가 더 높은 농도를 가진 이 호수 안을 살펴보니 생물이라고는 전혀 눈에 띄지 않았다. 호수 물을 손가락으로 묻혀서 혀에 갖다 대니 처음에는 맛을 모르고 있다가 조금 지나니 입안에서 엄청 짠맛이 돌았다. 이렇게 짠맛은 살면서 처음 맛본다. 사해보다 5배나 큰 이 그레이트솔트 호를 바로 옆에 끼고 건설된 솔트레이크 시티는 일명 염호(鹽湖)의 도시로 불린다. 유타(Utah) 주 북부인 이곳에 도착해 잠깐 동안 다운타운을 돌아보았다. 종교인들에 의해 세워진 도시라서 건물이나 길거리, 그리고 주민들의 복장이나 행동도 보통도시와 달리 상당히 정갈하다는 느낌을 강하게 받았다. 그리고 전통을 중요시하는 모습들이 곳곳에서 나타나 있었다.

우리가 알다시피 솔트레이크 시티는 계속되는 박해를 피하기 위해 1847년 모르몬교의 지도자인 브리검 영(Brigham Young)이 모르몬교와 교도들의 본거지로 만들기 위해 건설했던 도시이다. 모르몬교도에 의해 '성인의 도시', '새 예루살렘'이라는 이름으로 독자적인 시정(市政)을 행했던 곳으로 현재는 유타 대학교와 웨스트민스터 대학교가 있는 곳으로도 유명하다. 오늘은 와이오밍(Wyoming) 주의 주도 샤이엔(Cheyenne)에다 숙소를 잡았고, 솔트레이크 시티에서 440마일을 더 달려가야 해서 대충 둘러보고 정오가 되기 전에 서둘러 이곳을 떠났다.

샤이엔 부족의 눈물이 담긴 와이오밍

솔트레이크 시티(Salt Lake City)는 로키 산맥 안으로 들어가는 길목이다. 사람은 흘러가도 자연은 영원으로 이어지는 신의 선물인 눈 덮인 봉우리들의 아름다운 경치에 눈을 뗄 수가 없다. 한산한 도로 위에는 몇 대의 차들만 보이고 그 모습은 마치 듬성듬성 서 있는 낟가리같이 보였다. 교통량이 없는 탓에 타이어 마찰음은 점점 커지고 속도계 바늘은 오른쪽으로 힘껏 기울어진다. 내가 향하고 있는 와이오밍(Wyoming)의 주도 샤이엔(Cheyenne)은 '서로 다른 말로 말하는 사람들'이라는 뜻을 가지고 있다. 이 도시 이름은 원주민 부족에게서 따온 것으로 미네소타(Minnesota) 주에 거주하던 원주민 부족이 유럽인들에게 쫓겨 서부 평원인 이곳에 정착했던 것을 기억하기 위한 이름이다. 1950년대 이후 미 정부의 정책에 따라 생존자가 5,000명밖에 안 되는 샤이엔 부족은 또다시 북쪽의 몬태나(Montana) 주와 남쪽으로는 오클라호마(Oklahoma) 주로 강제 분산되는 아픔을 갖고 있다. 자연과 교통하며 삶을 영위해갔던 아메리칸 원주민들. 결코 우리가 버리거나 잊어서는 안 될 모습을 원주

로키(Rocky) 산맥 입구

민들의 삶 속에서 본다. 그리고 오래전에 적어두었던 원주민의 한 구전 기도문이 떠올랐다.

바람 속에 위대한 당신의 목소리가 들리고
당신의 숨결은 온 세상 만물에 생명을 줍니다.
나는 작고 힘이 없습니다.
내게 당신의 힘과 지혜를 주소서

나로 하여금 아름다움 안에서 걷게 하시고
나의 눈이 영원히 붉은 노을을 바라볼 수 있게 하소서
당신이 만든 물건들을 내 손이 존중토록 하시고
당신의 목소리를 들을 수 있도록 내 귀를 예민하게 하소서.
-〈아메리카 원주민의 기도문〉

1890년 44번째로 미연방에 편입된 와이오밍 주는 광산업과 원유, 화학제품 그리고 세계적인 자연명소로 유명한 옐로스톤 국립공원(Yellow Stone National Park)과 여러 캐니언(Canyon)을 중심으로 하는 관광산업이 발달되어 있다. 미국 주(州) 가운데 가장 적은 47만 명의 인구를 갖고 있지만 실업률도 적고 소득은 미국에서도 상위권에 드는 부유한 주의 하나이다. 주도인 샤이엔(Cheyenne) 시(市)가 탄생하게 된 배경은 1867년 대서양과 태평양을 잇는 이른바 미국 대륙횡단 철도인 유니언 퍼시픽(Union Pacific) 철도의 분기점이라는 지리적 위치 때문이다. 철도는 육상도로와 달리 거대하고 무거운 물체를 실어 나를 수 있어서 이에 걸맞게 샤이엔은 공군기지와 대륙간탄도 미사일 기지가 있는 군사요충지로도 유명하다.

로키 산맥 고원 사막지대에서 3~4대의 거대한 디젤기관차가 화차 150~200대를 끌고 가는 행렬은 그야말로 어느 곳에서도 볼 수 없는 이곳만의 장관이다. 화차 한 량에 15미터를 잡아도 2.25~3킬로미터 정도에 해당되는 길이다. 샤이엔을 거쳐 가는 화차는 에이브람스 탱크(Abraham Tank)와 날개를 분해한 여러 종류의 헬리콥터, 장갑차와 허머

로키(Rocky) 산맥

(Hummer), 그리고 탄광에서 생산된 석탄이나 시멘트, 유전에서 생산된 석유와 화학 원료를 가득 싣고 있었고, 대부분 태평양을 낀 로스앤젤레스나 샌프란시스코, 시애틀 쪽으로 가고 있었다. 생명을 담보로 만들어 낸 살상 무기와 화학물질을 보며 창조주에 도전하는 악한 행위가 더 이상 이 땅에 존재해서는 안 된다는 안타까운 마음에 고개를 돌리고, 엘코에서부터 680마일을 달려 드디어 샤이엔에 도착했다. 1,800미터를 넘는 고도에 위치한 도시라 차에서 내리니 몸이 떨릴 정도로 쌀쌀함을 느꼈다.

새벽에 일어나 보니 5월 중순답지 않게 자동차 지붕에는 얼음 같은 서리가 끼어 있었고, 숙소를 나와 걸어서 돌아보는 샤이엔은 생각보다 아담했다. 거주인구가 6만 명도 안 되는 이 도시는 스페인풍의 건물이 많았다. 인디언 동상이 있는 한 레스토랑에 들어가 아침 식사로 달걀과 베이컨이 들어간 샌드위치를 주문해 먹었다. 가격은 뉴욕 맨해튼의 3/5 정도밖에 안 되었고, 벽에 붙은 메뉴 사진 속 음식들은 다른 지역보다 기름기가 많아 보였다. 왜 기름진 음식이 많은지를 생각해 보다가 스스로 답을 얻어냈다. 이유는 평지에서 사는 사람들은 하루 2,800칼로리가 적당하지만 티베트나 네팔 같은 고산지대에 사는 사람들은 6,000칼로리가 넘게 필요하다고 한다. 평지 사람들과 같은 양의 활동을 해도 에너지가 2배 이상 많이 소비되는 것처럼, 이곳 역시 2,000미터에 가까운 고산지대에다 체격이 큰 백인들이 에너지 소비가 많아서 그럴 수 있다는 추측을 해보았다.

식사를 하고 나와 거리에서 보는 아침 하늘은 고도 때문에 낮아 보였고 공기 중에는 먼지가 없어서 눈이 시리도록 너무 파랬다. 한국의 소읍(小邑)처럼 아기자기한 맛은 있었지만 거쳐 가는 골목마다 샤이엔족의 비애가 서려 있는 것 같아 애잔해지고 머무는 시간 내내 마음이 편치 않았다. 차분한 마음으로 거리를 돌아보고 샤이엔에서 30분 거리를 달려 미국에서 가장 풍성한 농목(農牧) 지대인 네브래스카(Nebraska) 주에 들어섰다. 네브래스카는 사우스다코타, 캔자스와 함께 'Great Plains'로 우리말로는 대초원(大草原)이라고 불리는 곳에 속한 지역이다. 서쪽은 로키 산맥을 끼고 있어서 평균 고도가 1,500미터 정도 되지만 동쪽으로 갈수록 완만한 구릉지역이며, 살아오면서 처음 접해보는 스텝 기후를 갖고 있었다. 거대한 초원에서 느끼는 기후는 사막처럼 건조하지도 그렇다고 온대 지역인 동부처럼 습하지도 않다는 느낌을 받았다. 서부영화에서 자주 보던 배경처럼 지평선이 어디인지 구별할 수 없을 정도로 푸른 목초지가 끝없이 펼쳐진 대평원은 지나는 곳마다 말과 소 떼들이 무리 지어 한가롭게 풀을 뜯는 목가적 풍경으로 넘실거렸다.

목초지를 지나 동쪽으로 갈수록 세계적인 농산물 생산국답게 콩과 옥수수밭이 보이지 않을 정도로 지평선 끝까지 펼쳐져 있었다. 운전하면서 보는 목가적 풍경의 들판, 그리고 농가를 보는 재미가 생각보다는 상당했다. 대평원에 속한 네브래스카에는 농화학 기업이며 유전자조작의 대표기업인 몬산토(Monsanto)의 연구센터가 자리 잡고 있다. 최근 660억 불에 독일 제약회사 바이엘(Bayer AG)로 합병된 몬산토는 베트남 전쟁 때 미군에게 고엽제를 판매해 사망자만 무려 40만 명에 달하는 참사를 만들어낸 기업일 뿐 아니라, 현재는 세계 유전자조작변형작물(GMO) 점유율의 80퍼센트를 갖고 있는 악마 같은 기업이다. 그리고 제약회사 바이엘은 제1차 세계대전에는 독일군대에 생화학무기를 제공했고, 제2차 세계대전 때는 아우슈비츠 수용소에서 사용되던 독가스를 나치(Nazi) 정부에 판매해 엄청난 돈을 벌어들인 기업으로 정평이 나 있다. 사실 따지고 보면 악마같은 기업과 나치 기업의 합병은 생명을 담보로 식량과 약품을 통해 세계 자본을 지배하려는 확실한 음모로 보인다. 그리고 두 기업이 벌어들인 돈으로 다시 환경기업 쪽으로 손을 뻗을 것이 명백하다. 식량, 약품, 환경은 누구도 부정할 수 없는 생명으로 직결되는 하나의 통합체이다. 그리고 세계적 곡창지대이며 비옥한 대평원에서 생산되는 농산물 대부분은 농부들도 알 수 없는 몬산토의 유전자조작변형작물(GMO)일거라고 추측하는 것은 잘못된 생각일까. 내 생각이 잘못이라면 왜 몬산토의 연구센터가 이곳에 있어야 하는지 궁금하다. 인간의 생명을 경시하고 건강을 외면하는 두 회사의 합병을 보며 썩을 대로 썩어버린 지금의 자본주의는 지구상에 절대 존재해서는 안 된다는 생각을 해본다. 몇 년 전, 대한민국이 유전자조작변형작물(GMO) 수입 1위이며 2위는 영국이라는 인터넷 기사를 본 적이 있다. 그리고 몇 개월 지나지 않아 몬산토가 개발한 유전자조작변형작물에는 독성물질인 글리포세이트(Glyphosate)라는 화학물질을 포함하고 있어 식용할 경우 건강에 유해하다는 학자들의 발표도 있었다.

논문에 따르면 유전자조작변형작물을 지속적으로 섭취할 경우 성취감이나 행복감을 느끼게 하는 호르몬인 세로토닌(Serotonin)을 억제시켜 심한 우울증을 유발시킨다고 한다. 한국이 자살 대국 일본을 앞지르고 15년 넘게 자살률 세계 1위를 독주하고 있는 것은 우연이 아닐지도 모른다. 유전자조작변형작물(GMO)이 국민 건강에 막대한 영향을 주고 있음에도 대책을 세우기는커녕 그저 식량부족으로 어쩔 수 없다는 유치한 수준의 변명만 늘어놓고 있는 현 정부 관료들은 소신 없는 정치철학이나 통치자에 대한 눈치 보기에 급급할 것이 아니라 주인인 국민을 위해 무엇을 할 것인지 소신 있는 행정을 펴야 옳을 것이다.

일본 정부가 세계 각지의 토지를 사들이거나 임차해 안전한 농산물을 생산하고 국민에게 조달해주려는 모습을 보여 주고 있는 것처럼, 늦기는 했지만 우리 정부도 국민의 건강을 위해 적극적으로 서둘렀으면 한다. 그리고 7~8년 전 몬산토(Monsanto)나 카길(Cargill) 같은 거대 다국적기업들이 각국의 종자회사를 사들인 후, 유전자를 조작하여

다시 그 나라에 종자를 판매해 몇십 배의 이득을 취하는 거래로 저개발국인 인디아나 라틴 아메리카, 아프리카의 많은 농부들이 고통을 받고 자살을 하는 소식이 비일비재하게 뉴스로 올라왔던 기억이 있다. 한국의 종묘회사들도 이들의 손에 넘어가 비싸진 씨앗이나 종묘 때문에 농민들이 고통을 받고 있다는 소식도 들렸다. 지금이라도 우리 정부가 토종농산물 씨앗을 잘 보존하여 농부들에게 공급해 주었으면 하는 바람이다. 돈이라면 죽은 나사로(Lazarus)도 살려낸다는 천박한 자본주의 본질, 그리고 바이엘 같은 독점자본의 경제논리가 바른 것일까. 다시 한 번 정부에 부탁하고 싶은 것은 이제라도 늦지 않았으니 다가올 식량대전을 대비하는 차원에서라도 정부는 자국의 농업이 쇠퇴하지 않도록 연구개발에 힘쓰고, 농지가 감소하지 않도록 철저하게 보호해야 한다. 그리고 국내에서 생산된 농산물이 비싸더라도 전량수매와 더불어 지속적으로 농업을 유지, 장려해야만 한다.

허허벌판 위에 살짝 올라온 구릉지를 꺾어 돌아 나오는데 '안개지역'이라는 교통 표지판이 눈에 들어온다. 살랑거리는 회색 너울 속으로 빨려 들어가는 것 같은 착각이 들고, 중심부로 빨려 들어갈수록 앞을 분간할 수 없을 정도로 시야가 좁고 흐려져 신경을 곤두세운다. 옅고 짙은 차이만 있을 뿐, 결국 한 치 앞도 내다볼 수 없는 안개 속에서 허우적거리며 사는 것이 인생이라고 느껴지고, 문득 한 독일 문인의 시가 떠올랐다.

안개 속을 거니는 이상함이여,

덩굴과 돌들 모두 외롭고,
이 나무는 저 나무를 보지 못하니
모두가 다 혼자로구나!

나의 삶이 밝았던 때에는
세상엔 친구들로 가득했건만
이제 여기 자욱한 안개 내리니
아무도 더는 볼 수 없어라.

회피할 수도 없고 소리도 없는
모든 것에서 그를 갈라놓는
이 어두움을 모르는 이는
정녕 현명하다고는 볼 수 없으리.

안개 속을 거니는 이상함이여,
산다는 것은 외로운 것,
누구도 다른 사람 알지 못하고
모두는 다 혼자인 것을!

- 헤르만 헤세, 〈안개〉

삶이란 그림자도 없는 농무(濃霧) 속을 걷는 것과 같아서 그 속에는 무엇이 도사리고 있는지 분간할 수 없지만, 농무 속에서는 보지 못했던 광명이 저 끝에서 나를 기다린다는 기대감을 가지고 그곳까지 한 걸음 한 걸음 걸어가야 한다. 짙은 안개 속에도 세상과 자신이 존재하지만 그 속에서 헤쳐 나와야만 세상과 자신의 모습을 제대로 볼 수 있듯이, 우리 모두 고난과 역경이라는 안개 속에 묻혀 살아가지만 절망하지 않고 그 한계에서 벗어나려고 최선을 다할 때 비로소 자신은 누구이며 살아야 하는 의미가 무엇인지 제대로 알게 될 것이다.

끝없이 이어지는 대초원(Great Plains)을 벗어나 네브래스카 동쪽 끝인 오마하(Omaha)에 들어섰다. 이곳은 세계 제일의 갑부인 빌 게이츠(Bill Gates) 다음으로 두 번째 부자이며 투자의 귀재로 알려진 워렌 버핏(Warren Buffett)이 거주하고 있는 곳이다. 미주리(Missouri) 강을 경계로 아이오와(Iowa) 주와 맞대고 있는 오마하는 35만 명의 인구를 갖고 있는 네브래스카 주의 최대도시이다. 명소가 없는 도시임에도 들렀던 이유는 그저 '오마하의 현자(賢者)'가 이곳에서 자산을 경영하며 살고 있다는 호기심 때문이었다. 재산만 해도 700억 불에 가까운 워렌 버핏은 빌 게이츠와 더불어 세계적인 기부 왕이다. 빌 게이츠가 만든 자선단체인 '더 기빙 플레지(The Giving Pledge)'에 회원으로 가입했고, 사후 99퍼센트를 사회에 환원하겠다고 약속한다. 그리고 워렌 버핏은 "억만장자들이 기부를 공개적으로 해야 다른 부자로부터도 기부를 이끌어낼 수 있다."고 조언해 세계 5위의 부자인 오라클(Oracle)의 최고경영자인 래리 엘리슨(Larry Ellison)을 설득해 '더 기빙 플레지'에 가입시킬 정도로 기부에는 어떤 부자들보다도 더 열정적이다. 2013년 한 해에만 27억 불을 기부할 정도로 그의 삶 자체가 기부이며 생활의 전부이다. 그의 기부철학은 부자들이 돈을 쌓아두지 않고 기부를 해야만 사회시스템이 제대로 돌아가고 시민들의 생활이 지금보다 더 윤택해질 수 있다는 신념에 의해서다. 간단하게 말하면 자기를 부자로 만들어준 것이 사회이고, 사회로부터 벌어들였으니 다시 그 장소로 환원하는 것이 당연하다는 철학을 갖고 있다.

부자들의 솔선수범에 유럽이나 미국, 캐나다는 여타 국가보다도 기부문화가 발달되어 있고 금액이 적든 많든 상관없이 일반인들에게도 기부가 생소하지 않다. 특히 미국은 어느 나라보다도 기부문화가 발달한 나라이다. 비록 소액이지만 나 자신도 생활비에서 일정 부분을 떼어내 기부하고 있다. 얼마 전 재산을 불리기 위해 통수권자와 내통했던 한국 최고기업 총수의 비리 사건, 그리고 1년 반 전쯤 일명 '땅콩 회항 사건'을 보면서 기부는커녕 국민을 하인으로 대하는 재벌가들의 행태를 보며 분노가 치밀어 오른다. 국민들이 재벌에 대한 분노가 강한 것은 기부를 외면한 채, 부정직한 방법으로 후손들에게 대물림해주려는 것에 있다. '소득이 있는 곳에 세금이 있다'는 자본주의의 법을 무시하고 법망을 피해 부를 축적하고 상속세마저도 내지 않는 부자나 기업은 기필코 대한민국에서 사라져야 한다. 총수가 아닌 미국이나 유럽처럼 주주들에 의해 최고 경영자를 선택해야만 이러한 부조리가 줄어들고 투명하게 회사를 운영할 수 있다.

중심지역이라는 미드타운(Midtown)을 잠깐 들러보았지만 여느 중소도시처럼 깨끗하고 보수적인 색채가 강하다는 것만 느꼈을 뿐 특별한 것이 없었다. 공군 전략사령부가 있는 도시임에도 군에 관련된 색깔은 전혀 찾아볼 수 없었다. 오히려 인쇄와 출판업이 발달하고 학교가 많아 교육도시라는 이미지가 강하게 느껴졌다. 차에서 먹을 간식을 사려고 마켓에 들러 이것저것 살펴보았더니 세계 최대의 가축시장과 도축장이 있는 이곳의 쇠고기 가격은 어느 지역보다도 상당히 저렴하다는 것을 느꼈다. 역시 미국 최대의 밀 생산지답게 밀과 연관된 식품들도 타 지역보다는 싸다는 느낌을 받았다. 농업이 발달한 주라서 먹거리만큼은 미국 어느 지역보다도 싸다는 것을 실감했다. 오마하를 떠나 계속해서 샌프란시스코와 뉴욕으로 연결된 80번 도로를 타고 140마일 떨어진 아이오와 주의 디모인(Des Moines)에 도착했다. 이제 뉴욕까지는 1,100마일 남짓, 하루 반나절만 달리면 가족을 만날 수 있다는 기쁨이 가슴을 흔들고 있었다.

영화 〈매디슨 카운티의 다리〉와 서부영화의 대명사 존 웨인을 만나다

설레는 마음으로 디모인(Des Moines)에서 하룻밤을 보낸 후 다음날 새벽 5시에 숙소를 떠나 남서쪽으로 반 시간 정도의 거리인 윈터셋 카운티(Winterset County)의 한 지역을 찾았다. 1960년대에 있었던 실화로 나흘간의 꿈결 같은 사랑을 나누고 평생 그리워하며 산 두 중년 남녀의 사랑 이야기를 그린 드라마 영화 〈매디슨 카운티의 다리(The Bridges of Madison County)〉의 배경이 된 로즈먼 브리지(Roseman Bridge)를 보기 위해서이다.

내비게이션이 지시한 곳으로 포장도로를 벗어나 옥수수밭을 낀 비좁은 비포장도로로 들어갔다. 계속해서 뽀얀 먼지가 뒤따라오고, 5개의 지붕이 있는 다리 중 하나인 호그백 커버드 브리지(Hogback Covered Bridge)를 지나 10마일 정도를 따라 들어갔지만 어쩐 일인지 출발 때와 달리 그 장소는 내비게이션에서 사라지고 나타나지 않았다. 차를 정차해놓고 주위를 둘러보지만 다리가 있을만한 장소는 보이지 않았고, 로즈먼 브리지가 어디 있는지 물어보기 위해 멀리 곡물을 저장하는 사일

1884년에 지어진 호그백 커버드 브리지(Hogback Covered Bridge)

영화 〈매디슨 카운티의 다리(The Bridges of Madison County)〉의 배경이 된
로즈먼 브리지(Roseman Bridge)

로(Silo)가 보이는 곳까지 내달렸다. 예상대로 사일로가 서 있는 삼거리 길 건너엔 외딴 농가가 눈에 들어왔다. 이른 새벽이지만 이곳에서 350마일 떨어진 시카고의 트리니티(Trinity) 신학대학에서 친구 목사와 점심식사 약속이 되어있어 시간이 촉박했고 빨리 보고 떠나야 한다는 압박감 때문에 무례를 무릅쓰고 다짜고짜 문을 두드렸다. 60대 중년으로 보이는 백인 남자가 잠에서 덜 깬 부스스한 모습으로 나와 그 장소를 알려주었다. 그가 알려준 데로 3마일 정도를 달렸지만 역시 다리가 보이지 않았고, 때마침 거창한 흙먼지를 일으키며 빠른 속도로 달려오는 픽업트럭을 향해 손을 흔들어 세웠다. 가야 할 장소를 말했더니 20세 안쪽의 앳된 백인운전자가 그 방향으로 가고 있는 중이니 안내해주겠다며 따라오라고 했다.

2마일 정도 따라갔더니 오른쪽으로 나무덮개 다리인 로즈먼 브리지가 눈에 들어왔다. 차에서 내려 고맙다고 인사를 하면서 악수를 청했고, 그 청년은 응답조로 "1960년대에 실제로 있었던 사건을 영화로 제작했지만, 이곳은 그냥 영화 배경이 된 장소일 뿐, 이 지역에서 일어난 애정 사건은 절대 아니니 오해하지 마라. 자동차 번호판을 보니 뉴욕에서 온 것 같은데 마땅히 구경할 것은 없지만 좋은 시간을 가져라."는 말을 하고 서둘러 떠나버린다. 그가 말한 '절대'라는 말에 가정의 윤리를 중요시하는 농촌 사람들의 보수적인 생각을 느낄 수 있었고, 이 마을이 그들의 불륜 사실과 관계없는 촬영 장소일 뿐이라는 뜻을 강조하기 위해 사용한 단어였다는 것을 알 수 있었다.

클린트 이스트우드(Clint Eastwood)와 메릴 스트립(Meryl Streep)이

주연한 이 영화의 내용은 1965년, 나흘간 열리는 농업대회에 참가하기 위해 남편과 아이들이 집을 비우는 데서 시작된다. 여주인공인 프란체스카(메릴 스트립)가 혼자 집을 지키고 있는데 어느 날 갑자기 한 남자가 찾아와 길을 물으며 시작되는 사랑 이야기이다. 프란체스카와 마주한 그 남자는 내셔널지오그래픽(National Geographic)의 사진작가인 로버트 킨케이드(클린트 이스트우드). 그가 찾던 곳을 알려주기 위해 픽업트럭에 오르면서 관계가 깊어지기 시작한다. 아직은 보수적이었던 그 시대에 두 자녀의 엄마로서 가정에 얽매여 살아오던 프란체스카는 자존감을 불어넣는 로버트의 말에 감동을 하고 불륜의 유혹으로부터 벗어날 수 없는 일탈에 빠지는 내용이다. “서로 평생을 잊지 못할 4일간의 사랑, 어제의 사랑은 포기한 것이 아니라 잃어버린 거였고, 어제의 사랑은 잃어버린 것이 아니라 빼앗긴 거였다. 그리고 어제의 사랑은 빼앗긴 것이 아니라 묵인한 거였다.”는 한 영화 평론가의 짧은 네 문장의 논평이 떠오른다.

한 여자가 가정에 얽매여 매일 같이 반복되는 일상의 권태로부터 벗어나기 위해 발버둥 치지만 벗어날 수 없는 현실. 그리고 “애매함으로 둘러싸인 이 우주에서 진정으로 오는 사랑의 감정은 단 한 번이요, 몇 번을 다시 살더라도 그 감정은 다시는 오지 않을 것이다.”라는 말로 프란체스카를 유혹하며 같이 떠나기를 원하는 로버트 킨케이드. 뒤늦게 만나 살아온 삶을 돌아볼 수 있도록 만들어준 남자를 따라 도시에서 행복한 삶을 꾸리고 싶었지만 지금 이루고 있는 가정을 포기할 수 없다는 판단을 내리는 프란체스카. 사랑하는 사람을 떠나보내야만 하는 눈물 젖은 마음을 아는 듯 폭우가 내리는 날, 평생 후회를 안고 가야 할 아픈 사연을 선택한 한 가정주부의 모습을 담아낸 드라마 영화(Drama Film)다. 기대했던 삶과 현실이 다르다고 해서 불륜을 정당화하는 것 같은 느낌을 주는 영화 속 사랑 이야기가 이 시대엔 다반사가 되었다는 것에 씁쓸함을 지울 수가 없다.

결혼이란 분명 자신에 의해서 선택되어진 과거이다. 선택에 의해 가정이 꾸려졌기에 책임이 따르는 것이고, 남자든 여자든 그 가정을 지켜야 할 의무가 있다. 그렇다면 내 자존과 자유를 찾기 위해서라며 서슴없이 이루어지는 일탈의 행위, 그리고 부부결별이 과연 옳은 것일까. 살아온 환경이 다르고 남매도 아닌 남녀가 만나서 산다는 것은 무덤으로 갈 때까지 불협화음을 이루고 살 수밖에 없다. 살면서 불협화음이 없다는 것은 마치 동화에서나 나올 법한 허황된 망상에 불과하다. 요즘 이혼한 연예인들이 부끄러운 줄도 모르고 TV와 라디오 토크 쇼에 나와 자신의 이혼이 옳았다고 열변을 토하는 안타까운 모습이 자주 등장한다. 물론 우리가 알지 못하고 당사자들만이 아는 속사정이 있겠지만 헤어진 것이 자기 합리화나 변명이 되어서는 안 된다. '우리는 하나의 공동체이기에 서로를 아낌없이 배려해야 한다'는 것이 가정을 구성하고 유지하는 최소한의 조건임에도 불구하고, 요즘 부부들을 보면 '가정의 중심은 내가 되어야 한다'는 이기적이고 극단적인 관점과 행동 때문에 돌이킬 수 없는 상황으로 치닫고 있는 것이 아닐까. 작은 불편함에도 인내력이 부족해 서로가 갈등을 겪는 이 시대의 부부들. 그리고 자녀들을 출가시켜 놓고 이른바 황혼이혼을 하는 안타까운 현실을 보며 서한(西漢) 시대의 가난한 서생이었던 왕장(王章)에 대한 '우의대읍(牛衣對泣, 부부가 고생을 같이 겪는다는 뜻)'이라는 고사성어가 불현듯 떠오른다.

"사랑하기에 이별은 아픈 것이 아니라, 누구도 사랑하려고 노력하지 않았고 사랑하고 싶지 않았기에 이별은 아플 수밖에 없는 것이다."라는 누군가의 말을 떠올려 본다. 현실에 대한 식견이나 상황판단이 부족해서 내뱉는 망발이라고 생각할지도 모르지만, 원인이 있으니 결과가 있듯이 따지고 보면 내 자신이 문제가 많아서 별거나 이별이라는 결과가 나타나는 것이다. 작은 미들(Middle) 강 위에 세워진 로즈먼 브리지는 마차가 사용되던 시절인 1883년에 지어진 것이고, 겨울이면 폭설과 혹독한 추위에 싸워야 하는 곳이기에 이곳을 지나는 사람들이 추위에 떨지 않도록 대피 장소로 활용하기 위해 다리에 나무덮개를 씌웠다고 한다. 외지인들의 발길이 없었던 곳이었지만 영화 촬영 이후 이 덮개 다리를 보려고 오는 사람들이 늘어나 몇 년 전 윈터셋 카운티(Winterset County)의 주도로 낡은 부분을 뜯어내고 새로이 보수단장을 했다고 한다. 겉면과 내부를 자세히 살펴보았지만 그다지 특별한 것은 없었고, 눈에 띄는 것은 다리 내부에 적혀 있는 수많은 낙서였다. 일본어와 불어, 그리고 스페인어와 관광객인지 미국에 사는 동포인지는 모르지만 몇 마디 깨알 같은 한글도 눈에 띄었다.

잠깐 동안 머물며 주위를 살펴본 후, 곧바로 12마일쯤 달려 서부영화의 영원한 아이콘이며 정치적 수구보수주의자들이 가장 미국적인 사람으로 인정하고 있는 존 웨인(John Wayne)의 고향 윈터셋(Winterset)

시내에 들러 그의 생가를 찾아보았다. 본명이 마틴 로버트 모리슨(Marion Robert Morrison)인 존 웨인의 생가를 찾았던 이유는 내 머릿속에 타협 없는 극우파에다 평생 애국심을 내세우며 살아온 사람으로 인식되어 있기 때문이며, 그가 이 마을에서 어떤 영향을 받고 자랐으며 주위 사람들의 분위기가 어떤지 알고 싶어서였다. 존 웨인은 선량한 사람들을 궁지에 몰아넣은 매카시즘(Mccarthyism)의 철저한 옹호자였기 때문에 나에겐 그에 대한 이미지가 그다지 좋게 기억되는 사람은 아니다.

우리가 알다시피 매카시(Mccarthy)는 위스콘신 주 출신의 공화당 상원의원의 이름이며, 매카시즘이란 반공산주의를 기치로 보수성향이 강한 집단에서 정치적, 사상적인 반대자나 그들과 다른 진보적인 집단을 매도하고 처벌하려고 사용하는 용어이다. 그리고 매카시즘에는 처벌을 통해 보수집단이 헤게모니의 기반을 장악하고자 하는 악한 의도가 담겨있다는 것을 누구나 알고 있다. 대한민국에서도 해방 직후의 이승만 독재정권에 대항하여 민주와 민족통일을 외치던 인사나 언론, 반민특위 같은 민족정기를 찾고자 했던 집단들을 공권력으로 와해시키고 사법부를 이용해 그들을 죽음으로 몰고 간 반역사적인 사건들이 있다. 또한 악랄했던 유신과 신군부 시절뿐 아니라 최근에는 수구보수정권에서 시행된 일명 '문화계 블랙리스트'같은 사건이 매카시즘에 근거를 두고 있다. 심지어는 매카시즘에 젖어 있는 국가 정보원과 공안검사들에 의해 무고한 사람들이 날조와 조작으로 내란 선동이나 간첩이라는 오명으로 억울한 옥살이를 했고, 아무 상관없는 가족이나 친척까지도 연좌제에 매여 사회진출을 억제했던 반인륜적인 통제는 마치 1950년대 미국의 매카시즘이 판을 치던 시대와 흡사하다. 20여 년 전에는 반공 히스테릭에 걸려있던 극우 신부이며 총장이었던 사람이 근거도 없이 불을 지핀 주사파(주체사상) 논란과 이를 옹호하던 유명 소설가의 '홍위병(紅衛兵, Red Guards)' 사건도 있었다.

개인에게도 침투해 인간의 존엄이 상실되어버린 이런 비극적인 한국과 미국의 현대사를 보면서 보수주의의 상징 인물인 그의 생가와 몇 블록 되지도 않는 거리를 관심 있게 둘러보았다. 역시 소문대로 분위기는 한국의 농촌처럼 보수적 이미지로 가득 메워져 있었고, 사람이 거주하고 있어도 생기가 없는 삭막한 분위기에 '의심나면 다시 보고 수상하면 신고하자'는 초, 중학교 시절 이곳저곳 나붙었던 현수막이나 벽보가 떠올랐다. 주민들의 표정뿐 아니라 생동감이 없는 거리의 분위기에 실망감을 감추지 못하고 서둘러 차에 올랐다. 그리고 개운치 않은 맛에 차 안에서 윈터셋 지역의 환경과 분위기를 다시 한번 더듬어 보았다.

중부나 남부 주들은 인종분포도에서 백인 비율이 상당히 높은 편이지만 가계소득이나 교육, 문화 혜택이 뒤떨어진 건조(乾)한 지역으로, 이에 반해 유색인종과 백인들의 비율이 엇비슷한 동부와 서부 주들은 가계소득과 교육, 문화적인 혜택이 풍부한 물(水)의 지역으로 연관시켜 보았다. 그리고 경솔하게 이 지역의 환경을 이해하려 들지 않고 박차고 차에 올라섰던 나 자신의 옹졸함을 후회하며 마름(乾)과 물(水)은 대조적이지만 서로 공존해야만 환경의 조화가 이루어질 수 있는 것이라고 유추해보았다. 부유하지도 않은 보수적 농촌가정에서 태어난 존 웨인의 사상과 생가 앞에 세워진 그의 동상은 한 눈에 보기에도 백인 우월주의를 상징하듯이 오만과 편견의 풍취가 강하게 흐르고 있었다. 원주민인 인디언을 말살하는 서부영화가 대부분이었던 그의 생전의 모습이 떠오르고, 미국 정부의 인디언 말살정책에 대해서도 적극적으로 옹호했던 그의 과오를 본다. 그리고 인간의 존엄과 평등을 이해할 줄 모르는 그의 사고나 생활방식에 많은 유색인종들이 치유할 수 없는 상처를 가지고 살아갔다는 생각에 분노와 서글픔이 밀려온다. 인간이라는 본질을 보지 못하고 피부색을 더 사랑했던 존 웨인.

애연가였던 존 웨인은 1951년부터 97차례나 핵실험을 한 유타와 애리조나 네바다 사막에서 〈정복자(征服者, The Conqueror)〉라는 영화를 촬영했고, 그곳에 만연한 방사능 때문에 폐암을 앓다가 위와 장까지 암세포가 전이되었던 사실이 있었다. 역시 이 영화에 같이 출연했던 여배우인 수잔 헤이우드(Susan Hayward)도 자궁암과 유방암으로, 그리고 이 영화의 엑스트라로 참여했던 소수부족 시브위트 족도 암과 백혈병을 앓다가 몇 년 후 완전 멸족을 당했다. CIA 보고서에 의하면 수백 명에 달하는 제작진의 95퍼센트가 5년을 넘기지 못하고 암으로 사망했다. 이유는 방사능으로 오염된 지역에서 그들을 대상으로 인체실험을 시행했기 때문이라는 사실이 뒤늦게 밝혀진다. 영화를 찍자마자 폐암에 걸린 존 웨인은 이 사실을 간파했고 방사능에 오염된 지역인 줄 알면서 영화 제작진들을 사막으로 몰아넣은 정부에게 책임을 물었다. 존 웨인은 결국 수십 번의 수술로 20년 넘게 생명을 연장했고, 현재 상태

존 웨인(John Wayne)의 생가와 그의 동상

로 냉동하되 암 치료가 가능한 시기에 자신을 소생시켜줘야 한다는 제안을 연방정부에 강력하게 요구했다. 서로 줄다리기를 하다 존 웨인의 폭로가 두려웠던 연방정부는 그의 요청을 받아들였다. 임종이 가까워져 오기 전인 1979년 모든 장기를 들어낸 채로 국방성 지하벙커에 있는 냉동기기 안에 보관되어 있다. 미국 영화계의 거목이었음에도 장례식이 치러지지 않은 것은 그가 임종한 것이 아니고 살아생전에 냉동인간이 되었기 때문이다. 그가 영화계에 입문한 뒤, 영화 산업에 열정을 쏟았던 보수정권에 기대어 인기를 누리며 호가호위(狐假虎威) 했지만 그들이 저질러놓은 비인간적인 과학문명에 엄청난 고통을 받으며 식물인간이 되어야만 했던 그의 행적을 더듬어 본다. 인류역사나 시대의 영웅은 백인종이 되어야지 유색인종이 될 수 없다는 사고를 가졌던 존 웨인은 "나는 인디언들에게서 이 위대한 나라를 빼앗은 것이 잘못이라고 생각하지 않는다. 수많은 백인들이 새 영토를 필요로 할 때, 이기적인 인디언들은 이 땅을 내놓지 않으려 했다."는 반역사적이며 비평화적이고 인종차별적인 말을 했다. 유색인종이나 약자들에 대한 배려도 없이 한평생을 백인우월주의자로 살았던 극우보수주의자 존 웨인. 사회에 대한 자기 책임과 희생, 약자에 대한 도덕성이나 연민도 없이 살았던 존 웨인이 실패한 가짜 보수주의자의 상징으로 내 머릿속에 남아있는 것은 진정한 보수주의 사상을 제대로 정립시키지 못하고 마치 어릴 적부터 반공교육을 받고 의식화되어버린 일부 한국의 기성세대처럼, 매카시즘의 전위병이 되어 보수주의자가 가져야 할 원칙을 저버리고 반대자들을 희생과 고통 속으로 몰고 갔기 때문이다.

역사는 지금도 그를 심판하고 있다는 생각을 하며 곧바로 350마일 정도의 거리에 있는 일리노이(Illinois) 주의 시카고를 향해 떠난다. 같은 문학회원이며 절친한 동료가 대륙횡단에 수고가 많았다는 위로와 더불어 특별히 베풀어주는 오찬을 함께 하기 위해서이다. 지금까지 달리던 한가한 주들과 달리 시카고가 가까워 갈수록 차들이 증가하고 생각보다 두 시간 정도 늦게 만날 장소인 시카고의 트리니티(Trinity) 신학대학에 도착했다. 친구는 1980년대 초에 선교의 본토인 미국에 파송되었다. 외모처럼 맑은 영혼에 성품도 온화하고 내가 배우고 본받아야 할 점이 많은 친구이다. 파송된 이후 줄곧 위스콘신(Wisconsin) 주의 매디슨(Madison)에 소재한 위스콘신 대학교(Wisconsin State University)에서 학생들을 대상으로 선교를 하고 있다. 지난해 8월 펜실베니아(Pennsylvania)의 피츠버그(Pittsburgh)에서 만난 이후 9개월이 지났지만 마치 어제 만난 것처럼 느껴진다. 짧은 시간이 너무 아쉽지만, 올해 안에 다시 만나자고 약속을 하며 어두워질 녘에 그의 곁을 떠났다. 성글게 뜬 별이 드리운 밤하늘을 보며 달리고, 대학 동기가 사는 미시간(Michigan) 주의 앤아버(Ann Arbor)에 도착해 하루를 머물렀다. 학창시절이나 30여 년이 지난 지금이나 솔직담백한 성격이 마음에 드는 동기이다. 대화 중에 느지막한 나이에 이민을 와 쉬는 날도 없이 열심히 살아가는 동기의 모습에서 내가 어떻게 살아가야 할지 느껴본다. 그리고 조국에 대한 향수에 밤이 깊어가는 줄도 모르고 새벽이슬이 내릴 때까지 서로 지줄댄다. 3시간 정도 눈을 붙인 후, 동기 가족이 새벽잠을 설치지 않도록 살짝 밖으로 나와 차에 올라선다.

그리던 뉴욕으로 향하다

여행의 잔재를 한 꺼풀씩 벗겨내고 가족이 있는 곳으로 돌아가는 시간이다. 뉴욕까지 남은 거리는 630마일이면 충분하다. 그리고 오후가 되면 대륙횡단 내내 그리워하던 가족을 만난다. 나에게 항상 안식처를 제공해주는 가정과 가족의 소중함을 깨닫는다. 몸 군데군데 물집이 생기고 교대하며 운전할 사람이 없이 혼자 해결하느라 심적으로 많이 힘들었지만 이곳을 정점으로 9,400마일(15,000킬로미터)이 넘는 긴 여정을 별 탈 없이 마무리한다는 생각에 마음은 행복하다. 오하이오 주의 영스타운(Youngstown)을 막 벗어나 애팔래치아(Appalachia) 산맥이 낀 펜실베이니아 주의 한 산골에 들어서자마자 강한 바람과 뒤섞여 함박눈이 내린다.

5월에 내리는 눈은 감동적이다 못해 온 가슴이 싸하다. 자작나무 가지 위에 앉아있는 눈을 보며 인생이란 녹아 사라지는 눈과 같다는 생각에 잠시 '인생이란 무엇이며 어떻게 살아가야 하는가?'라는 질문에 빠져든다. 내가 사용할 수 있는 시간이란 살아온 것보다 훨씬 짧은데 앞으로 어떤 모습으로 어떻게 살아가는 것이 후회 없고 행복한 삶이 될 수 있는가를 생각해 보며, 세상 것에 얽매이지 않고 마음을 비워 이웃과 더불어 살면 그보다 더 행복하고 값진 삶은 없을 것이기에 다시 시작해보자고 결심을 한다.

몇 시간만 더 달리면 가족이 기다리는 뉴욕에 도달한다는 계산에 점점 마음에 여유가 생긴다. 예상치 못하게 사막에서의 폭염과 모래폭풍(Sandstorm), 그리고 5월답지 않게 영하로 내려간 산맥에서 만난 한설(寒雪)과 서리, 대평원에서 만난 운무와 해안가에서 만난 폭풍우 등 어려운 여정이었지만 중단하지 않고 나가면 더 아름다운 것을 볼 것이라는 희망을 가지고 달렸던 여행이다. 이 여행처럼 살아간다는 것은 고난과 역경이라는 갖가지 어려움에 부딪히지만 아름다운 미래를 맞이하기 위해 그 고난과 고독을 헤치며 나가는 것이다.

나 홀로 길을 가네.
돌이 많은 길은 안개 속에서 반짝인다.
밤은 고요하고 황야는 신의 음성에 귀 기울인다.
별은 다른 별에게 소곤거리고 있다.
하늘에서는 모든 것이 장엄하고 놀랍다!
대지는 맑고 푸른빛 안에서 잠들어 있다.
나를 힘들게 하고 고통스럽게 하는 것은 무엇인가?
나는 어떤 것을 기다리고 있는가?
후회할 만한 일이 있던가?

나는 이미 삶에서 어떤 기대도 하지 않게 되었다.
그리고 과거의 일에서 어떤 후회도 없다.
나는 자유와 평화를 갈구하고 있다.
모든 것을 잊고 잠들고 싶다.
– 마하일 레르몬토프(Mikhail Lermontov), 〈나 홀로 길을 가네〉

산다는 것 자체가 힘든 것이기에 인생이란 여행을 아름답게 마치기 위해서는 자신에 대한 신뢰를 가지고 꾸준히 노력하며 살아가야만 한다. 삶이란 억지로 꾸려가는 것이 아니요 물 흐르듯이 자연스럽게, 그러면서도 삶을 아름답게 꾸며가겠다는 의지를 가지고 실행하며 사는 것이 참다운 인생이라는 것을 이번 여행에서 깨달았다. 살아가면서 부딪치는 고난과 역경의 대부분은 주어진 현실의 상황을 인위적으로 바꾸려는 것에 기인하기에 어려움이 계속해서 반복된다. 반복되는 고난을 동반하여 살아가는 것이 인생이지만 이것을 인정하고 억지로가 아닌 순응하며 살아갈 때, 그물에 걸리지 않는 물이나 바람처럼 인위라는 덫에 걸리지 않고 평생을 자유인으로 살아갈 수 있을 것이다. 마치 짧은 시간에 더 많이 보겠다고 여러 군데 여행을 하고 싶어 한다면 무언가에 얽매이는 것과 같이, 오염된 세상에 얽매이지 않고 마음을 비워 먼저 가정과 이웃에 관심을 두고 살아간다면 진정한 자유인이며 이보다 행복한 일은 없을 것이다. 이번 여행은 순간적인 위안을 얻고자 부질없이 이곳저곳 바쁘게 다녔던 어느 여행보다도 내 자신을 돌아보게 하는 귀한 시간이었고, 자연과 나는 하나이며 그 자연에 순응하며 살아가는 것이 인간의 자세이고 도리라는 것을 깨달은 시간이었다.

80번 도로가 끝나는 뉴저지(New Jersey)의 포트리(Fort Lee)에 들어서자 휘황찬란한 차림새를 한 맨해튼(Manhattan)의 야경이 눈에 들어오고, 한동안 자연 속에 머물다 요란한 인위의 세계로 돌아가 이전처럼 비칠거리며 생활해야만 한다는 생각에 이래저래 심란하지만, 그래도 나를 항상 따뜻하게 맞아주고 위로해주는 가족이 있다는 것에 만족을 느끼며 조지 워싱턴 브리지(George Washington Bridge) 위를 달린다. 허드슨(Hudson) 강줄기를 따라 불어오는 거센 바람이 다리 위를 스쳐 지나가고, 다리를 넘어온 길거리의 가로수들이 이리저리 흔들거린다. 흔들리는 것은 살아있기에 내 마음도 어김없이 흔들리고, 이제 20분만 더 달리면 가족을 볼 수 있다는 기쁨이 물속에 풀어놓은 물감처럼 머릿속에 퍼지고 있었다. 몇 분 후면 집에 도착한다고 아내에게 전화를 했고, 집 문 앞에서 아내와 아이들이 서로 다정스레 이야기를 주고받으며 나를 기다리고 있었다.

긴 여정을 끝내고 차에서 내리자마자 반갑게 나를 안아주는 아이들을 보며 세상을 살아가면서 내 가정만큼 소중한 건 없다는 것을 깨닫는 행복한 순간이다. 그래서 영국의 부유한 은행가 출신의 하원의원이었던 존 러벅(John Lubbock)의 "사랑이 없는 가정은 성곽이나 궁전일지 모르나 '가정'만은 아니다. 사랑은 참된 '가정'의 생명이다. 혼이 없는 신체가 사람이 아니듯이 사랑 없는 '가정'은 결코 '가정'이 될 수 없다."라는 말이 떠올랐다. 가정이란 사랑과 희망을 심어주고 구성원 간의 상호 신뢰로 이루어지는 창조적인 공동체이며, 한 사회의 진실한 토

브루클린 브리지(Brooklyn Bridge)

대라는 것으로 해석해 본다. 행복을 예금하거나 인출하는 곳도 아닌 그저 주기 위해 이루어진 공동체이고, 서로의 인격을 존중함으로써 이루어지는 것이 가정이 아닌가. 아내는 내가 가장 좋아하는 초밥과 모둠회를 준비해놓았고, 식탁에서는 3주 동안 있었던 여행에 대한 소감이 주를 이룬다.

불현듯 내가 여행 중에 만났던 신비한 풍경처럼, 과거와 현재라는 제한된 시간을 떠나 내가 만나는 사람 하나하나가 다 아름다운 자연이었다는 생각을 해본다. 매 순간 사람을 사랑하지 못하고 간과하거나 홀대했다는 생각에 가슴이 아프고, 이제는 숭고한 자연을 대하듯 만나는 사람마다 사랑하고 존중하는 마음으로 대하겠다고 다짐해본다. "집에 돌아와서 자신의 오래되고 익숙한 베개에 기대기 전까지 아무도 그 여행이 얼마나 아름다웠는지 깨닫지 못한다."는 어느 여행가의 말이 떠오르고, 여행 중독자인 나 자신은 다음 휴가 때 찾아갈 여행지를 어느새 머릿속에서 그려본다. 피곤한 몸은 어둠 속을 향해 달려가고 이내 깊은 잠 속으로 빠져들어 간다. 잠 속에 빠져드는 순간, 바삐 살지 않는 자는 바삐 죽는다는 말을 머릿속에 남겨본다.

3부

두 번째 대륙횡단

두 번째 대륙 여행을 시작하다

나에게 있어서 여행이란 잠시나마 화려하지만 요란하고 고독한 도시 생활에서 벗어나 마주하는 자연을 통해 내가 누구인지 알고자 하는 것, 그리고 끝없이 방황하고 고뇌하는 영혼의 쉼을 통해 인간의 참모습을 찾고자 함이다. 2주간이라는 한정된 짧은 여행이지만 그 시간만은 자연에 빠져들어 그 속에서 사색을 하고, 그 사색 속에서 남아있는 인생의 여백을 아름답게 채우는 것이 무엇인지 찾아내는 것이다. 결국 여행이란 거리나 시간에 상관없이 이미 자신의 곁을 지나 아득히 멀어져 버린 시간을 거슬러 올라가 되돌아보는 일이며, 빛의 분산이나 굴절을 통해 다양한 빛의 스펙트럼을 보여주는 프리즘처럼 끊임없는 고뇌와 고민, 자성(自省)을 통해 스스로를 인간 세계와 자연 속에서 여러 모습으로 자신이 누구인지 비추어 보는 것이다. 자신의 욕구를 충족시키기 위한 무의미한 여행이나 말초신경을 만족시키기 위한 호사스런 여행, 혹은 주위 사람들에게 과시하기 위한 것이 아니라 비록 남루하게 보일지라도 인생을 다시 새롭게 시작할 수 있는 기회로 만들면 좋겠다는 목적으로 여정을 시작한다면 그 과정을 통해서 자신의 삶이 긍정적인 모습으로 변모해 갈 수 있다는 것을 기대해도 좋을 것이다.

다른 공간으로 자신의 몸을 옮기는 것으로 만족하는 것이 아니라, 삶의 가치와 이상이라는 목적을 실현하기 위해 여행을 시작한다는 것만큼 중요한 것은 없다고 생각하기에 작년에 이어 올해도 서부 쪽에서 여행을 시작한다. 지난해 자동차로 미 대륙횡단을 통해 깨달았던 것을 상기하며, 이번 여행도 많은 것을 느끼고 배우며 깨닫고 해답을 찾아서 더 아름답게 살 수 있는 시간이 되기를 원하며 설레는 마음으로 샌프란시스코를 향하는 비행기에 몸을 실었다. 비행기가 라과디아(La Guardia) 공항의 활주로를 벗어나 이륙하기 직전, 일본 문학인의 한 글귀가 떠올랐다.

그렇다. 나는 어느 날 문득 긴 여행을 떠나고 싶어졌던 것이다. 그것은 여행을 떠날 이유로는 이상적인 것이었다고 생각된다. 간단하면서도 충분한 설득력이 있다. 그리고 어떤 일도 일반화하지 않았다. 어느 날 아침 눈을 뜨고 귀를 기울여 들어보니 어디선가 멀리서 북소리가 들려왔다. 아득히 먼 곳에서, 아득히 먼 시간 속에서 그 북소리는 울려왔다. 아주 가냘프게. 그리고 그 소리를 듣고 있는 동안, 나는 왠지 긴 여행을 떠나야만 할 것 같은 생각이 들었다.

- 무라카미 하루키, 《먼 북소리》

머릿속에서 지울 수 없는 막연한 그리움을 담고 덴버(Denver)를

잔설이 보이는 시에라 네바다(Sierra Nevada) 산맥

거쳐 샌프란시스코(San Francisco) 공항에 도착한 시간은 새벽 1시가 넘어갔다. 이미 한 달 전에 호텔을 예약해 놓았지만 뉴욕에서 출발하기 며칠 전 이곳에 사는 선배께서 호텔을 취소하고 자기 집으로 오라고 연락을 했다. 선배의 말을 거절할 수 없어 응했고, 그곳에 도착해서 한나절을 지냈다. 그날 아침, 미명에 일어나 선배와 인생살이에 대해 이런 저런 이야기를 나누고 일정에 따라 곧바로 시에라 네바다(Sierra Nevada) 산맥 안에 있는 요세미티 국립공원(Yosemite National Park)으로 출발했다. 해수면(Sea Level)에서 3,000미터가 넘는 산등성이에는 잔설이 눈에 띄었고, 반쯤 열린 차창으로 쏟아져 들어오는 바람에 체감온도가 상당히 빠르게 떨어지는 느낌을 받았다. 지구 온난화 때문인지 덥고 건조한 사막지형답지 않게 올겨울 여러 차례 내린 폭설과 초봄에는 홍수에 가까운 많은 양의 비가 내려서 들판과 산에는 제법 푸릇푸릇한 풀들이 눈

요세미티(Yosemite) 공원 입구의 자연재해로 쓰러진 나무들

에 띄었다. 사뭇 다른 기후환경 속에서 시작하는 서부여행이지만 작년이나 올해나 이곳 서부여행에 대한 호기심은 대체로 비슷했다. 샌프란시스코에서 쉬지 않고 남동쪽으로 5시간을 달려 도착한 요세미티 국립공원.

공원으로 올라가는 도로 옆으로는 잔설이 치워지지 않았고, 최근 여러 차례 쏟아진 폭우를 이기지 못한 거목들이 여기저기 쓰러져 있었다. 그리고 평균치보다 몇 배나 많은 벼락이 떨어져서 산기슭과 비탈에는 검게 그을린 채 잘려나간 나무기둥들이 뒤엉겨 누워 있었고, 그

위에 또 다른 나무들이 포개져 있었다. 고도가 높아질수록 싸늘한 공기가 더해지고 어렵게 도착한 공원 매표소엔 아리따운 젊은 여자 공무원이 있었다. 그녀로부터 요세미티가 국립공원으로 지정된 이래 겪어보지 못한 초유의 홍수에 나무다리가 유실되어 깊이 들어갈 수 없고, 이곳 매표소에서부터 1.5마일까지만 한정되어 있는 3시간짜리 트레킹 코스만 가능하다고 말한다. 먼 길을 찾아왔지만 아름다운 요세미티 공원을 볼 수 없다는 아쉬움에 질문을 계속해서 늘어놓고, 여직원 역시 공원 전체를 구경하기 위해서는 다리가 재건되어야 하는데 완전 개통은 3개월 후인 7월 말이나 되어야 가능하다는 실망스런 대답만 반복적으로 장구하게 늘어놓는다. 1박 2일을 정하고 이곳을 찾아왔지만 아쉽게도 3시간 코스인 트레킹만 해야 했다. 트레킹이 끝난 뒤, 방문할 수 없는 곳을 대비해 이미 세워놓은 계획을 진행하기로 결정하고 곧바로 차를 몰고 프레즈노(Fresno)로 달렸다.

라스베이거스를 거쳐 앤텔로프 캐니언을 가다

누가 "독서는 앉아서 하는 여행이고 여행은 걸어 다니는 독서이다."라고 말을 했던가. 부지런히 발품을 팔며 하는 공부가 여행이다. 집을 떠나면 고생이지만 계획도 없이 떠나거나, 세상을 더 알고 싶어 하는 호기심이나 자신이 누구인지 찾고자 하는 의지가 없는 사람은 'Travel(여행)'의 어원과 같이 고통과 고난을 감수하게 된다. 계획이 틀어져 목적지에서 시간을 보낼 수 없을 때를 대비해 6개월 전부터 짜놓은 계획에 따라 다음 목적지로 지체 없이 갈 수 있다는 것에 안도감을 느끼고, 편안한 마음으로 프레즈노(Fresno)에서 하룻밤을 보냈다.

다음날 라스베이거스(Las Vegas)로 향했다. 베이커스필드(Bakersfield)를 넘어선지 얼마 되지 않아 캘리포니아(California) 주와 네바다(Nevada) 주에 걸쳐 있는 데스 밸리 국립공원(Death Valley National Park)을 만났다. 정보를 얻기 위해 방문자센터에 들어가 안내책자를 꺼내들었다. 읽어보니 남북의 길이가 225킬로미터이고 면적은 전라남도보다 더 넓었다. 그리고 최저 지면은 해수면보다 86미터나 낮았고, 최고 해발고도는 3,368미터이며 기록된 최고 기온은 섭씨 57도였다는 소개도 보였다. 활활 타오르는 불볕에 생물을 말려 죽일 수 있을 정도의 고온이 마음에 걸리기는 했지만, 어차피 이곳을 방문하기로 계획을 했기에 걱정해봐야 소용없는 일이라는 생각을 하고 마음을 추슬러 많은 곳 중에 어느 곳을 가야 할지 눈어림으로 몇 군데를 미리 정한 뒤 다시 라스베이거스로 향했다.

해 질 무렵에 도착해 이곳에서 목회를 하는 지인을 만나 식사를 한 후, 전설 속에 등장하는 아서(Arthur) 왕의 카멜롯(Camelot) 성을 형상화했다는 엑스칼리버(Excalibur) 호텔에 들어가 하룻밤을 보냈다. 샌프란시스코(San Francisco)에 도착해 다음 날 프레즈노, 그리고 이곳에 도착할 동안 4~5시간 씩 밖에 수면을 취하지 못해서 보통 때보다 몸이 무거웠다. 3일째 되던 날 새벽, 지난밤에 일정에 맞춰야 한다는 의지를 가지고 잠자리에 들었고 평소보다 강한 정신력으로 무거운 눈꺼풀을 띄웠다. 눈을 뜨자마자 일정을 다시 한번 생각해 보다가 계획을 바꿔 데스 밸리가 아닌 주목적지가 몰려있는 유타(Utah)와 네바다(Nevada), 애리조나(Arizona)로 내려가 먼저 돌아본 뒤, 샌프란시스코 쪽으로 올라오면서 데스 밸리를 방문하는 것이 나을 것 같다는 결정을 했다.

지름길을 선택했음에도 불구하고 목적지까지는 300마일을 달려야 하기에 아침 식사도 거른 채 라스베이거스를 서둘러 떠났다. 작년에 찾았던 자이언 캐니언(Zion Canyon)을 거쳐서 애리조나(Arizona)의 페이지(Page)에 있는 앤텔로프 캐니언(Antelope Canyon)으로 가속 페달을 밟았다. 사막지형인 앤텔로프 캐니언에 가까워 올수록 덥고 건조한 바람

앤텔로프 캐니언(Antelope Canyon) 입구

은 더욱 많은 모래 먼지를 일으키고 있었다. 미세한 모래가 땀으로 끈적끈적해진 맨살에 달라붙어 기분은 별로 상쾌하지 않았다. 왜바람처럼 갈피를 못 잡고 이리저리 부는 바람을 맞으며 앤텔로프 캐니언 어퍼(Antelope Canyon Upper)에 가까이 왔을 때는 가는 모래가 콧속뿐 아니라 머리카락 사이사이에도 박혀있고, 재킷에 딸린 후드 안에도 한 움큼 정도 들어차 있었다. 도착한 앤텔로프 캐니언은 로워(Lower)와 어퍼(Upper)의 입구가 다른 방향에 있었고 로워 캐니언(Lower Canyon)보다는 어퍼 캐니언(Upper Canyon)이 더 볼만하다는 입소문을 기억하고 있었던 터라 지체 없이 어퍼 캐니언을 선택했다. 가장 아름다운 모습을 볼 수 있다는 시간대인 정오에는 나바호 인디언 보호 기부금을 포함한 입장료가 로워 캐니언보다 어퍼 캐니언이 거의 배가 비쌌다. 앤텔로프 캐니언은 개방된 지가 10년 정도밖에 안 되어 대중들에게 많이 알려지지 않았고, 서부와 중부가 만나는 오지(Outback)라서 인파로 북적이는 서부쪽의 캐니언이나 국립공원보다 관광객들의 모습은 현저히 적었다. 전기가 들어오지 않는 곳이라 신용카드로 입장료를 지불할 때는 신용카드 단말기 같은 전산기기가 없어 매표원들이 갖고 있는 안드로이드폰으로 결제를 해야 했다. 이색적인 것은 모래바람이 날리는 황량한 들판에 책상 하나만 덩그러니 놓인 것이 매표소였다.

매표소 앞 의자에 몇 되지 않는 관광객들과 섞여서 내가 타고 갈 밴(Van)을 30분 정도 기다렸다. 번호표대로 10명의 관광객이 한 조가 되어 나바호 원주민 가이드의 지시에 따라 트럭처럼 개조된 밴(Van)에 올라탔다. 한 팀이 된 사람들을 살펴보니 나를 제외한 모두가 미국계 백인(American White)이었고, 내 건너편 좌석에는 70세 초반쯤으로 보이는 코믹한 표정의 노인이 아내와 함께 자리에 앉아있었다. 처음 보는 사람에겐 매너뿐 아니라 개인의 사생활도 조심스러워 하는 일반 백인들의 모습하고는 전혀 다른 모습으로 이 노인은 착석하자마자 아내 얼굴에 대고 대소를 하며 "쿠션이 없는 나무의자라 뱃속이 뒤죽박죽되겠군."이라며 스스럼없이 찰진 말을 뿜어낸다. 노인은 같이 있는 사람들하고 친근해지기 위해 나에게 먼저 눈을 맞추며 워싱턴 주의 시애틀에서 왔다고 자기소개를 하고 상체를 약간 내밀며 어디서 왔냐고 넌지시 물어온다. 한국계 미국인(Korean American)으로 뉴욕에서 왔다고 대답해주었다. 이어 조금 높은 목소리로 내 옆자리의 젊은 커플에게 이곳이 처음이냐고 물어본다. 젊은 커플은 그렇다고 대답을 하고, 자기는 애리조나의 페이지 방문은 두 번째인데 처음 방문은 아내와 같이 고등학교에 다니던 50여 년 전이고, 인생 말년에 접어드는 지금은 너무 아쉽게 넘어간 그 시절의 추억을 더듬기 위해서 다시 왔다고 말을 한다. 부연으로 그 당시엔 앤텔로프 캐니언이 이곳에 있다는 것이 알려지지도 않았고, 누구에게도 전혀 들어보지 못했다고 말한다. 우리 팀을 태운 밴은 급히 속도를 올렸고, 수사자의 갈기 같이 보이는 황토색 모래 먼지는 계속해서 으르렁거리며 따라왔다. 노인의 말은 계속해서 이어지며 학생 때는 교육차 선생님을 따라 급우들과 함께 이곳으로 수학여행을 왔다고 한다. 무수한 세월이 지난 지금은 캠퍼(Camper)가 되어 이곳저곳 떠돌다가 플로리다 주에 머무를 때 아내와 첫사랑을 주고받던 추억이 떠올라 거의 3,000마일을 달려 이곳 페이지를 다시 찾게 되었다고 한다.

갈수록 치아에 눌어붙는 생강엿처럼 찰진 말에 아득히 먼 곳에 두고 온 내 젊은 시절이 떠오르고, 더불어 여행이란 자연과 만남도 중요하지만 사람들과의 대화를 통해서 상대인 사람들을 알아가고 인생을 배워간다는 것을 이 노인을 통해 깨닫고 있었다. 인생을 정리해 가야 하는 시점에서 이곳저곳 추억이 깃든 장소들을 여유를 가지고 다시 찾아본다는 이 노인의 농담 반 진담 반 뒤섞인 말에 팔랑대며 제자리에서만 돌고 도는 바람개비처럼, 내 인생도 죽음을 곁에 두고 돌고 돌다 지금 이 자리에 왔다는 것으로 받아들여졌다. 화려했던 시절은 지나고 시들어갈 일만 남았을지라도 움츠리며 추하게 떨어지는 꽃이 아니라 새롭게 피는 꽃이고 싶다. 삶과 함께 걷는 죽음이 얼마 남지 않았다고 인지한 지금, 흙으로 돌아간다는 것을 이해할 수 없다고 거부하거나 부정하기보다는 잔여(殘餘) 시간만이라도 자연의 흐름에 순응하며 살아가는 삶이 가장 인간다운 모습이라고 되뇌어 봤다. 지금 달리고 있는 땅이 황량한 사막이 되기까지 누구도 알 수도 이해할 수도 없는 고된 세월을 보냈으리라. 인고의 세월 뒤에 마침내 더위도 갈증도 이겨내는 사막이라는 땅을 만들어냈듯이, 인생이란 흙으로 돌아갈 때까지 울고, 웃고, 모진 일들을 겪으며 고민과 고뇌 속에서 거친 숨을 몰아쉬며 완성하는 것이 아닌가. 그러면서도 한정된 세월에 생은 점점 침식되어 가고 뼛속까지 저리도록 슬프고 아프지만 그것이 인생이기에 자연이 원하는 그대로를 받아들이며 살아가야 한다. 인생의 언저리에서 나오는 한 노인의 이야기를 경청하다 보니 금세 시간이 가고, 15분 정도 달려 도착한 어퍼 캐니언(Upper Canyon). 한 노인의 인생이 함축된 15분이라는 시간은 짧고도 길다는 것을 느낀다.

오랜 풍화작용에 바위표면은 잘게 깨져 미세한 모래가 되어서 패인 바위벽을 타고 바닥으로 내려앉고 있었다. 작은 구멍을 통해 연속적으로 그리고 서서히 유출되어 낙하하는 모래시계처럼, 정상적인 시력으로도 분별할 수 없는 가는 모래가 이곳저곳에서 모여 바닥으로 내려오고, 때로 재빠르게 내려앉는 모습은 물과 모래라는 차이만 있을 뿐 마치 작은 폭포수를 보는 것 같다. 오랜 세월 동안 캐니언 바닥에 쌓인 모래의 두께는 얼마나 될까. 가는 모래는 걸음을 옮길 때마다 망사로 된 운동화의 앞부리를 통과해 들어왔고, 신발 안에서 발바닥이 살짝살짝 미끄러지는 느낌은 그다지 상쾌하지 않았다. 햇살은 캐니언 꼭대기에 벌어진 비좁은 틈사이로 내리쏟아 붓고 있었고, 고개를 들어 올려 보는 사암층은 하나하나가 일정한 두께를 형성하고 있었다. 신비하게도 입구에서부터 출구까지 기하학적인 모양을 하고 있어 감동 그 자체였다. 오랜 세월에 퇴적물이 쌓이고 쌓여 물결치는 모양을 하고 있는 사암층은 마치 오페라의 선율을 보는 것 같았고, 층마다 육안으로는 구별할 수 없을 정도로 거의 오차가 없는 간격으로 층을 이루고 있는 모습은 너무 논리적이라서 마치 철학적 유희를 보는 것 같았다. 일상에서 이루어지는 사진 촬영과 달리, 셔터를 누르는 사람이 피사체에서 한 발자국만 옮겨도 배경이나 사진색상도 전혀 다른 모습으로 표출되는 앤텔로프 캐니언. 좁은 협곡 사이로 햇살이 들어오는 시간대와 사진을 찍는 사람의 움직임에 따라 각양각색의 얼굴을 선사하는 앤텔로프 캐니

앤텔로프 캐니언(Antelope Canyon)의 비경

앤텔로프 캐니언(Antelope Canyon)의 비경

언의 신비한 색깔의 향연에 넋을 잃는다. 아무것도 없을 것 같았던 넓고 황량한 사암 고원에 이런 비경이 있었다는 사실에 아직도 발견되지 않은 미지의 장소가 가까운 곳에 더 있을 것이라고 추측도 해본다. 자연이 빚어놓은 아름다움에 빨려들어 갈수록 나는 누구인가? 앞으로 어떻게 그리고 무엇을 하며 살아야 하는가? 하는 질문이 이어지고, 세상을 주관하는 자연의 음성이 "인간은 자유를 가지고 태어났기에 자유를 누리며 살아라. 자유스럽게 산다는 것은 자연에 벗어나지 않고 사는 것이다. 우주의 이치에 따라 스스로 있는 세상을 만들어가는 자연을 훼손하지 않고 단지 눈으로만 감상하고 그 속에서 즐기며 살아가는 것이 자연을 벗어나지 않고 순응하며 사는 것이다."라고 나지막하게 귓속을 파고 들어온다. 질문을 계속하면 할수록 죄의식을 느끼며 몸을 숨기는 카인처럼, 내 영혼은 우주 공간 암흑처럼 점점 어두움 속으로 빠져들어 간다. 순간, 나를 낮추고 비워 겸손해져야만 창조주의 숨결로 이루어진 자연을 바로 보고 느끼며 알 수 있다는 답이 광속처럼 스쳐 지나가고, 겸손해진다는 것은 빈 마음이며 거기에는 아무것도 채워져 있지 않기에 울림이 있다는 생각도 해본다. 마음을 비우지 않고 살아간다는 것은 자연의 신비와 삶의 아름다움을 볼 수 없다는 뜻과 같다. 탐욕의 노예가 되어 살아온 내 자신의 모습을 보며, 완전무결함은 아닐지라도 지금보다는 좀 더 발전된 모습으로 살아야만 한다는 바위 같은 결심이 꼭 이루어지기를 소망한다.

여행사 스케줄에 따라 많은 관광객들이 광활한 그랜드 캐니언(Grand Canyon), 남성처럼 웅장한 자이언 캐니언(Zion Canyon), 여성의 어깨와 허리처럼 아기자기한 브라이스 캐니언(Bryce Canyon) 등 3대 캐니언을 방문하고, 3대 캐니언들의 풍경이 아름다웠다고 감탄하겠지만, 두 사람이 지나기에도 좁은 앤텔로프 협곡이 오히려 3대 캐니언보다 더 아름다웠다고 고백하고 싶다. 유명한 3대 캐니언은 오로지 시각적으로 즐길 수 있지만 앤텔로프 캐니언은 좁은 공간 안에서 지구의 역사를 자세히 살펴볼 수 있고 손으로 더듬어 촉감도 느낄 수 있는 곳이기에 친밀감이 느껴지는 곳이다. 발길이 뜸한 오지에 무심코 던져놓은 신의 작품 앤텔로프 캐니언. 출구 쪽으로 가면 갈수록 신이 빚어놓은 섬세함과 완벽함에 더욱 감동을 하며 무덤으로 갈 때까지 자연의 신비를 이해할 수 없을 것이라는 안타까움을 안고 4마일 정도 거리에 있는 호스슈 밴드(Horseshoe Bend)를 찾았다.

300미터 수직 절벽 아래 펼쳐진 호스슈 밴드

'말발굽처럼 굽은 곳'이라는 뜻을 가진 호스슈 밴드(Horseshoe Bend)를 보기 위해서는 주차장에 차를 세워두고 1마일 정도의 사막 길을 걸어 내려가야 한다. 몸을 가눌 수 없을 정도로 거센 바람이 불어오고 서너 발짝 앞서가는 두 젊은 여자의 노란 머리카락은 이리저리 간지럽게 휘날린다. 하늘에 뜬 흑백이 뒤섞인 구름은 널찍이 깔려 햇빛을 가리고, 바람의 강도만큼 구름의 발걸음도 빨라진다. 죽어 사라질 때까지 바람으로부터 벗어날 수 없는 처절하고 슬픈 삶을 살아가는 구름. 슬픈 사연을 땅 위의 만물에게 알리려는 듯, 파란 하늘 공간에 자신의 몸을 잘라 덩이덩이 널어놓는다. 계속되는 바람의 억압에 남몰래 흘린 눈물을 자신의 뒤편에 쌓아 놓고, 결국 슬픔의 무게를 이겨내지 못해 지상으로 눈물을 쏟아 내버리고 흔적도 없이 사라져 버리는 구름의 일생. 살아 움직이는 것들의 운명은 시간이 지나면 소멸하여버리는 것이 자연의 이치라고 생각하니 허무와 슬픔이 눈앞을 가린다. 기쁨도 슬픔도 얻는 것이지만 그래도 끝내는 다 잃어버리는 것이 세상 이치가 아닌가. 좋은 것이든 나쁜 것이든 채움과 비움의 순환이 반복되는 것이 자연의 순리이며 창조의 원리이기에 순응하며 살아가야만 한다. 사라진다는 것은 자연의 새로움을 위해 필요하다는 것을 망각하고 슬픔으로 받아들이는 내 자신을 흘낏 돌아보며, 계속해서 호스슈 밴드를 조망할 수 있는 곳으로 발걸음을 재촉한다.

내려가는 도중에 생김새가 여우인지 코요테인지 구별하기 어려운 크기의 동물, 그리고 방울뱀도 눈에 띄었다. 가끔 〈National Geographic Wild〉나 〈동물의 왕국〉에서 사막 지대의 생태를 시청한 것하고는 다르게 실제로 이곳에 서보니 주위환경은 궁핍했고 생물들이 생존하기에는 모든 것이 열악하게 보였다. 광활한 사막에서의 갈증과 굶주림, 해가 중천이면 섭씨 50도를 넘나드는 불볕더위에다 해가 지면 기온은 급강하하고 새벽녘쯤이면 수은주가 영하로 내려가는 극한 상황에 적응하기 위해 부단하게 진화를 거듭해 지금의 모습을 갖추며 살아가는 생물들을 보며, 살아 움직이는 것들은 상식을 초월할 정도로 강하다는 것을 알게 되었다. 아니, 극한지역에서 살아남기 위해서는 강해질 수밖에 없었다는 것으로 이해하고 싶었다. 이곳의 동식물을 보며 과거에도 그랬고 지금도 그렇듯, 후손들에게 전해줘야만 하는 생존의 약속은 계속해서 유전자를 역동적으로 진화시켜야만 살아남을 수 있다는 원칙을 충실히 이행하고 있는 것 같았다. 사막의 생물들이 발전되어가는 모습과 달리 오히려 인간은 자연으로부터 퇴보하고 있다는 사실을 발견한다. 이유는 인간에게만 있는 탐욕 때문이다. 인간성 상실은 탐욕으로 발전하고 드디어 천민자본주의를 탄생시킴으로써 그 정도가 최고

호스슈 밴드(Horseshoe Bend)

조에 달했다. 동물들의 먹고 먹히는 행위와 달리 극한 경쟁 속에서 도태되지 않기 위해 서로를 먹이 사슬로 생각하며 서로가 적이 되어 죽도록 경쟁하는 사회 구조를 보며 신의 창조 섭리와 배치되게 살아가는 악한 인간사회가 마치 스릴러물인 좀비 영화를 보는 것 같다.

호스슈 밴드는 500만 년 전부터 콜로라도(Colorado) 강의 강물이 깎아낸 침식지형의 협곡으로 높이가 1,000피트(300미터) 정도 되고 글렌 캐니언(Glen Canyon), 그리고 파웰 호수(Lake Powell) 끝자락에 위치해 있다. 크기에서 상당한 차이가 있지만 모형은 한국의 사행천과 대체로 비슷하다. 한국 사행천과 다른 점은 이곳은 로키(Rocky) 산맥의 고원지대라는 것이다. 우뚝 솟은 짙은 살색의 협곡과 그에 어우러지게 에메랄드빛을 띠며 휘도는 강물의 모습은 황홀하게 눈 속으로 파고든다. 말발굽 모양으로 느끼는 일반 사람들의 감성과 다르게 내 눈에는 세상을 등질 때까지 꼭 하나가 되자는 약속의 상징으로 약지(Ring Finger)에 끼워놓은 에메랄드 반지처럼 보인다. 때마침 자연의 연주가 또다시 시작되고 모래 먼지가 섞인 거센 사막바람이 먼지를 동반해서 불어온다. 아름다운 살색과 에메랄드빛 정경을 보고 후딱 떠나고 싶지 않아 더 머물러서 바라보고, 잊지 못할 풍경을 카메라에 더 담기 위해 바위 끝으로 다가가 카메라를 들이댄다. 몸을 날려버릴 것 같은 거센 바람이 더욱 발광을 하고 두려움을 느껴 한 걸음 한 걸음 뒤로 물러선다. 남자의 실추된 자신감을 회복하기 위해 앞으로 나가보려고 시도해보지만 너무 바람이 강해서 포기하고 기어서 절벽으로 이어지는 가까운 곳까지 엉금엉금 접근한다. 바람 소리는 더욱 세차게 들리고, 사진을 찍기 위해 까마득한 아래를 내려다보니 고소공포증이 더해져 가슴이 벌렁벌렁하고 숨이 막혔다. 결국 내 의도대로 살아있는 자연 그대로의 풍경을 담았지만 앞으로는 심장 박동이 빠르게 느껴지는 이런 곳을 만나지 않았으면 좋겠다는 생각이 드는 순간이었다. 사진을 찍고 난 후 기어서 마음이 불안하지 않을 만한 거리로 멀찍이 뒤로 물러섰다. 한참 동안 바위 바닥에 앉아 가쁜 숨을 몰아쉰 뒤, 우아한 곡선미가 압권인 호스슈 밴드를 뒤로하고 파웰 호수를 보기 위해 주차장으로 향했다. 20마일을 더 달려 유타와 경계인 같은 애리조나(Arizona)의 와웝(Wahweap)으로 향했다. 드넓은 사파이어색 호수를 보면서 어느 곳을 방문하든 쓰고 난 후 버려야 할 쓰레기를 비닐 봉지에 담아오거나 아예 쓰레기가 될 만한 것은 소지하지 않는 가정교육과 학교교육, 그리고 국민들의 의식이 강할수록 지금보다 더 보기 좋은 자연을 만들 수 있으리라는 생각이 들었다. 오늘은 일정이 계획대로 이루어져 일몰 전에 숙소로 향했다.

마음에 마법을 거는 장소
모뉴먼트 밸리 나바호 부족 공원

다음 날, 유타와 애리조나 주에 걸쳐있는 모뉴먼트 밸리 나바호 부족 공원(Monument Valley Navajo Tribal Park)과 미국에서 유일하게 4개 주의 경계가 만나는 포 코너 모뉴먼트(Four Corners Monument)에 가기 위해 새벽 5시에 서둘러 숙소를 떠났다. 오늘의 코스는 페이지(Page)에서 출발해 다시 페이지로 돌아와야 하는 450마일의 거리이다. 모뉴먼트 밸리 나바호 부족 공원의 드라이브 코스와 걷는 트레일 코스에서 4시간 30분에서 5시간이 소요되고 이어 포 코너 모뉴먼트까지 들려야 한다.

동쪽 오지로 동체를 옮길수록 도시에서는 전혀 느낄 수 없는 청량한 새벽바람이 차창 안으로 쏟아져 들어온다. 이루 말할 수 없을 정도로 기분은 최고조에 달했다. 어둠 속에 갇혀 있던 자연은 점점 민낯을 드러내 보이고, 자연에 심취되어 얼마나 달렸을까. 모뉴먼트 밸리 나바호 부족 공원과 가까운 애리조나 주의 고산지대로 빨려 들어갈수록 초겨울 날씨처럼 체감온도가 급격히 떨어지고, 청명했던 5월의 하늘이 점점 흐릿해지더니 이내 눈발이 춤을 추듯 강풍을 타고 이리저리

모뉴먼트 밸리(Monument Valley)

날리기 시작하였다. 맑았던 날씨가 별안간 어두워지는 현상이 그리 낯설지 않지만, 목적지에 도착해서 제대로 입장이나 할 수 있을지 걱정이 앞섰다. 이왕 여기까지 왔으니 입장이 허락되든 안 되든 포기하지 말고 입구까지 가서 상황을 보고 난 후, 입장이 불가능하면 다음 행선지로 방향을 틀자는 생각으로 차를 몰았다.

모뉴먼트 밸리 나바호 부족 공원이 눈에 들어오고 갑자기 커튼을 열어젖힌 것처럼, 눈구름은 온데간데없고 눈이 시릴 정도의 새파란 하늘이 불쑥 얼굴을 내밀었다. 황당무계한 고산지대의 날씨 변화에 내 자신도 놀랐다. 사람이 살아간다는 것은 마치 우리의 지각으로 예측할 수 없는 날씨의 변화와 흡사하다는 생각이 들었다. 인생이란 sin(사인) 곡선과 같아서 누구든 아무것도 없는 '0'이라는 원점에서 출발한다. 사회생활의 시작과 더불어 어느 사람은 최고점을 향해 올라가고 어느 사람은 잘 나가다가도 인생이 틀어져 최저점을 향해 내려가기도 한다. 그러나 누구든 항상 최고점에만 머물러 있거나 혹은 계속해서 최저점에만 머물러 있는 것은 아니다. 하늘 높은 줄 모르고 승승장구하며 호화로운 생활을 누리던 사람도 시간이 지나면 굴욕과 고통의 나락으로 내려앉을 수 있는 것은 우리의 힘으로 거부할 수 없는 세상의 섭리이다. 또한 삶의 수치를 느끼며 살아가던 사람도 그 자리에 정체되지 않고 위를 향해 올라가는 것은 인간 사회에서 필연적으로 반복되는 법칙이라는 것을 주목해야 한다.

아무리 금 숟가락을 손에 쥐고 태어난 재벌의 후손일지라도, 그리고 조상들의 정치적 후광을 입고 태어나 무소불위의 권력을 쥔 사람이라 해도 항상 '0' 값보다 위에서 머무르지 않고 언젠가는 원점 아래로 추락하는 것이 인생이라는 것은 뇌물이 오간 전직 대통령과 한국 최대 재벌 부총수의 추락에서 보는 그 이상도 이하도 아니다. 그래서 인간사 새옹지마(塞翁之馬)라고 하지 않았던가. 더불어 sin(사인)에 이어 cos(코사인), tan(탄젠트)가 연결되어 떠오르고, cos(코사인) 곡선처럼 시작은 창대하지만 시간이 흐를수록 약해지는 삶, 그리고 tan(탄젠트) 곡선처럼 처음은 미약하지만 시간이 갈수록 거대해지는 그런 삶도 가끔은 볼 수 있지만, 대부분의 사람들이 겪는 삶은 sin(사인) 곡선이라는 생각이 들었다. 인생을 수학 공식에 대입해 이런저런 생각하는 사이 내비게이션에도 나타나지 않고 기업에서 운영하는 전기나 전화, 그리고 그들 나름대로의 생활양식에 TV도 없는 황막한 원주민 나바호 자치국 영토인 모뉴먼트 밸리 나바호 부족 공원에 들어섰다.

몇 만 년 동안 이 땅에서 살아왔던 나바호(Navajo) 부족을 보며,

이 땅의 주인인 부족의 이름이나 원주민이라고 호칭을 사용해야 함에도 불구하고, 아직도 미국 정부는 아시아 인디언들과 구별하기 위해 아메리칸 인디언이라는 명칭을 사용한다. 그리고 아직도 원주민을 가두어 놓고 인디언 보호구역이라는 명칭을 사용하는 오만하고 사악한 모습도 보인다. 범선을 타고 식민지를 개척하던 대항해 시대가 아님에도 아직도 아메리칸 인디언으로 부르는 정부와 백인들의 모습에 분노가 치밀어 오른다. 미국 원주민들의 권리는 물론 삶의 터전마저도 빼앗아 버리고, 그들이 이 땅에서 사라져 버리기를 기다리는 어둠의 자식들은 누구인가. 일제 강점기 시대의 일본인들이 우리는 '일등 국민이다'라며 식민지인들을 향한 압박과 차별을 스스럼없이 당연시했던 것처럼, 악마의 눈을 가진 편협한 인종주의자들과 보수색채의 정치인, 그리고 복음주의라고 자처하는 백인 기독교인들의 행태에 분노를 느끼지 않을 수 없다. 지금이라도 연방정부가 기존의 정책을 바꾸어서 원주민들이 인간답게 살 수 있도록 배려를 해주어야 하는 것이 마땅하다고 생각한다. 유타, 애리조나, 뉴멕시코에 걸쳐 있는 나바호 자치구역은 1,600만 에이커로 남한의 2/3 정도 크기에 해당하고 인구도 30만으로 어느 원주민 부족보다 많다. 이 지역은 미합중국에 속해있지만 오랜 투쟁 끝에 나바호 자치국으로 인정받았고, 자체적으로 대통령도 선출하고 사회 질서유지를 위해 법원과 경찰서, 그리고 소방서와 자치 기구까지 있다. 종교법이 우선하는 회교도 국가처럼 모든 법적인 문제는 연방법이나 주법보다도 나바호 부족의 전통법이 우선한다. 그리고 제2차 세계대전, 특히 일본과 태평양 전쟁을 하던 미국 정부는 암호를 도출당하지 않으려고 나바호 족을 통신병으로 동원했고, 암호로 사용했던 나바호 부족의 언어를 해독할 수 없었던 일본군들은 결국은 예상보다 빠르게 패전하고 말았다는 전쟁 역사를 누구나 알고 있다. 용맹했던 나바호 부족은 한국전쟁에도 동원되어 싸웠다.

매표소에 도착하니 보기에도 건강하게 보이는 원주민 여성이 박제처럼 표정 없는 모습으로 앞만 바라보며 앉아 있다가 내가 있는 쪽으로 고개를 돌리며 "일반투어로 할거냐, 아님 승마나 지프 투어(Jeep Tour)를 할거냐?"고 물어온다. 이어 "만약 당신이 지프 투어나 승마 투어 상품 중 하나를 선택하게 된다면 17마일 드라이브 코스 이외의 지역으로 들어갈 수 있다."고 설명을 한다. 그리고 "일반 드라이브 코스가 아닌 승마나 지프 투어의 등록은 방문자 센터에서 한다."는 말을 덧붙인다. 암각화가 있는 선스 아이(Sun's Eye, 태양의 눈)나 나바호 부족이 제사를 지내는 토템 폴(Totem Pole), 그리고 나바호 부족의 생활공간인 호건(Hogan) 등 부족과 연관된 생활 문화를 더 볼 수 있다는 말이었다. 설명이 끝나자마자 "아니요."라고 지체 없이 대답했더니, 종교의식을 치루는 것처럼 미소도 없는 엄숙한 표정으로 지명과 드라이브 코스의 정보가 담긴 팸플릿을 신용카드 영수증과 함께 건네주었다.

비포장인 드라이브 코스로 들어서자마자, 몇 해 전 미국의 한 메이저 일간지의 "마법을 거는 장소가 있어서, 당신을 땅에 뿌리내린 듯 꼼짝 못하게 한다면 모뉴먼트 밸리 나바호 부족 공원이 바로 그곳이다. 더불어 이곳은 서부에서 경험할 수 있는 최고의 명소 중 한 곳으로 인식될 것이며 황홀함에 몰아(沒我)될 것이다."라는 호평이 떠올랐다. 본격적인 코스로 들어서자마자 눈에 들어오는 광활한 풍광이 눈을 압도한다. 지구와 다른 행성에 온 것처럼 우리가 보고 느껴왔던 지형하고는 너무 달랐기에 호기심이 더욱 달아올랐다. 서부 개척시대를 손쉽게 연상시킬 수 있는 독특한 지형과 광막함 때문에 1939년 존 포드(John Ford) 감독과 매카시즘의 옹호자로 유명한 배우 존 웨인(John Wayne)이 주연한 〈역마차(驛馬車. Stagecoach)〉, 역시 존 웨인(John Wayne)이 주연한 〈추적자(追跡者, The Searchers)〉, 그리고 클린트 이스트우드(Clint Eastwood)의 〈석양의 무법자(The Good, The Bad And The ugly)〉와 〈황야의 무법자(The Fistful of Dollars)〉 등 수많은 서부영화와 1980~90년대의 대표적 영화인 톰 행크스(Tom Hanks)의 〈포레스트 검프(Forrest Gump)〉, 〈백 투 더 퓨처 3(Back to the Future Ⅲ)〉, 〈델마와 루이스(Thelma & Louise)〉, 얼마 전 다운로드 해서 감상했던 〈론 레인저(The Lone Ranger)〉 등, 모두 마법과 같은 장소인 이곳에서 촬영됐다고 한다. 그리고 유명한 폴 오스터(Paul Auster)의 《달의 궁전(Moon Palace)》이라는 소설에 등장하는 배경도 이곳이라는 것을 알 수 있다.

조상들이 그랬듯이 지금도 나바호 후손들이 신성하게 생각하고 있는 영혼의 땅, 그래서인지 드라이브 코스에 들어서자마자 내 정서에는 엄숙함이 감돌고 웅장한 이미지를 주는 3개의 붉은 바위 덩어리가 눈에 들어왔을 때는 이미 두려움마저 쌓여있었다. 왼쪽에 장갑 모양의 웨스트 미튼(West Mitten)과 중간에 역시 장갑 모양의 이스트 미튼(East Mitten), 그리고 맨 오른쪽엔 메릭(Merrick)으로 불리는 것들은 너무 거대해 방문자들에게 심리적 위축을 주기에 충분했다. 황홀경에 빠져 한참을 머뭇거리다가 다시 차를 몰고 수천만 년 동안의 풍화작용에 깎이고 깎여 촛대처럼 가늘어진 세 자매 바위와 탁상바위인 존 포드 포인트(John Ford Point) 앞에 섰다.

웽웽거리며 불어오는 거센 바람소리는 마치 나바호 부족의 노래를 듣는 것 같았고, "나는 땅끝까지 가보았네. 물이 있는 곳 끝까지도 가보았네. 나는 하늘 끝까지 가보았네. 산 끝까지도 가보았네. 하지만 나와 연결되어 있지 않은 것은 하나도 발견할 수 없었네."라는 나바호 부족의 애절한 노래가 고막을 건드리고 있었다. 황량함 속에서도 자연의 신비와 위대함, 그리고 내 영혼 속으로 소리 없이 다가오는 두려움을 느낀다. 땅도 하늘도 끝이 없어 보이는 광야에 서 있고, 불쑥 미약한 존재라는 것을 깨달았을 때는 내 영혼이 한없이 작아지는 것 같아 서글퍼졌다. 단 한번 뿐인 인생을 지금껏 초라하게 보내버렸다는 후회에 낙담만 더해지고, 퍼 올려 바닥이 드러난 우물에 새로운 물이 다시 모이듯, 가슴속에 응어리진 슬픔을 지우고 또 지워도 참을 수 없을 만큼 비애가 고여만 간다. 떠나간 시간은 잡을 수 없지만 남아있는 시간은 아름답게 마무리할 수 있다고 애써 자위하며 힘껏 고개를 뒤로 젖혀 하늘을 보지만 결국 서러움을 이기지 못하고 쏟아낸 무색의 눈물은 관자놀이를 타고 귓바퀴로 주르르 흘러들어 왔다. "실패한 삶보다 더 못한 삶이 시작조차 하지 않는 삶이다."라는 소설가 베르나르 베르베르(Bernard Werber)의 말이 떠오르고, 지금껏 살아오면서 내 자신도 수긍할 수 없는 허접한 삶을 살아왔지만 남은 시간만이라도 최선을 다해 후회 없는 삶을 살아보자고 다짐해 본다. 공기와 만나 산화된 철 성분으로 인해

2~300미터가 넘는 거대한 바위들이 온통 붉은 노을과 같은 색을 띠고 있어, 상대성 이론이나 양자역학이 떠오르는 SF 영화의 배경처럼 지구와 전혀 다른 외계 행성에 온 것 같은 생소한 느낌을 받으며 달리는 드라이브 코스다.

트윈 미튼(Twin Mittens)을 출발한 뒤 곧바로 긴 코 모양을 하고 있다고 해서 붙여진 엘리펀트 뷰트(Elephant Butte)에 들어섰다. 들어서자마자 원주민들의 비누로 쓰인다는 유카가 나를 향해 고개를 내밀며 반겨주었다. 고원의 바람은 점점 거세지고 독사진을 찍기 위해 가족과 함께 온 어느 백인 남자에게 촬영을 부탁을 했더니 앤텔로프 캐니언(Antelope Canyon)에서 노인이 질문해온 것처럼 나에게 어디서 왔느냐고 물어온다. 한국계 미국인(Korean American)이고 20년 전 뉴욕으로 이민 와서 지금껏 살고 있다고 대답해 주었다. 역시 내가 한국계처럼 보여서 물어보았다고 응수한다. 자신은 네덜란드 사람이고 암스테르담에 살고 있다고 운을 뗀 뒤, 본사에서 뉴욕지사로 파견돼 맨해튼에서 일을 했고, 거주지는 한인 밀집지역인 뉴저지(New Jersey)의 포트리(Fort Lee)에서 6년 동안 살았다가 4년 전에 고국으로 돌아갔다고 말한다. 그리고 미국에 살면서 모뉴먼트 밸리를 오겠다는 마음은 항상 갖고 있었지만 정작 오지 못하고 네덜란드로 돌아가고 나서야 후회가 되어 가족과 함께 찾아오게 되었다고 한다. 자기 가족을 일일이 소개해 주었고, 그 아내가 "이런 오지(Outback)에서 한국 사람을 만나니 놀랍고 반갑다."고 말한다. 그러면서 "한국인들은 교육적으로 우수할 뿐 아니라 타민족보다 스마트하고 부지런하다."는 덕담을 건넨다. 한국인들에게 좋은 이미지를 갖고 있는 그 부부에게 나 역시 화답으로 "네덜란드 사람들은 자본주의의 기초가 되는 주식을 세계 최초로 발행했고, 그 당시 그랬듯이 예나 지금이나 상업적 비즈니스는 타의 추종을 불허할 정도로 뛰어난 재능과 능력을 갖고 있다."고 말했다. 더불어 "25년 전 유럽여행을 하면서 유럽 땅에 첫발을 디딘 곳이 암스테르담(Amsterdam)이었는데 첫인상이 참으로 좋았다. 그리고 내가 가장 좋아하는 네덜란드계 사람으로는 알렉산더 해밀턴(Alexander Hamilton)과 미국 유일의 4선 대통령인 프랭클린 루스벨트(Franklin Roosevelt)와 그의 먼 친척인 시어도어 루스벨트(Theodore Roosevelt) 등이 있는데, 이들은 미국 정치사에 남을 만한 업적을 갖고 있다."는 덕담을 건넸다. 그리고 18세기 들어 영국이 무력으로 강탈하기에 앞서 아직도 네덜란드인들의 개척의 자취가 남아있는 월 스트리트(Wall street), 브로드웨이(Broadway), 바워리(Bowery), 암스테르담 애비뉴(Amsterdam Avenue) 등 맨해튼(Manhattan)의 거리에 대해 이야기를 했다. 서로 칭찬이 이어지다 보니 한이 없을 것 같아 에둘러 작별 인사를 하고 다음 코스 아티스트 포인트 오버룩(Artist Point Overlook)으로 향했다.

레인 갓 메사(Rain God Mesa)를 거쳐 올라가다 보니 갈림길이 있었고, 평범한 길임에도 불구하고 불편한 비포장도로에만 관심을 두고 운전을 하다 보니 'Restricted Access Beyond This Point(제한 구역)'라는 작은 표지판을 보지 못했다. 엉겁결에 젊은 백인 남녀가 탄 무개차(無蓋車)를 따라가게 되었고, 일반 관광객에 허락되지 않은 길로 들어서 버린 것이다. 앞선 차량이나 내 차량이나 길을 잘못 들었다는 것을 알았

아티스트 포인트 오버룩(Artist Point Overlook)에서 바라본 풍경

고, 들어온 길로 방향을 바꿀 수도 없는 좁은 길이라 서로 앞으로만 전진하기로 암묵적인 약속을 하고 앞 차량을 따라갔다. 고개를 돌려보니 원주민 조상들의 암각화로 유명한 선스 아이가 눈에 들어왔다. 좁은 길이 끝날 즈음 들판이 보이고 멀리서 차체가 상당히 높게 개조된 지프 차량이 붉은색 먼지를 일으키며 급히 달려오더니 앞선 차량을 막아선다. "이 코스는 선택한 관광객만이 들어올 수 있는 곳이니 어서 이곳을 떠나주면 좋겠다."며 다소 퉁명스러운 목소리로 우리를 대했다. 사실 매표소에서 돈을 더 지불하고 원주민의 지프 차량을 타고 오는 코스

였고 그는 우리의 실수를 인정해주지 않는 눈초리였다. 앞차나 내 차가 실수로 들어온 것을 양심 없는 파렴치한 사람으로 오인하는 원주민의 말투에 홍어 삭듯 기분이 팍 상했지만 우리의 잘못인데 어찌하랴. 앞차의 젊은 백인 여자가 정중하게 "미안하다. 실수였다."는 말을 건네고, 나 역시 그 원주민에게 "미안하다."는 말을 건넸다. 안내해주는 원주민의 차를 따라 일반 관광객들의 출입이 제한된 구역을 벗어나 아티스트 포인트 오버룩 쪽으로 속도를 높이며 힘차게 빠져나갔다. 빠져나가던 중 시야엔 나바호 원주민들이 조상과 하늘에 제사를 지내는 토템 폴이 흐릿하게 들어왔고, 나바호 부족의 영혼이 담겨있다는 이 성스러운 두 곳을 가까이서 볼 수 없었던 것이 아쉬웠지만 그래도 시야에 들어와 희미하게 보는 것만으로도 다행이라 생각하며 모뉴먼트 밸리의 마지막 목적지이며 최고의 경관을 자랑하는 아티스트 포인트 오버룩의 앞에 도착했다. 조상들이 남긴 유산을 이용해 관광수입에 관심을 갖는 이탈리아나 프랑스, 스페인이나 그리스, 그리고 중국인들처럼 원주민 조상의 영혼이 담긴 이곳도 그들과 다를 바 없는 상술을 가지고 돈벌이에 몰두하는 모습이 참으로 안타깝게 느껴졌다.

삭이지 못한 언짢은 마음을 달래주듯 아티스트 포인트 오버룩 앞엔 광활한 대지가 펼쳐지고 그 위에 눈이 시리도록 파란 하늘이 눈에 들어온다. 구름은 보이지 않는 바람을 따라 어디론가 흘러가고, 기분 좋은 바람은 깔깔대며 구름을 좇아간다. 거센 바람소리는 계속해서 귓속을 후비고, 깡마른 육신은 가누기 힘들 정도로 흔들거리지만 숨결처럼 속삭이듯 내 영혼 속으로 평화롭고 사뿐하게 다가오는 자연. 이내

내 영혼은 창조주와 소통하기 위해 눈을 감고 침묵 속으로 빠져들어 간다. 침묵은 외롭고 서러움에 응어리진 내 영혼의 호소이며, 더불어 이순(耳順)을 살아오면서 수없이 겪었던 실수에 대한 소리 없는 후회의 목소리이다. 또한 침묵은 시나브로 식어만 가는 현재의 삶을 찾기 위한 열정이며, 신의 뜻에 대한 순응과 향기로운 죽음에 대한 준비이다. 그리고 거센 바람의 유희에도 내 육신이 꺾이지 않고 서 있는 것은 죽음과 당당하게 맞서기 위함이며, 살아있어 본래의 내 영혼을 찾아가기 위한 간절한 몸부림이다. 바람은 이리저리 헤집으며 모든 사물을 흔들어 보지만, 바람의 절규에도 모두들 성숙한 모습으로 침묵한다. 반시간 넘게 한 자리에 서서 대지의 아름다움을 바라보고, 그 사이 무관심에 토라져 버린 바람은 천상으로 떠나버린다. 기다렸다는 듯 바람이 떠난 빈 자리를 대신해 태초의 정적이 빈틈없이 자리를 메운다. 살아오면서 처음으로 느껴보는 주위의 완전한 정적과 사물의 침묵. 자연의 본질은 침묵이며, 그 침묵 속에는 신의 언어인 사랑이 녹아져 들어가 있다는 것을 깨닫는 시간이다.

대지는 비우지 못하고 채우려고만 하는 나에게 물어본다. 오늘은 무엇을 비우려고 노력했고, 무엇을 비웠냐고. 풀 한 포기 없는 광활한 대지처럼 마음을 비우고, 바람이 떠난 공간처럼 침묵하며 살고, 하늘같은 넓은 마음으로 모든 것을 받아들이되 조화를 이루며 살아가라고 내 영혼을 향해 충고한다. 침묵 속에서도 자유롭게 사는 것이 무엇인지 가르쳐주고, 내가 누구인지를 가르쳐주고, 그리고 내가 앞으로 어떻게 살아가야 하는지 가르쳐준 아티스트 포인트 오버룩. 오고 감도 없는 것이 인생이지만 남아있는 시간만은 창조적이며 이웃을 사랑하며 살아가자고 다시 한번 굳세게 다짐해 본다. 시간의 원근감마저 소멸시켜버리는 붉은색의 모뉴먼트 밸리를 뒤에 둔 채, 서둘러 차에 올라 포코너 모뉴먼트(Four Corners Monument)로 향한다.

4개 주(州)가 만나는 포 코너 모뉴먼트

163번 고속도로를 타고 영화촬영지였던 포레스트 검프 포인트(Forrest Gump Point)와 멕시칸 햇(Mexican Hat)을 거쳐 또다시 160번 고속도로를 타고 애리조나 레드 메사(Red Mesa)를 거쳐 계속해서 동쪽으로 달렸다. 하늘엔 꽃구름이 흐르고 차도 별로 달리지 않는 허허벌판을 100마일 남짓 달려 도착한 포 코너 모뉴먼트(Four Corners Monument). 인적이 드문 황무지에 깃발이 꽂힌 원이 보였고, 가까이 다가가니 주(State)들을 상징하는 문장과 더불어 콜로라도(Colorado), 뉴멕시코(New Mexico), 애리조나(Arizona), 유타(Utah) 주(State)가 한곳에서 만나는 경계 표시가 콘크리트 바닥 위에 열십자 모양으로 갈라져 있었다. 이곳은 미연방 소속의 4개 주, 그리고 나바호 족 자치정부와 유트(Ute) 족의 자치 정부가 공동으로 관리한다. 하지만 실질적으로는 나바호 족 자치정부가 관리하고 있고, 깃봉에 걸린 깃발들을 살펴보니 미국 국기를 포함해 콜로라도(Colorado), 뉴멕시코(New Mexico), 애리조나(Arizona), 유타(Utah), 나바호 자치정부, 유트(Ute) 족 자치정부 등 일곱 종류의 기가 걸려 있었

포 코너 모뉴먼트(Four Corners Monument)

다. 본토에 있는 48개 주 중에서 일직선으로 만나는 곳은 이곳이 유일하다.

이 경계석을 보며 이전부터 있었던 산맥이나 강 같은 통례적인 자연 경계, 그리고 거주하고 있는 부족이나 민족이 어느 나라 쪽에 영향을 받고 있는가에 대한 전통적인 문화의 경계를 무시하고 이루어진 탁상행정이라는 생각이 들었다. 부족과 문화, 지형과 지역을 파악해 국경을 정했던 프랑스의 아프리카 식민정책과 달리, 개념 없는 영국 통치자들이 식민지를 편리하게 관리하기 위해 지도 위에 자를 대고 일직선으로 국경을 만들어 놓은 것같은 모습을 지금 서 있는 이 자리에서도 볼 수 있었다. 이유는 한때 미국이 영국의 식민지였고, 독립을 했어도 영국의 행정문화가 한동안 그대로 남아있었기 때문이다. 동부 아프리카에서 끊임없이 이어지고 있는 부족 간 분쟁의 내면에는 영토분쟁이 포함되어 있고, 이 문제는 전적으로 영국 정부와 식민지를 통괄하던 관료들의 안이한 행정에서 비화된 문제이다. 무모하고 무책임한 제국주의의 식민정책이 세계 평화에 걸림돌이 되는 것을 현재에도 거침없이 볼 수 있는 대목이다. 그 당시 자연환경이나 거주지에 대한 부족의 문제를 고려하지 않고 직선으로 인위적 국경을 만든 것은 영국에 대항하는 세력들을 분산시키고, 이들끼리 서로 분열하고 분쟁하게 만들려고 했던 속셈이 있었다는 것은 절대 부인할 수 없는 역사적 사실이다. 그런 역사적 근거로 본다면, 역시 4개의 주가 만나는 꼭짓점의 내면에는 백인 개척자들에게 대항하는 나바호 족들의 저항정신을 희석시키고자 하는 속셈이 들어 있다. 나바호 보호구역 안에는 거대한 세계적 장강 중의 하나인 콜로라도 강과 장엄한 로키 산맥이 있음에도 이것들을 이용한 자연 경계를 정하지 않고 인위적 경계를 정한 것은 백인 개척자들이 원주민의 세력이 약화되거나 분열을 통해 멸족하기를 바라며 자신들의 세계와 국가를 만들기 위한 포석이 깔려있다는 것이 증명되는 것이다. 내면에 감추어진 그들의 사악한 역사를 보면서 분노가 치밀어 올랐다.

아시아 국가들은 유럽 열강과 미국, 일본의 식민시대를 경험했지만, 소멸된 나라가 없이 지금에 이르게 되었던 것은 이미 오래전부터 정치, 문화 개념인 국가와 민족이라는 사회체제를 발전시켰기 때문이지만, 소위 앵글로 아메리카(Anglo America)와 라틴 아메리카(Latin America) 대륙의 원주민들은 독립된 부족 중심의 체제를 중요시했기에 통일된 원주민 국가나 강력한 통치 권력을 만들어내지 못해 지금과 같은 비운의 역사를 경험할 수밖에 없었다는 생각을 해본다. 이런 비운의 역사를 감내한 이들이 교육이나 문화 혜택도 없이 오로지 관광객을 상대로 자신들이 직접 만든 공예품과 입장료로 생활을 한다는 사실에 가슴이 아팠다. 터벅터벅 마구간 같은 주차장으로 향하는데 슬픔을 아는지 모르는지 지배자들의 깃발들이 찢어질 듯 힘차게 바람에 휘날리는 가운데, "힘을 갖지 못한 정의는 무력하다. 우리는 정당한 것을 강하게 만들 수가 없어서, 강한 것을 정당한 것으로 간주했다."라는 프랑스의 수학자이며 철학자인 블레즈 파스칼(Blaise Pascal)의 말이 떠오른다. 유럽에서 이주한 기독교인의 총칼에 95~99퍼센트가 넘는 원주민이 학살되고 살아남은 그 후손들은 회복될 수 없는 치욕을 감수하며 살고 있는 현실을 무시한 채, 초강대국을 건설한 미국 기독교인들의 개척 정신과 도전적인 신앙을 배워야 한다고 가르치는 한국교회의 목회자들. 강자의 논리로 해석하는 정의와 역사관, 약자에 대한 배려가 없는 비뚤어진 신앙, 그리고 신앙이란 이름으로 무엇이 옳고 그른지 판단할 수 없도록 이성을 마비시키는 비인간적인 교육으로 인해 교회는 이미 쇠락의 길로 들어서 있다. 차르(Czar) 시대의 러시아 정교회가 그랬듯이 목회자들이 현실에 대한 심각성을 모를수록 한국교회는 돌이킬 수 없는 나락으로 떨어질 것이다. 벌거벗은 이곳 오지처럼 헐벗은 마음으로 삭막한 길을 따라 이제 페이지(Page)로 돌아가야 한다.

마지막 정열을 불태우는 황혼, 그리고 대지 위에 우뚝 선 바위들은 점점 가을날의 단풍처럼 짙붉은 색으로 물들어간다. 시야에 스쳐 지나가는 황혼 속의 풍경들, 그리고 사물들의 애절한 목소리가 바람을 타고 하나하나씩 차창 안으로 빨려들어 귀를 간지럽힌다. 어스름은 널찍이 깔리고 이내 헤드라이트를 켠다. 어스름에 문득 황혼이 깃들 때까지 동무들과 놀았던 어린 시절의 기억이 떠오른다. 그리고 이미 늙어버렸을 동무들의 모습들을 상상해보며 머릿속으로 그들의 몽타주도 그려본다. 하루해가 저물어가는 하늘엔 별들이 하나둘 소리 없이 자리를 잡아가고, 이미지만 있을 뿐 사진 속에 멈춰버린 부동의 시간처럼, 차에 몸을 싣고 달리지만 자연의 아름다움에 몰입되어 있는 이 시간은 마치 모든 것이 정지해 있는 것 같은 느낌이다. 시간의 문 안에 갇혀 있지 않는 자연처럼 인간도 시간에 제한되지 않고 살아갈 수 있다면 얼마나 좋을까.

오늘은 운전의 지루함도 느끼지 않고 달려보는 행복한 시간이다. 얼마나 지났을까 저녁을 먹을 시간이 지나서야 페이지(Page)의 숙소에 도착했다. 작은 시골 마을이라서 거리는 어둡고, 식당이나 마켓은 모두 다 문을 닫아 하는 수 없이 아내가 비상용으로 여행 가방에 넣어준 라면과 무말랭이로 끼니를 때우고, 곧바로 오늘의 방문지에서 느낀 소감을 나만이 아는 기호로 속기한 후 잠자리에 들었다. 다음날 이른 아침 페이지의 날씨는 구름이 조금은 끼었지만 대체로 맑았고, 어제보다 바람이 덜했기에 여행은 그다지 힘들지 않을 것 같은 느낌이 왔다.

그랜드 캐니언 사우스 림에서

연방의회에 의해서 1919년에 국립공원(National Park)이 되었고, 1979년에 유네스코 유산에 등재된 그랜드 캐니언(Grand Canyon)의 노스 림(North Rim)으로 가기 위해 길을 나섰다. 이곳을 택한 이유는 여러 번 구경할 기회가 있었던 사우스 림(South Rim)과 달리 노스 림(North Rim)은 한 번도 가보지 못했기 때문이다. 거리는 115마일, 우선은 첫 방문지의 거리가 짧아 부담이 덜한데다가 아침 공기가 맑아 상쾌한 기분으로 89번 남쪽 고속도로와 89A 고속도로를 타고 3~40분쯤 달렸다. 콜로라도 강(Colorado River)에 낀 마블 캐니언(Marble Canyon)에 가까이 왔을 즈음 갓길에 손글씨로 쓴 한 작은 사인이 눈에 들어왔다. 작년 7월에 자연 발화에 의한 화재 때문인지 노스 림이 개방되지 않았다는 내용이었다. 하는 수 없이 방향을 틀어 사우스 림으로 향했다.

콜로라도(Colorado) 고원에 있는 그랜드 캐니언은 콜로라도 강물에 의한 침식과 거센 바람, 뜨거운 태양열로 만들어졌다고 한다. 오랜 시간 한 곳을 향해 떨어지는 작은 물방울이 바위도 쪼갠다는 말처럼,

수천만 년 동안 이어진 풍화작용으로 해발 2.5킬로미터(1.56마일)의 융기된 지각에서 평균 깊이가 1.5킬로미터(0.9마일), 너비는 0.5~30킬로미터(0.3~18.6마일), 길이는 445킬로미터(276.5마일)에 면적은 4,291제곱킬로미터로 제주도의 거의 2.5배에 해당하는 크기의 대협곡이 만들어졌다고 하니 실로 자연의 힘은 대단하다. 1540년 스페인의 코로나도 탐험대에 의해 처음 발견되었고, 미국이 독립하던 해인 1776년에 스페인의 가톨릭 신부인 프란시스코 가르세스(Francisco Garces)와 실베스트레 벨레즈 드 에스칼란테(Silvestre Velez de Escalante)에 의해 재발견된 이후 수많은 인류와 지질학자, 그리고 생물학자와 탐험가들이 줄을 이어 이곳을 찾게 되었다. 이곳을 찾았던 사람들은 그랜드 캐니언의 거대한 크기에 감탄해서 '신이 만든 지상 최대의 조형물'이라는 별명을 붙여 주었다. 사실 이곳을 방문해본 사람만이 이 말이 허풍은 아님을 실감할 수 있을 것이다. 20억 년 전에 생성된 이 대협곡은 전체적으로 붉은빛을 띠지만 지층 하나하나를 잘 살펴보면 우리가 보아왔던 지층과 달리 갈색, 회색, 녹색, 분홍색, 보라색 등 무지갯빛 색조를 볼 수 있다.

그리고 인류학자들의 연구에 의하면 사우스 림을 따라 코호니나(Cohonina) 부족이 그리고 노스 림과 사우스 림의 계곡 사이에는 아나사찌(Anasazi) 부족이 살았다고 한다. 이후에 협곡 안으로는 누구나 한 번쯤은 들어 본 왈라파이(Hualapai)와 하바수파이(Havasupai) 원주민 부족이 이주해 와 정착하였다고 전해진다. 1860년 영국계인 앵글로 아메리칸(Anglo-American)들이 이곳에 도착하기 전까지 원주민들은 사냥으로 자급자족을 하며 평화롭게 살았지만, 다른 종교, 다른 생활양식, 다른 피부색깔의 사람들을 짐승으로 취급했던 앵글로 아메리칸들에 의해 잔혹하게 인종청소를 당한 원주민들은 멸족하다시피 했고 생존율은 1~5퍼센트 정도에 불과했다. 2000년대에 들어서 터키, 이란, 이라크에 걸쳐있는 쿠르디스탄(Kurdistan) 지역의 쿠르드(Kurd) 족이나 버마(Burma)의 소수민족으로 무슬림계인 로힝야(Rohingya) 족, 발칸반도에 있는 세르비아와 보스니아 무슬림의 인종청소는 앵글로 아메리칸들이 이곳 원주민들에게 행한 잔인함에 비하면 조족지혈(鳥足之血)이다.

역사를 보는 관점은 편차가 있을 수 있지만 우리가 가장 증오하는 세계 근현대 역사 중 하나는 남아프리카 공화국에서 영국이 발발시킨 보어전쟁(Bore War), 중국의 마지막 왕조 청나라를 향해 영국이 일으킨 아편전쟁, 그리고 다른 하나는 대동아 공영권이라는 이름아래 일본 군국주의가 일으킨 태평양 전쟁이다. 아무리 숲이 울창해도 하늘을 다 가릴 수 없는 것. 제2차 세계대전 이후 침략한 나라와 고통 받는 민족에게 사죄와 용서, 배상도 없는 승전국 영국과 패전국 일본이 지금도 끊임없이 역사를 왜곡하고 미화하는 것에 비애를 넘어 분노를 느낀다. 식민지에서만 삼천오백만 명을 학살한 대영제국은 패전국으로부터 받아낼 보상금 전액을 미국에 양도해서라도 세계 최대의 침략제국이라는 이미지를 탈피시켜주기를 원했다. 그리고 영국은 최대의 승전국인 미국에게 자신들이 지배했던 식민 국가들에게 발전된 영국식 민주주의 정치를 심어주었고 굶주림을 벗어날 수 있도록 경제발전을 이루어줬다고 선전해줄 것을 요구했고, 더 나아가 전 세계에 선전해 달라고 요구한다. 마치 짜고 치는 화투판처럼 미국에 승전국 보상금을 양도한 댓가로 네덜란드처럼 식민정책이 야만적이었던 영국이 지금은 정치와 문화 강국의 이미지로 바뀌었다는 역사의 아이러니를 본다. 이런 영국의 정책을 펼 수 있었던 것은 당시 미국 사회를 주도했던 정치인과 갑부들의 대부분이 소위 와스프(WASP, White Anglo-Saxon Puritan)라고 일컬어지는 집단이었기 때문이다. 영국과 달리 미국에게 도움을 받을 수 없었던 패전국 일본은 지배했던 국가와 민족에게 사과는커녕, 지배시대에 심어놓은 친일파의 후손들을 이용해 반인륜적인 침략의 역사를 흔적 없는 망각 속으로 몰고 가려는 파렴치한 모습을 보이고 있다. 징용을 당했거나 성노예로 한평생을 불우함 속에서 보낸 사람들의 개인청구권까지도 인정하지 않는 처사는 역사를 부정하고 자신들의 잘못을 인정하지 않는다는 의미와 같은 것이다. 인류가 멸망하지 않고 생존의 끈을 이어가는 한, 역사의 수레바퀴는 계속해서 굴러가는 것이기에 가해국가가 변명이나 궤변을 늘어놓으며 거짓을 진실처럼 포장한다고 해서 역사적인 사실이 지워지거나 사라지지 않는다는 것을 상식이 있는 사람이라면 누구나 알 수 있다. 지배국가의 사죄와 역사적 반성, 그에 따른 이행이 없이는 식민지 민족의 아픈 기억은 세대가 무수히 바뀌어도 영영 지울 수는 없다. 마치 터키에 대한 그리스인의 반감처럼.

달리는 차창 밖으로 폰데로사 소나무(Ponderosa Pine)와 향나무, 그리고 키 작은 밤나무들이 64번 고속도로에서부터 사우스 림의 입구인 데저트 뷰 워치타워(Desert View Watchtower)까지 길게 늘어져 있었다. 데저트 뷰 워치타워에 올라 내려다보는 경관은 웅장함과 광대함 그 자체였고, 그 아름다움을 간직하기 위해 계속해서 스마트폰 셔터를 눌

데저트 뷰 워치타워(Desert View Watchtower)에서 본 풍경

러댔다. 중이 제 머리는 못 깎듯 협곡의 경관을 찍고 난 후, 내 모습이 들어간 사진을 찍을 수 없어서 큰아들 또래쯤 보이는 동양인 커플에게 사진을 찍어달라고 부탁을 했다. 남자 쪽에서 내 스마트폰을 받아들더니 "한국분이세요?"라고 물어온다. 그렇다고 하면서, "귀하께서도 한국 분이셨군요. 만나서 반갑습니다."고 답을 했더니, 싹싹하게 보이는 신부가 이 경관을 보고 기분이 좋았는지 잽싸게 대화에 끼어들어 "한국 분이신 줄 알았어요. 우리 둘 다 대구 사람인데 결혼하자마자 이곳으로 허니문을 왔어요. 선생님은 어디서 오셨어요? 서울에서 오셨어요?"라

고 말을 던진다. 일부러 부드러운 미소를 띠며 "아니요. 고향이 전북 익산입니다."라고 대답만 했을 뿐, 더 이상 말을 잇지 않았다. 만남이란 소중한 것이지만 조국의 미래가 없다는 실망감에 모든 것 다 팽개치고 이국땅으로 삶의 터전을 옮긴 사람이 무슨 말을 하고 싶겠는가. 그리고 바로 옆에는 동행한 허니문 커플들이 주목하고 있어서 내 입장에서는 분위기가 어색했기 때문에 더더욱 입이 다물어지고 있었다. 같이 한 커플에게 "오랜 세월 같이 살다보면 당연히 부부 사이에도 먹구름이 몰려오기 마련인데, 서로 이해하고 항상 행복해지려는 노력이 필요하다. 새로 태어날 생명과 더불어 이루는 가정에 웃음이 떠나지 않기를 바란다."는 말을 간단하게 남겨주고 발걸음을 옮겼다.

이곳을 떠나면서 몇 년 전에 아내와 같이 링컨 센터(Lincoln Center)에서 관람했던 뉴욕 필하모닉 오케스트라(New York Philharmonic Orchestra)의 연주가 떠올랐다. 64번 고속도로에서 사우스 림의 입구인 데저트 뷰 워치타워까지의 25마일 거리는 검은 장막 안에서 부드러우면서도 조용한 선율이 흐르는 서곡의 연주같이 밋밋했다면, 그랜드 캐니언 빌리지(Grand Canyon Village)로 올라갈수록 선이 점점 굵어지면서 깊어지고, 그랜드 캐니언 빌리지에 이르러서는 웅장한 모습으로 나타나는 선명한 지층과 전율을 느끼게 하는 기이한 바위들이 클라이맥스로 치닫는 연주와 같았다. 끝이 보이지 않을 정도로 웅장한 협곡이 눈에 들어오고, 그랜드 캐니언 빌리지에서 바라보는 경관은 현기증이 일어날 정도의 경이로움 그 자체이다. 방문할 때마다 이곳 경관이 새롭게 느껴지고, 거칠어 보이지만 볼수록 아름답고 부드러운 풍경으로 느껴지는 것은 무슨 연유에서일까. 아마 인생의 연륜이 깊어질수록 생각이나 감성의 깊이가 달라지고, 그 생각과 감성은 완전하게 정제되어 있지 않지만 '없음'을 지향하려는 마음 때문일 것이다.

차를 주차해놓고 한참을 걷다가 걸음을 멈춰 서서 경관을 바라보고 있는데 옆에 배낭을 메고 있는 한 젊은 백인 여자가 사진을 찍어 달라고 부탁을 해온다. 찍어주고 난 후, "감사하다."는 말을 한다. 억양을 들어보니 상당히 거셌다고 느꼈는데, 그녀 역시 부드럽지 않은 내 발음을 듣더니 어디서 왔느냐고 물어왔다. "한국계 미국인(Korean-American)이며 뉴욕에서 왔다."고 대답을 했더니 조금은 부러운 눈초리로 나를 바라보았다. 나 역시 그녀에게 스위스나 폴란드에서 왔느냐고 물었더니, "독일의 작센에서 왔고, 통일 독일이 되기 전에는 동독이었다."고 대답한다. "혼자 하는 여행 같은데 이 여행이 걱정되지 않느냐?", "미국 땅 같지 않은 곳인데 이곳에 서 있는 기분은 어떠냐?"고 물었더니, "혼자 여행을 왔지만 쓸쓸하지도 않고 두려움도 없고 오히려 시간에 구애받지 않고 자유스럽게 가고 싶은 곳에 갈 수 있으니 이 보다 더 좋은 여행은 앞으로도 없을 것 같다."고 대답을 해준다. 그리고 "사진만 봤을 뿐, 그랜드 캐니언의 경관이 이렇게 거대하고 아름다운 줄은 몰랐다. 유럽에서 절대로 볼 수 없는 어마어마한 크기다."라고 자신의 느낌을 부연해준다. 이어 "3년 전 대학에 다니던 시절, 학우들과 같이 뉴욕을 방문했던 타임스 스퀘어(Times Square)와 월 스트리트(Wall Street), 센트럴 파크(Central Park)와 할렘(Harlem)이 지금도 기억에 남는다."는 말을 한다. 처음 만나는 사람이지만 여행에 대한 허물없는 대화가 20분 이상 이어지고 "미국 어디를 가든지 좋은 기억으로 간직할 수 있는 여행이 되길 바라고, 더불어 고향으로 무사히 돌아가길 바란다."는 말을 남기며 박물관으로 향했다. 속에 있는 촘촘한 말을 주고받다가 껍질만 남기고 빠져나온 것 같은 미안함을 떨쳐버릴 수 없었지만, 이곳을 떠나면 카이밥 국유림(Kaibab National Forest)을 거쳐 40번 고속도로를 타고 280마일 떨어져 있는 라스베이거스까지 달려야 하기에 시간이 너무 촉박했다. 박물관을 향해 걸어가면서 고개를 돌려 흘낏 그녀를 보니, 앳되고 가냘픈 얼굴의 그녀는 눈 초점을 잃지 않고 나를 바라보며 미소를 짓는다. 그리고 만나서 반가웠다는 듯, 살짝 손을 들어 흔든다. 더 깊은 대화가 이어질 수 있음에도 칼로 무 자르듯 돌아서는 모습에 언제부터 이렇게 단호해졌는지 나 자신도 놀랐다.

신혼 초 때까지만 해도 끊고 맺음이 불분명하고, 잔정이 너무 많아 기회가 와도 일을 그르친다고 주위 사람들로부터 핀잔을 듣던 때도 있었다. 가정을 꾸리고 나이가 들어가도 세상물정을 알아가는 것보다는 낭만을 찾는 것을 좋아했던 젊은 시절. 끊고 맺음이 불분명해서 아내를 힘들게 한 적도 있었지만, 나이가 들어가면서 나 자신의 단점을 돌아보며 부단하게 노력하게 되고, 더욱이 각박한 이민생활을 하면서 현실에 맞춰 살아가는 것이 생존할 수 있는 방식이라는 것을 인지했기 때문일 것이다. 그녀와의 만남을 생각하며 나 홀로 하는 여행이 외로울 것 같지만 꼭 그렇지 않다는 것을 느꼈던 시간이다. 여행 중에 이런저런 사람들을 만나고 대화를 통해 친구가 될 수 있고, 붙임성 있는 성격이라면 더더욱 많은 친구를 만들 수 있다. 그랜드 캐니언 박물관에 들어가 보니 모니터에 나오는 동식물의 화석에서 지구의 역사와 그랜드 캐니언의 역사에 대한 흔적을 볼 수 있었다. 집중해서 보니 이곳 그랜드 캐니언의 하부지층에는 원시 바닷말, 상부지층에서는 중생대의 나무화석과 조개, 삼엽충, 공룡의 뼈와 발자국, 낙타와 말, 나무늘보와 코끼리 화석 등을 볼 수 있었고 시대에 따라 종류도 다양하게 나타나 있었다. 길어야 백수(白壽) 밖에 되지 않는 인생을 살아가는 나로서는 인간에 의해 최근 200년 사이에 발전된 과학이 자연의 신비를 제대로 풀 수 있는 것인가 하는 의구심이 들었다. 과학이 신비스러운 것들을 증명하며 하나씩 해결해간다고 하지만 자연이 갖고 있는 진실을 정확하게 풀 수는 없을 것이라는 생각을 해본다. 어차피 이곳에 들렀으니 안 보고 가면 섭섭하겠다는 생각에 그저 훑어보기라도 하고 가자는 식으로 관람을 하였다. 내 자신은 진화론과 창조론의 어느 한쪽도 부인하는 사람은 아니지만 생물학과 지질학, 천문학에 대해 많은 의구심을 갖고 있다. 왜냐하면 생물들의 진화는 가능하지만 아직도 창조에 대한 과학적 증명이 부족하거나 가정에 기초를 둔 불분명한 설명 때문이다.

박물관에서 나와 하늘바다 아래 파노라마처럼 펼쳐진 거대한 협곡을 다시 한번 보면서 창조주가 빚어낸 신비스러운 풍광에 빠져든다. 문득 정신을 차려보니 새파란 20대를 지나 금방 40대가 되었고 이래저래 덧없는 세월을 보내더니 이제는 60대로 접어들고 있다는 허무감이 가슴을 움켜쥔다. 그래서 이백(李伯) 시인은 〈장진주(將進酒)〉에서 "君不見 黃河之水天上來 奔流到海不復回(군부견 황하지수천상래 분류도해부복회, 그대는 보지 못 하는가 황하의 물이 하늘에서 내려오고 바다로 흘러가서는 다시는 돌아오지 못하는 것을)"라고 말했던가. 세월은 풍운과 같이 흘러가고 인생은 안개처럼 사라진다는 허무가 앞을 가리는 사이 바로 옆 절벽에 둥지를 튼 솔개가 바람을 따라 퍼덕퍼덕 날갯짓을 하며 시야에서 사라진다. 헤어짐은 언제나 비애를 안겨주듯이, 언제 다시 오리라는 기약도 없이 또다시 거리의 방랑자가 되어 무한 고독을 안고 질주해야 할 시간이다. 40번 고속도로를 타고 1시간쯤 달려간다.

미국인의 애환이 서려 있는 국도 66번

애쉬 포크(Ash Fork)에서 황색칠을 한 국도 66번(Historic US 66)이라는 교통 표지판이 보여 그곳으로 들어섰다. 2016년 '첫 번째 대륙횡단'에 이어 두 번째로 방문하는 66번 도로. 지금도 이 도로가 미국인 사이에 '미국의 메인 스트리트(Main Street of America)', '어머니의 길(Mother's Road)'로 불리는 이유는 대공황 시기였던 1929년에서 1930년대 초로 거슬러 올라간다. 자본주의에서만 볼 수 있는 만성적인 과잉생산이 물가의 폭락으로 이어졌고, 값이 떨어져도 소비가 없자 기업마다 생산을 축소한다. 규모에 상관없이 기업을 유지할 수 없을 정도의 생산축소는 많은 제조 기업을 도산으로 몰아넣었고, 빠른 속도로 생산과 소비가 격감되어 사회 전체가 돈이 돌지 않는 체화(滯貨)현상이 일어나게 된다. 그 영향으로 실업자가 기하급수적으로 늘어나게 되었고, 계속되는 체화현상에 투자가 급격히 줄어들어 결국 세계 경제를 움직이는 월 가에서는 주식폭락이라는 직격탄을 맞게 된다. 과잉생산에서 비롯된 1930년대 초의 대공황은 자국 뿐 아니라 전 세계 경제를 뒤흔들어 놓았고,

많은 사람들이 2008년 국제 금융위기 때와 같이 생활고에 시달려 목숨을 포기하거나 온 가족이 거리로 내몰리는 비참한 역사가 있었다. 졸지에 일자리를 잃어버려 생계가 어려워진 수많은 노동자들과 때마침 자연재해로 인해 농산물 생산의 격감뿐 아니라 소비시장에서도 제값을 받을 수 없는 지경에 이르자 은행대출을 갚을 수 없었던 농민들은 땅을 버리고 고향을 등지게 된다. 실직자들은 가족을 이끌고 일손이 부족한 서부로 이동하였는데, 특히 아메리카 드림이 넘쳐나는 땅인 캘리포니아(California)로 가기 위해서는 하나뿐인 이 도로를 필수적으로 거쳐가야만 했기 때문에 일명 '고난의 도로'라고도 불린 것이다. 지금도 미국인에게는 66번 도로는 미국인의 정신과 동시에 서민들의 애환이 담긴 도로이고, 더불어 어머니의 젖과 같은 도로로 인식되고 있다. 이 도로가 시카고(Chicago)에서 시작해 로스앤젤레스(Los Angeles)로 이어지는 미국 최초의 대륙횡단도로였기에 유명하기도 하지만 존 스타인벡(John Steinbeck)의 《분노의 포도》와 1946년에 발표한 냇 킹 콜(Nat king Cole)의 〈루트 66(Route 66)〉이라는 노래 때문이기도 하다.

If you ever plan to motor west

Travel my way, Take the highway that's the best.

Get your kicks on Route 66.

It winds from Chicago to LA.

More than 2,000 miles all the way

Get your kicks on Route 66

Now you go through St. Louis, Joplin, Missouri
And Oklahoma City looks mighty pretty.
You see Amarillo, Gallup, New Mexico,
Flagstaff, Arizona, don't forget Winona,
Kingman, Barstow, San Bernardino.
Won't you get hip to this timely tip
When you make that California trip
Get your kicks on Route 66.
Get your kicks on Route 66.
- 냇 킹 콜, 〈루트 66(Route 66)〉

애쉬 포크(Ash Fork)에서 조금은 좌측으로 기울어진 해를 안고 폭 좁은 편도 1차선의 도로를 타고 22마일 너머에 있는 셀리그만(Seligman)으로 향했다. 도로 위를 달리는 차량은 퇴비를 실은 농부의 픽업트럭만 드문드문 보였을 뿐, 눈에 들어오는 것이라고는 도로 바깥쪽 멀리 비루하게 서 있는 몇 채의 주택과 손길이 제대로 가지 않아 쓰러질 것 같은 몇 개의 작은 목장이 고작이었다. 한적한 길을 달리면서 인생이란 지금의 내 모습처럼 길 위의 여정이라고 생각해 보았다. 목적지를 향한 여정은 잘 달리다가도 뜻하지 않게 길이 막힐 수도 있으며, 때로는 전혀 예상치 못한 비바람에 시야가 감추어지는 곤란을 겪기도 하는 것이 아닌가. 북풍한설이 몰아치는 날씨를 만나 전진은커녕 꼼짝 못하고 그 자리에 정차할 수밖에 없는 극도로 난감한 경우를 만나는 일도 있을 것이다. 그러나 시련은 잠시, 원근에 관계없이 언젠가는 목적지를 향해 갈 것이며, 결국 목적지에 도착할 수밖에 없는 것이 여정이기에 힘이 닿는 데까지 최선을 향해 달려야만 한다. 불확실한 삶이 자신을 불안하게 만든다고 푸념하지만 불확실한 것마저 없다면 지금의 삶은 아무 의미가 없는 것이다. 연꽃이 진흙탕에 뿌리를 내리고 고진감래 끝에 아름다운 꽃을 피워내듯, 어렵지만 목적이 있기에 아름답게 살아가려고 노력하는 것이다. 작은 희망으로도 거대한 불가능을 넘어설 수 있다는 가능성 때문에 살아간다고 하는 것이 옳을 것이다. 내 앞을 달리는 픽업 트럭의 짐칸엔 짐이 높이 올려있지만, 짐을 덜어내야만 가볍게 운행할 수 있는 것처럼 우리 인생도 마음을 비워 살아간다면 그보다 더 편안한 여정은 없을 것이다.

이런저런 생각에 22마일도 금세, 시간이 멈춰버린 것 같은 작디작은 셀리그만에 도착했다. 그 시절 호황기에 누렸던 영화는 사라지고 이제는 과거의 시간과 함께하는 인적 없는 거리에 서서 지난 시절에 있었던 그들만의 추억 속으로 빨려 들어간다. 몇몇 가게 앞에는 1930년대부터 1960~70년대에 인기 있던 차량들이 전시되어 있었고, 주위 환경은 영화 속에서나 볼 수 있었던 그 시대의 문화를 떠올리게 하였다. 상인들의 얄팍한 상술도 보이지만 거부감이 느껴지지 않는 것은 대뇌의 한구석에 각인되어 있는 66번 도로의 아픈 추억이 내 것으로 다가오기 때문일 것이다. 건물마다 1930년대의 정취가 그대로 묻어나온다. 66번 도로의 일부이지만 이곳이 힘없던 서민들의 애환이 담긴 곳이라 생각하니 나 자신도 모르게 마음이 숙연해졌다. 영화 〈분노의 포도〉에서 묘

셀리그만(Seligman) 마을의 가게

사된 거리의 모습과 대부분 흡사했고, 음료수를 사기 위해 가게에 들어섰을 때는 오래된 흑백필름이 재생되는 것처럼, 손녀에게 아이스크림을 사주는 할머니의 모습이 눈에 선하게 떠올랐다.

1889년, 텍사스(Texas)에서 도살장을 운영하던 토드(Theut)와 몰트리(Moultrie) 가족이 이주해와 크지 않는 돈으로 아파치(Apache) 원주민으로부터 이 지역을 사들였다고 한다. 이후 토드와 몰트리 가족에 의해 40년 동안 호황을 누렸지만 세월을 끼고 살아가는 인간사는 항상 부침이 있는 것. 발길이 뜸한 이 거리는 이제 여행객들과 함께 추억을 같이하는 마을이 되었다는 것에 세월의 무상함을 느낀다. 인간의 역사에는 항상 굴곡이 있지만 죽는 날까지 그 자리를 지킬 것 같은 착각 속에 살아가는 사람들. 그러나 세월은 움직이는 것을 가만히 두지 않기에 자신들의 모습도 이해할 수 없을 정도로 시시각각으로 변해간다는 것을 간과하며 살아간다. 거리를 돌아본 후, 화장실을 가려고 한 가게를 기웃거리는데 화장실은 손님에 한해서만 사용할 수 있다는 문구가 보인다. 아직도 먼 거리인 라스베이거스에 가기 위해서는 미리 볼일을 보는 것이 당연한 것이어서 울며 겨자 먹기 식으로 '66번 도로(Route 66)'라고 쓰여 있는 자동차 번호판을 계산하고 화장실 쪽으로 몸을 비틀었다. 순간, 화장실로 들어가는 통로 양쪽에는 로큰롤의 황제 엘비스 프레슬리(Elvis Presley)와 35대 대통령인 존 F. 케네디(John F. Kennedy)와 염문에 휘말렸던 영화배우 마릴린 먼로(Marilyn Monroe)의 모습을 본뜬 실물크기의 모형이 서 있었다. 한 시절 젊은이의 우상이었던 나팔바지의 사나이는 마약을 과다 복용해 테네시(Tennessee)의 멤피스(Memphis) 자택에서, 한 사람은 케네디의 연인으로 몰라야 할 것을 너무 많이 알고 있었기에 정보기관에서 암살했다는 음모론과 수면제 과다 복용이라는 루머가 아직도 설왕설래하고 있지만, 결과적으로 이들의 난잡하고 절제되지 않은 사생활이 스스로를 단명하도록 재촉했을 것이라는 생각이 들었다.

가게 밖을 나와 눈 시린 하늘을 보니 뉴욕이 그리워지고 가족들의 웃는 얼굴 모습이 떠올랐다. 웃는 모습과 달리 그다지 좋은 남편이 아니었고 특히 아이들에게는 좋은 아버지가 아니었다는 자책감이 가슴을 메운다. 나 때문에 가족들이 얼마나 힘들게 생활했을까. 나와 결혼해 고생만 하는 아내, 행복한 시절을 보내야 할 아이들이 엄하기만 한 아버지를 만나 하루하루 거친 가정교육을 받으며 보냈던 지난 시간을 떠올리며 짠한 마음에 눈물이 주르르 흘러내렸다. 그래서 누군가 혼자

하는 여행이란 과거를 돌이키게 하고 가슴 아프게 하는 악마와 같은 괴물이라고 말했던가. 사실 아이들에게는 학대가 아닌, 미래가 불투명한 한 이민자의 생활이 자식에게는 대물림되지 않기를 바라는 마음에 강한 교육을 했을 뿐이라는 진실을 고백하고 싶다. 아이들에게 전심전력을 하며 살아왔던 이민생활이 이제는 기력이 쇠퇴해지고 무엇을 이루겠다는 의지도 느슨해진 느낌이다. 아마도 아이들이 다 대학을 졸업하고 직장을 가질 정도로 성장했기 때문일 것이다. 미국인들의 추억이 알알이 박혀있는 이곳을 뒤로하고, 서둘러 라스베이거스를 향해 달렸다.

이글거리던 태양도 순환하는 시간을 거부하지 않고 산 너머로 발길을 옮긴다. 이내 희푸른 색깔로 치장한 어스름이 대지 위로 내린다. 머나먼 고원에서 분지를 향해 쉬지 않고 달리고, 목적지를 40마일쯤 남겨둔 고속도로에서 촘촘하게 뭉쳐진 빛이 어슴푸레하게 눈에 들어온다. 하나하나가 반딧불처럼 보이던 불빛도 목적지에 점점 더 가까워 다가갈수록 이곳저곳에서 쏘아대는 총천연색의 불빛들이 눈을 건드리고, 시내에 들어와서는 지나는 건물 하나하나마다 내미는 네온사인이 쏟아져 눈동자 속으로 들어왔다.

또다시 라스베이거스로 들어가다

스페인어로 '초원(草原)'이라는 뜻의 라스베이거스(Las Vegas)는 마치 텍사스 주의 댈러스나 휴스턴처럼 사막 위에 덩그러니 놓여있는 도시로 1910년대에는 몇천 명을 오락가락하며 보잘것없던 인구가 1936년 후버 댐(Hoover Dam)이 완성되고, 이후 합법적인 도박장이 생겨나면서부터 급속도로 발전되어 2017년에는 관광객을 제외한 주거인만 60만 명을 넘는 대도시로 발전하였다. 도박과 환락으로 불야성을 이루는 이 도시는 이혼수속이 매우 간단해서 이혼을 목적으로 한 사람들이 전국에서 몰려오기에 일명 '이혼의 도시'로도 불린다. 나에게 라스베이거스가 속한 네바다(Nevada) 주가 그다지 관심이 없는 것은 1950~80년대 사이 미국 연방정부의 허락 아래 우주항공국의 실험은 물론, 국방부에서 주도한 수많은 핵실험이 이루어진 장소이기 때문이다. 이곳의 한 원주민 부족은 방사능에 피폭되어 이 땅에서 종적도 없이 사라져버린 경우도 있었다. 존 웨인(John Wayne)이나 수잔 헤이우드(Susan Hayward) 같은 유명 흑백영화 배우들도 이곳 네바다에서 서부영화 촬영을 하다가 핵 방사능에 피폭되어 고통스럽게 세상을 떠난 사건이 기억 속에 남아 있다.

'첫 번째 대륙횡단'에서와 같이 이번 '두 번째 대륙횡단'에서도 3일씩이나 라스베이거스의 호텔에서 머물 수밖에 없었던 이유는 이곳이 유명 관광지의 중간에 있다는 지리적 위치 말고도 물류나 승객의 운송수단인 철도나 차량도 이곳을 거쳐 가도록 계획 설계된 서부 내륙의 계획도시이기 때문이다. 돈에 대해 머리 회전이 빠르거나 지리에 밝은 사람이라면 라스베이거스가 왜 중요한지 알 수 있을 것이다. 이곳을 중심으로 샌프란시스코(San Francisco)와 로스앤젤레스(Los Angeles), 샌디에이고(San Diego), 프레즈노(Fresno)와 베이커스필드(Bakersfield), 산호세(San Jose)와 주도(州都)인 새크라멘토(Sacramento) 등 캘리포니아(California)의 주요 도시와 남동쪽으로 피닉스(Phoenix), 투손(Tucson), 앨버커키(Albuquerque)는 물론 텍사스(Texas)뿐 아니라 정남쪽으로는 멕시코(Mexico)까지도 연결되어 있고, 더불어 수많은 관광객들이 국유림과 국립공원을 가기 위해서는 꼭 거쳐야 하는 사통팔달의 도시인 이곳을 선택할 수밖에 없다.

참새가 방앗간을 그냥 지나칠 수 없듯이, 돈을 마다하지 않는 사업가들은 이런 이점 때문에 속속히 모여들어 투자하기 시작해 라스베이거스가 더욱 번창하게 된 것이다. 환락의 도시라는 것을 증명하듯, 지나는 거리마다 그리고 건물마다 형형색색의 엘이디(LED) 사인이 번쩍이고 도착한 호텔 역시 화려하다. 묵어야 할 호텔 로비에 들어서니 많은 사람들이 체크인을 하려고 줄을 서서 기다리고 있었다. 라스베이거스의 호텔들이 객실보다도 도박수익으로 운영되고 있는 현실을 증명이라도 하듯, 프런트 데스크 바로 옆에는 카지노 머신(Casino Machine)이 즐비하게 늘어서 있었다. 줄을 서서 기다리다 카지노를 향해 고개를 돌려보니 많은 사람들이 도박에 온 정신을 집중하고 있는 모습이 보인다. 마약이나 섹스 중독, 알코올이나 도벽 중독, 쇼핑이나 성형 중독보다 더 무서운 것이 도박 중독이라고 한다. 한마디로 말하면 중독 중에서도 도박 중독만큼 무섭고 못된 것이 없다는 말이다. 행운의 여신 티케(Tyche)가 내편이라는 상상 속에 짜릿한 잭팟의 순간을 기대하며 눈을 떼지 않고 몰두하고 있는 사람들의 수면부족에서 오는 휑한 눈과 녹은 동태처럼 흐물흐물해진 눈도 보았다. 카지노에 있는 사람들 중에는 노동의 신성함도 모른 채, 도박에 중독이 되어 재산을 탕진하는 것은 물론이고 가정이 파탄되어 갈 곳이 없어 라스베이거스를 떠도는 사람도 있을 것이라고 생각하니 가슴이 아팠다.

아무도 없는 자리에서 혼자 거울을 보며 노름을 해도 돈을 잃는 것이 도박이 아닌가. 성장해 대학에 갈 때까지 배우지도 하지도 말아야 할 것 중 하나는 도박이라는 말을 웃어른들로부터 귀가 닳도록 들으며 자랐다. 도박에 발을 들여놓아 정신이 피폐해지고 종말에는 폐인이 된 사례도 자주 볼 수 있다. 도박을 시작한 사람은 결국 도박으로 추악한 인생을 맞이하는 것을 우리는 알아야 한다. 지금까지 살아오면서 도박으로 돈을 번 사람이 행복하게 살았다는 이야기를 한 번도 들어본 적이 없다. 서부 여행자라면 누구나 라스베이거스에 머무르게 되고, 이곳의 랜드 마크인 카지노 게임은 여행의 피로를 풀기 위해 한두 번쯤 즐겨보는 것은 괜찮겠지만 돈을 따겠다는 생각으로 시작하는 것은 금물이다. 문제는 도를 넘어 상습적으로 도박판을 전전하는 사람들이다. 소지한 돈을 다 잃으면 신용카드로 돈을 끌어오고, 그다음에는 몸에 소지한 결혼반지 같은 보석으로 대치한다. 그리고 집으로 타고 돌아가야 할 자동차까지도 전당포에 저당 잡히고, 결국 살던 곳으로 돌아갈 수도 없는 사람들은 걸인이 되어 하수구 안에서 생활하는 모습을 심심치 않게 볼 수 있는 것이 이곳의 현실이다. 1940년대까지만 해도 판돈이 없으면 아내를 판에다 거는 패륜적인 일들이 허다했던 역사처럼, 지금도 카지노의 큰 판에는 놀음을 좋아하는 중국인들을 쉽게 볼 수 있다. 물론 중국인보다 수가 적을 뿐, 한국인들도 예외는 아니다. 많은 인종 중에 동양인들이 상당히 많이 눈에 띄는 것은 잘만 되면 여생은 물론 자손까지도 물질적 염려 없이 살아갈 수 있다는 한탕주의가 머릿속에 자리 잡고 있기 때문이다. 서양인들이 갖고 있는 능력주의 문화와 달리 동양에서는 인맥이나 학연이 없으면 차라리 돈이라도 있어야 한다는 비뚤어진 기회주의적인 인식이 사회에 만연해 있기 때문이라고 볼 수 있다.

목회로는 생활비가 턱없이 모자라 주중에는 의류매장에서 매니저로 일하던 2004년 2월, 라스베이거스 컨벤션 센터에서 있는 하의(夏衣) 패션쇼에 참가하기 위해 동포 지인과 함께 MGM 그랜드 호텔에서 만 6일을 머문 적이 있었다. 3일째 되던 날 지인을 따라 카지노에 내려갔고, 내 의지와 상관없이 블랙잭 게임을 본 적이 있었다. 필리핀계로 보이는 딜러 앞에는 일행으로 보이는 4명의 한국인이 테이블에 있었고, 삽시간에 판이 커지더니 한 판에 5,000불짜리 베팅을 하는 것이었다.

이들이 재벌 집안은 아닐지라도 한국에서는 돈 많은 상위 계층의 자제로 보였고, 판에 끼어들지 않았지만 옆에 있는 여자 역시 그들과 같은 부류의 한국인으로 보였다. 2~30분 정도 판이 이어지더니 큰 손님이라는 것을 단박에 안 카지노 측은 여자 직원들을 보내 7층 VIP룸으로 안내하는 모습을 보았다. 이 모습을 보면서 이곳 동포들이나 한국 부자들이 인생의 허무를 느끼며 도박 쪽으로 눈을 돌리는 일이 비일비재하지만, 도박보다는 사회봉사 쪽으로 눈을 돌리면 어떨까 하는 안타까운 생각이 들었다.

곁눈도 팔지 않고 도박에 열중하는 사람들을 보며, 관람하는 내내 어둡고 절망을 느끼게 했던 영화 〈라스베이거스를 떠나며(Leaving Las Vegas)〉가 떠올랐다. 의사도 가족도 포기한 구제불능의 알코올 중독자 니콜라스 케이지(Nicolas Cage)와 직업여성인 엘리자베스 슈(Elizabeth Shue)의 강렬하고도 운명적인 사랑 이야기, 그리고 그 영화 속에서 흘러나오는 재즈풍의 멜로디 〈마이 원 앤 온리 러브(My one and only love)〉. 사랑으로도 치료할 수 없는 지독한 외로움에 빠져있던 두 사람의 만남과 스산한 늦가을의 목소리 같은 스팅(Sting)의 노래가 서글프게 가슴을 파고들었다.

The very thought of you makes my heart sing
Like an April breeze on the wings of spring
And you appear in all your splendor
My one and only love

The shadows fall and spread their mystic charms
In the hush of night while you're in my arms
I feel your lips, so warm and tender
My one and only love
The touch of your hand is like heaven
A heaven that I've never known
The blush on your cheek whenever I speak
Tells me that you are my own
You fill my eager heart with such desire
Every kiss you give sets my soul on fire
I give myself in sweet surrender
My one and only love
My one and only love

- 스팅, 〈마이 원 앤 온리 러브(My one and only love)〉

아침 일찍 커튼을 젖히고 동쪽 하늘을 보니 태양은 두껍게 깔린 구름 속에서 아직 눈을 뜨지 못하고 있었다. 오늘을 기점으로 이번 여행은 반을 넘어가고, 동쪽 내륙으로 들어갈수록 목적지와 다음 목적지의 거리가 멀어 하루에 하나씩밖에 볼 수 없었다는 단점뿐 아니라, 숙박과 음식에도 가슴을 졸여야 했던 여행이 인구가 밀집되어 있는 태평양 쪽으로 향할 때는 이런 문제를 걱정하지 않아도 되었고, 목적지와 목적지 사이의 거리도 짧아 일정에 쫓기지 않고 충분한 여유를 가질 수 있어 좋았다. 내가 가야할 목적지는 데스 밸리(Death Valley). 출발하는 라스베이거스에서 150마일 정도이고, 계획했던 곳들을 하나씩 둘러본다 해도 250마일에 숙소로 돌아오는 거리까지 합해 총 400마일이면 충분하기에 그다지 가슴조일 필요가 없었기 때문이다. 사실 따지고 보면 가까운 거리는 아니지만 미리 정해진 숙소가 있고, 없다 할지라도 라스베이거스에서는 돈만 있으면 언제든지 찾아 들어갈 수 있는 숙소가 넘쳐나는 곳이기에 이번 목적지를 여유 있게 구경할 수 있다는 생각에 다른 여행지에서 움직이는 것보다는 편안함을 갖게 한다.

죽음의 땅 데스 밸리

지금 가야 할 곳은 전라북도와 경상남북도를 더한 것보다 좀 더 큰 28,000제곱킬로미터 면적의 데스 밸리(Death Valley). 남북 길이는 138마일(220킬로미터), 동서 너비는 3.75~16마일(6~25킬로미터)의 사이즈를 갖고 있다. 작년에는 라스베이거스(Las Vegas)에서 서쪽에 있는 베이커스필드(Bakersfield)로 넘어갈 때, 올해는 서쪽 프레즈노(Fresno)에서 라스베이거스로 가기 위해 데스 밸리의 중심부를 지났다. 작년과 달리 올해는 데스 밸리 방문을 포기하지 않겠다는 생각을 했고, 쫓기지 않고 편한 마음으로 구경하기 위해서는 먼저 동쪽에 있는 앤텔로프 캐니언(Antelope Canyon)과 호스슈(Horseshoe), 모뉴먼트 밸리(Monument Valley)와 포 코너스(Four Corners)를 찾은 다음, 여행의 종착지인 샌프란시스코(San Francisco) 쪽으로 올라오면서 데스 밸리를 구경하겠다고 계획했던 일정이 오늘이다. 160번 고속도로를 타고 북서쪽으로 올라가고 패럼프(Pahrump)라는 동네를 지날 때는 수많은 와이너리가 눈에 띄어 잠깐 들러보았다. 그리고 오늘 여행에 필요한 것들이 있어 와이너리에 가까운 마켓에 들렀다. 데스 밸리(Death Valley)가 더운 곳이라 다른 사막지역보다 더 많은 물이 필요하다는 것을 상식적으로 알고 있기에 보통 때보다 더 많이 바구니에 담았고, 혹시 모를 일을 대비해 비상식품으로 몇 봉지의 육포를 사는 것도 잊지 않았다.

목적지에 다다를수록 식물들이 현저히 줄어들고 달리는 차창 안으로 모래열풍이 쉴 새 없이 밀고 들어왔다. 고원에서 분지로 내려가는 도로는 경사가 심했고, 사고를 방지하기 위해 곳곳마다 굴곡진 도로를 인위적으로 만들어 놓았다. 내리막길에서 붙는 가속도를 조절하는 방법으로는 상당히 효과적이다. 도로를 타고 내려가면서 불편함보다는 오히려 리듬을 타는 음악같이 기분이 상당히 좋았다. 해수면(Sea Level)과 같다는 표지판이 보이고, 이곳을 지나면서 기온이 점점 상승하고 있다는 것이 피부로 느껴졌다. 지열에 의해 멀리 신기루가 보이고, 데스 밸리에 접어들면서부터 주파수가 잡히지 않아 라디오도 들을 수 없었고, 더욱이 해수면보다 낮은 분지라서 전혀 전파가 닿지 않아 스마트폰이나 내비게이션도 무용지물이었다. 네바다를 넘어 캘리포니아에 바로 들어서자마자 데스 밸리에 있는 몇 군데 중 하나인 인포메이션 센터(Information Center)에 들러 지도를 받아들고 프론트 데스크 바로 옆에 마련된 테이블의 지형 입체모델을 보면서 어디로 갈 것인지 엄선하고 있었다. 지형 입체모델을 보면서 받아둔 종이지도를 펼쳐 갈 곳들을 표시하고 있는데 유럽의 벨기에(Belgium)에서 왔다는 노부부가 옆에서 당일치기라면 여기서 가까운 단테스 뷰(Dante's View)와 배드워터 베이신(Badwater Basin), 트웬티 뮬(Twenty Mule)이 있는 자브리스키 포인트(Zabriskie Point)와 골든 캐니언 트레일(Golden Canyon Trail)을 가라고 조언을 해준다. 이곳에 3박 4일을 머물면서 거의 다 구경했는데 이곳들이 그런대로 볼만했다고 자신의 경험을 말해준다. 레이스트랙(The Racetrack, 움직이는 돌)은 어떠냐고 물었더니 여기서 80마일이 넘는 먼 거리인데 시간을 투자한 만큼의 가치는 없었다고 대답한다.

인자하게 보이는 노부부의 조언에 따라 그대로 투어를 하겠다고 결정을 하고 먼저 190번 도로를 타고 솔트 크릭(Salt Creek)을 가서 와디(Wadi)인 소금개울을 구경했다. 지리학을 공부하는 사람에게는 도움이 될 것 같이 보였지만 나에게는 말라버린 이곳이 흥미를 돋우어주지는 못했다. 미련 없이 접어두고 곧이어 30마일 거리로 영화 〈스타워즈 에피소드 6: 제다이의 귀환(Star Wars Episode 6: The Return of the Jedi)〉의 촬영지이며, 주인공 루크 스카이워커(Luke Skywalker)의 고향인 타투인(Tatooine) 행성의 주 배경지가 되었던 배드워터 베이신(Badwater Basin)으로 향했다. 이곳은 북미지역에서 가장 낮은 곳으로, 해수면보다 -282피트(-86미터)가 낮은 분지였고, 태어나서 처음으로 밟아보는 낮은 땅이었다. 일망무제(一望無際), 망원경으로도 보이지 않을 듯 드넓은 소금분지를 보면서 좁은 땅에서 태어나 살아왔던 나에게는 이곳의 경이가 낯설게만 느껴졌다. 땅에서는 더운 공기가 계속해서 올라와 소금사막 먼 곳에는 신기루가 보이고, 정오를 조금 넘긴 시각의 온도는 화씨 111도(섭씨 43.9도)를 나타내고 있었다. 내가 방문한 5월의 평균 기온이 화씨 99도(섭씨 37도)이며 기록된 최고 기온이 화씨 122도(섭씨 50도), 가장 덥다고 하는 7월에 기록된 최고 기온이 화씨 134도(섭씨 57도)라고 하니 지명 그대로 '죽음의 계곡'이라고 불릴 만했다. 일 년 강수량은 50 밀리미터도 안 되는 데다가 몇천만 년 전에는 바다였던 이 지역이 융기가 되어서 염분을 머금고 있었고, 물기가 조금이라도 있는 곳에는 소금 결정체가 나타나 생물 자체가 존재할 수 없는 죽음의 땅으로 변해버렸다. 사해보다 염분농도가 더 높은 이곳에 서서 눈을 들어 이리 보고 저리 보아도 한 그루의 나무는커녕 벌거숭이 바위산뿐이었고 머리 위로는 강렬하고 따가운 햇볕이 사정없이 온 대지에 내리꽂고 있었다. 지글거리는 태양 아래 숨죽이고 있는 대지, 그리고 가끔씩 불어오는 더운 바람만이 친구가 되어주는 버림받은 땅. 육각형의 소금이 한없이 널려진 배드워터 베이신을 하염없이 걸어갔다.

금방이라도 손이 닿을 것 같이 마주 보이는 산 쪽으로 얼마쯤 걸었을까. 사람들의 발길이 닿지 않았던 곳까지 가보겠다는 마음으로 조금만 더, 조금만 더 하면서 걸은 시간이 30분을 넘겼다. 누군가 이곳을 왔다 갔다는 발도장을 남기고 싶었는지 소금바닥에 동전으로 긁어 쓴 이름과 사랑의 마크가 눈 속으로 툭 튀어 올라왔고, 그 옆에는 쓰고 던져놓은 동전도 보였다. 그리고 눈을 들어 앞을 보니 눈 내린 평지에 흔적을 남기며 걸어간 것처럼, 관광객들이 만들어놓은 소금 길은 반질반질한 선이 되어 아득히 먼 곳까지 이어져 있었다. 소금 길이 도대체 어디까지 이어졌는지 궁금해졌다. 남보다 더 멀리 가보겠다는 것은 그 자취를 남긴 사람의 욕심과 관계되어 있는 것일까. 미지에 대한 도전이 아니라면 욕심일 것이고, 욕심보다는 차라리 진정한 도전이 더 멋져 보일 것이라고 생각해 본다. 가장 낮은 땅에서 어느 곳보다 더 짠 소금을 혀끝에 문질러보고 "너희는 세상의 소금이니 소금이 만일 그 맛을 잃으면 무엇으로 짜게 하리요. 후에는 아무 쓸데없어 다만 밖에 버리어 사람들에게 밟힐 뿐이니라"는 성경구절이 떠올랐다. 3퍼센트의 염분이 바닷물을 부패하지 않게 하는 것처럼, 인간이 인간답게 살 수 있는 세상을 만들기 위해서는 소수의 깨어있는 사람으로도 이 사회가 부패하지 않고 유지될 수 있지 않을까. 따지고 보면 사람 사는 세상을 만들기 위한 소수의 사람들의 노력에 우리가 자유를 누리며 살고 있는 것이 아닌가.

이런저런 생각을 하던 차에 문득 북미에서 가장 낮은 곳에 서 있다는 것이 스쳐 지나가고, 가장 낮은 자리에 서 있는 것처럼 나 자신의 생활이 항상 겸손해야 한다는 것을 깨닫는다. 물은 누구와도 겨루지 않고 한사코 더 낮은 곳으로 흘러가려는 속성이 있듯이, 가장 훌륭한 사람은 물같이 낮추어 세상을 바라보고, 사람을 대할 때도 나를 낮추어 존경하며 살아가는 것이다. 마지막 만나는 사람까지도 인격과 인격의 만남, 사랑과 사랑의 만남이 이루어지기를 소망하며, 아마고사 레인지(Amargosa Range)에 속한 5,475피트(1,669미터) 높이의 자브리스키 포인트(Zabriskie Point)로 향했다.

자브리스키 포인트로 가기 위해 배드워터 베이신을 출발하자마자 바로 옆에는 데빌스 골프 코스(Devils Golf Course)가 있었고, 필드를 바라보았지만 너무 더워서인지 사람들은 보이지 않았다. 잔디는 고사하고 울퉁불퉁한 소금밭에서 라운드 하기가 힘들 것 같아 보였고, 세상에는 별난 사람들도 있기 마련이라 섭씨 44도 더위에서도 간혹 객기를 부리는 사람도 있지 않을까 생각해 보았다. 진정한 용기는 지혜와 분별력과 앎에서 나오는 것이라면, 그와 반대로 객기는 현실에 대한 판단을 제대로 하지 못하는 사람들에게 나타나는 행동습관이다. 굳이 소크라테스의 말을 빌리지 않더라도 상식적으로 알 수 있는 것은 진정한 용기를 가진 사람은 부끄럽고 추한 일을 꺼려 멀리하고, 반대로 객기에 가득 차 있는 사람은 추하고 부끄러움을 모른 채 주위 사람들에게 이목을 끌고 싶어 상식에 반하는 행동을 한다. 우리 주변에서 용기가 필요할 때 비겁하게 숨어버리는 사람, 자제력이 필요할 때 만용과 객기를 부리는 사람을 많이 볼 수 있다. 이러한 부류의 사람이나 집단은 뭐니 뭐니 해도 정치 엘리트들이다. 정치인의 대부분이 진정한 용기와 지혜와 덕을 갖추지 못하고 판에 뛰어든 사람들이 많기 때문이다. 예를 들면, 자신들이 저지른 실정을 분석하고 반성해서 더 나은 국정을 만들겠다는 것이 아니라, 변명에만 급급하고 소수당인 야당이나 국민에게 호통을 치며 책임을 전가하는 추악한 모습이다. 만약 이런 객기에 찬 정치인들이 계속해서 양산된다면 국민도 정치인들 자신도 불행해지는 것이다.

골프 코스에서 몇 마일을 더 달리니 자동차만 들어갈 수 있는 아티스트 드라이브(Artist's Drive)가 보여 그곳에 들어섰다. 들어서자 벌거벗은 계곡에는 형형색색의 바위들이 수를 놓고 있었다. 특히 아티스트 팔레트(Artists Palette)에는 에메랄드색, 황색, 회색, 붉은색, 흰색, 검은색, 분홍색 등 모자이크처럼 다양하면서도 서정적인 색깔들이 어우러져 한 덩어리의 바위산을 아름답게 색칠해 놓고 나를 기다리고 있었다. 자연 그대로의 멋이 깃든 수려한 아름다움, 그리고 색깔마다 가지고 있는 개성과 그 속에 촘촘히 녹아있는 아름다움에 점점 빠져들고 5월의 보석이란 말처럼, 때묻지 않은 에메랄드색이 수정체로 살포시 다가왔다. 자연은 하나도 버릴 것이 없으며 이런 자연의 아름다움 안에서 살아간다는 것이 어찌 보면 우리들에게는 행복이 아닌가. 천박한 자본주의 사고에 물들어 자연은 정복의 대상이며 개발의 대상이라는 배타적이고도 이기적인 개념에서 오는 파괴가 아니라, 자연의 본래적 모습이나 존재방식을 이해하고 생명의 원천으로써 이해하며 살아가는 것이 옳은 것이다. 계속해서 대를 이어가야 할 인간과 스스로 그렇게 있어야 할 자연은 하나로 연결되어 있기 때문이며, 조화를 이루지 못한다면 서로의 존립을 위태롭게 만들고 결국에는 돌이킬 수 없는 파국을 맞이할 수밖에 없다. 인간의 이기(利己)가 낳은 자본의 재생산과 과학만능주의에 지구가 황폐함을 너머 죽음의 나락으로 빠져들고 있음을 한탄하며 무거운 마음으로 이곳을 거쳐 자브리스키 포인트(Zabriskie Point)에 도착했다.

이곳 지명은 소독제와 도자기의 유약으로 쓰이는 붕사(硼砂)를 채굴하던 광부들이 소속되어 있는 자사의 총괄지배인 크리스찬 브레보트 자브리스키(Christian Brevoort Zabriskie)의 성을 따서 자브리스키 포인트라고 부른 것이 시초가 되었다는 안내문을 보았다. 500만 년 전에 이 지역은 거대한 호수였지만 물이 증발하고 난 후, 바닥에 쌓여 형성된 퇴적물이 드러나게 되었고, 그곳이 바로 자브리스키 포인트라고 한다. 이곳은 고대 코끼리의 일종인 마스토돈(Mastodons)과 낙타, 말과 새들, 풀과 갈대 등의 화석이 지금도 계속해서 발견된다고 한다.

나무 한 그루 없는 황량한 사막 언덕을 향해 숨이 차게 올라가는 길목에 낡은 의자가 덩그러니 놓여 있는 낯선 모습이 눈에 들어왔다. 쓸쓸하게 보이는 의자를 보며, 언제, 누가 이곳에 이 의자를 마련해 놓았는지는 모르지만 안식이 필요한 사람에겐 이곳에 앉아 쉬었다 가라는 이름 모를 사람의 배려가 깃든 것이라고 짐작을 해보았다. 이 의자에 앉아 황금빛 계곡을 등에 두고 아내와 같이 어깨를 맞대어 기우는 석양을 본다면 얼마나 행복할까. 문득, 의자는 인내와 겸손의 상징이며 낯선 사람에게도 안식을 주는 아름다운 도구라는 생각을 해보았다. 어느 누구에게도 귀하고 천함도, 좋고 싫음도 없이 항상 평등하게 받아들이는 겸손, 그리고 쉬었다 떠날 때까지 허리를 꺾어 묵묵히 견디어내는 인내. 세월은 연륜을 나타내듯, 오랜 세월이 지나도 변함없는 표정의 낡은 의자는 사랑하는 사람들뿐 아니라 낯선 사람 사이에도 대화를 나눌 수 있도록 유익한 자리를 주선해주는 아름다움 그 자체이다. 이순(耳順)을 살아온 이 시간까지도 의자와 같은 섬김을 원하지 않고 오히려 육중하게 앉아있는 사람이기를 원했던 나 자신의 불손하고 교만함을 생각해 보며 파렴치한 사람이라는 부끄러운 생각에 재빨리 고개를 돌려 정상을 향해 내 뺀다.

몇 분을 더 달려 정상에 올라서니 배드워터 베이신처럼 이곳 역시 지구 같아 보이지 않았고, 노란색을 띤 주름진 능선은 스키장의 슬로프보다 이마에 패인 주름에 가까워 보였다. 쉬었다 뿜어내는 간헐천의 물길처럼 세월의 흐름 속에 이미 숨겨진 과오들이 나이가 들어가며 자꾸만 펴 올려지고, 연륜이 더해질수록 잘못된 과거를 되뇌며 그 후회의 고통 속에서 살아가는 것이 인생이라는 것을 깨닫는다. 물처럼 멈추지 않고 흘러만 가려는 세월을 따라 조금씩 변해져간 골은 점점 넓어져 지금은 사람의 발길조차 디딜 수 없을 정도로 깊고 험한 골짜기가 되어버린 자브리스키 포인트. 이미 시들어버린 얼굴을 자동차 사이드 미러에 자브리스키 포인트와 견주어 보니 살아가면 갈수록 얻어지는 후회는 더 많고 깊은 주름이 되어 돌아오는 것이 인생의 법칙이라는 생각이 든다.

계속해서 기온은 올라가고, 이제껏 경험하지 못한 높은 온도가 느껴진다. 구경을 마치고 정상에서 아래 입구로 내려가는데, 멀리 도

자브리스키 포인트(Zabriskie Point)

로 갓길에는 엔진이 열을 받았는지 토목자재를 가득 실은 낡은 트럭이 후드를 열어놓고 있는 모습이 보였다. 불볕더위가 쏟아지는 이곳에 낡은 차량이 있다는 것이 어울려 보이지는 않았다. 이유는 엔진과열이 쉽게 이루어지기에 그런대로 더위를 견딜만한 차가 필요한 곳임에도 낡은 차량을 운행했기 때문이다. 데스 밸리에서 차가 고장이 나면 외부와 통신도 원만치 못해 오도 가도 못하고 밤을 새는 경우가 허다하다고 한다. 도움을 청해도 원거리에 있는 오지라서 수리 기사나 견인트럭 기사가 이곳에 오는 것을 꺼리기 때문에 무한정 기다릴 수밖에 없다고 한다. 일반 지역과 달리 수리비나 견인비도 상당히 비싸고, 이런 최악의 환경 때문에 미국 내에서 자동차 보험의 혜택을 받을 수 없는 두 지역 중에 데스 밸리가 포함된다고 한다. 그만큼 최악의 조건을 가지고 있기에 이곳을 여행할 때는 상태가 좋은 차를 선택해야 한다는 것을 상식으로 알아두면 좋을 것 같다.

자브리스키 포인트 입구 바로 옆에 있지만 다른 봉우리를 먼저 찾기 위해 지나쳤던 트웬티 뮬 팀 캐니언(Twenty Mule Team Canyon)을 찾았다. 10분이면 구경할 수 있는 곳이라 가벼운 마음으로 차를 주차시키고 그곳으로 걸어 들어갔다. 과거 이곳에는 보렉스(Borax) 광산에서 채석한 돌들을 옮겨 백금을 추출하던 정련소가 있었지만 무슨 연유에서인지 1883~88년까지 운영하다 문을 닫았다고 한다. 폐허가 되어버린 이곳에는 그 당시 20마리의 노새가 한 팀이 되어 끌던 거대한 수레가 낡은 모습으로 덩그러니 남아있었다. 이 수레의 바퀴는 2.1미터이며 짐을 실을 수 있는 무게는 36톤에 이른다. 광물을 가득 실은 수레를 끌고 보렉스 광산과 모하비(Mojave)를 오가던 자갈길을 바라보며 인간의 욕심에 의해 동원되었던 노새들의 고되고 고통스런 노역을 떠올려본다. 자연 속에서 자유를 누리며 살아가야 할 노새들을 떠올려 보며, 인간은 참으로 사악하다는 것을 느낀다. 욕심을 충족시키기 위해서라면 자유스럽게 살아가야 할 동물들을 동원할게 아니라 욕심 많은 인간 스스로가 해결해야 하는 것이 아닌가.

1990년 경남 통영군의 한 섬에 교회를 개척하고 난 후 3개월도 안 되었을 때다. 아내와 단둘이 생활하던 터라 어느 누구와도 대화할 대상이 없었고, 외로움을 달래기 위해 바지런했던 나는 교회 터에 채소와 꽃을 가꾸며 지냈다. 그러던 어느 봄날, 외로움을 달래기 위해 충무(지금은 통영시) 북신동 매립지에 서던 5일 장에 나가 강아지 두 마리와 대여섯 마리의 병아리와 오리 새끼, 그리고 두 개의 새장과 함께 잉꼬와 십자매 한 쌍씩을 사 왔다. 외로움을 달래주었던 반려동물들을 2년 정도 키우면서 가장 가슴이 아팠던 것은 새장에서 퍼덕이던 반려새들이었다. 공중을 자유롭게 날아다녀야 할 십자매와 잉꼬를 가두어 키우는 것이 자연의 이치에 거역하고 있다는 생각이 불현듯이 머릿속을 스쳐 지나갔다. 겨울이 지나고 따사했던 3월 초, 두 개의 새장을 밖에 내놓고 자유롭게 날아다녀 보라고 두 개의 새장 문을 열어 두었더니 하루 반나절을 맴돌다 이틀째 되는 아침엔 두 쌍 모두 다 어디론가 날아가고, 그 이후로는 영영 돌아오지 않았다. 아무리 추운 겨울이라도 영상 3~5℃ 이하로 내려가지 않는 곳이라 얼어 죽지 않고 주위 환경에 잘 적응할 것이라고 자위를 해보지만 겨울이 오면 어떻게 될지 걱정이 되었다. 그러나 새장에 갇혀 생을 마감하는 것보다 몇 시간일지언정 자유롭게 날아다닐 수 있다는 것이 오히려 더 큰 행복이라고 나름 판단해보았다. 130년 전 노역을 하던 노새와 사람들은 바람처럼 사라지고, 이들이 다니던 길만 덩그러니 남아 있다는 생각에 세월의 무상함을 느낀다. 돈이 되는 것이라면 지옥까지라도 갈 수 있다는 인간의 비뚤어진 탐욕, 그리고 견딜 수 없는 더위 속에서 노역을 하다 사라진 노새들을 생각해 보았다. 인간이 하는 일들은 헛되고 헛되니 모든 것이 헛된 것이 아닌가.

마지막으로 방문해야 할 단테스 뷰(Dante's View)를 가기 전에 오던 길을 6마일 정도 다시 거슬러 올라가 골든 캐니언 트레일(Golden Canyon Trail)에 도착했다. 주차장에는 10대 안팎의 소형버스와 일반 차량들이 있었고, 방문자들 속에 섞여 좁고 구불구불한 협곡을 따라 걸어 들어갔다. 황금빛 경치도 경치지만 너무 더운 탓에 1/3마일도 걷지 못하고 다시 입구로 돌아가는 사람들도 보였고, 3/5마일을 넘어서부터는 순환되지 않고 계곡 안에 들어앉아있는 더운 공기가 숨을 가쁘게 했다. 생명이라고는 전혀 볼 수 없고 오로지 모든 사물을 다 익혀버릴 것 같은 뜨거운 햇볕만 쏟아지는 극한환경을 견디지 못하고 몇 되지 않았던 사람들도 입구로 돌아가 버렸다. 걸어가야 할 길 위에는 열기가 오글거렸고, 바로 앞 살짝 꺾어진 길목에서 나타난 한 남자는 말없이 내 옆을 지나간다. 그리고 10미터 정도 앞 그늘진 바위 위에 앉아 쉬고 있던 여자가 일어서서 내 쪽으로 걸어왔다. 방금 내 옆을 지나갔던 30대 중반의 남자와 커플로 보이는 흰 캐플린 모자에 하얀 롱 드레스를 입은 백인 여자에게 "끝이 얼마쯤 남았느냐?"고 물었더니 "저기 꺾어진 곳에서부터는 오르막길이 나오고, 거기서 1/2마일 남짓 가면 된다."고 대답해주었다. 이 두 사람을 마지막으로 더 이상 움직이는 물체를 볼 수 없을 것 같은 기분이 들었다. 숨이 막힐 것 같은 더위에 길은 일상에서 접하는 같은 거리보다 더 길게 느껴졌다.

호기심이 많은 탓에 이 협곡이 맞닿는 곳은 어떤 모양을 하고 있는지 보겠다는 요량으로 계속해서 안으로 들어갔다. 안으로 들어갈수록 발길이 뜸해서인지 입구보다 길은 더 척박해 보였고, 미세한 소리마저도 들을 수 없는 적막함이 감돌았다. 우주 공간에 떠 있는 것처럼 나 이외에는 아무도 없다는 사실에 기분이 야릇했지만 살아있을 동안 무동과 무음의 세계를 한번이라도 경험해보았으면 하던 기대가 오늘에야 이루어진 것 같아 기분은 상당히 고양되어갔다. 도달해보니 밝은 색으로 치장된 아래쪽과 암갈색 화산재가 만들어낸 산의 중간지점인 안부(鞍部)가 사실상 경계였다. 그리고 아래쪽을 내려다보아도 맨리비콘(Manly Beacon) 외에는 그다지 눈에 띄는 것은 없었다. 트레일(Trail)을 한 거리가 1.5마일 정도 되는 것 같았지만 두고두고 기억에 남을 만한 곳은 아니라는 생각에 곧바로 입구를 향해 내려갔다. 한참을 내려가다 보니 이어져야 할 길은 짙은 갈색의 바위산과 만나 더 이상 보이지 않았고, 입구를 막아 벗어날 수도 없는 밀폐된 공간처럼 느껴졌다. 별안간 사물의 움직임도 바람 소리도 없는 무동과 무음의 환경에 섬뜩함이 엄습해오고, 곧바로 혼자라는 단절감에 공포와 불안이 동시에 쓰나미처럼 빠르게 밀려왔다. 우주 공간에서처럼 어느 하나 움직임도 보이

골든 캐니언 트레일(Golden Canyon Trail)

지 않는 외진 협곡에서 느끼는 적막함. 이제껏 경험하지 못하고 그저 추상적으로만 느꼈던 적막이나 고요함은 몽환적 감상이 아닌 두려움과 불안정 그 자체로 느껴졌다. 별안간 밀려오는 섬뜩함에 입구를 향해 줄달음하지만 발목에 둔중한 모래주머니를 단 것처럼 다리 움직임은 흐느적거렸다. 땀은 척추를 타고 계속해서 혁대 밑으로 줄줄 흘러내리고, 온몸을 구워버릴 것 같은 강렬한 햇볕에 숨조차 제대로 쉬기 어려웠다. 앞만 보고 한참을 달리다 보니 출발했던 협곡이 시야에 들어오면서 조금만 더 달리면 된다는 생각에 흔들리던 마음도 차츰 진정되어갔다. 입구 너머로 주차장이 보이자 안도의 숨이 뿜어져 나온다.

도착한 주차장에는 사람들이 다 떠나고 덩그러니 먼지 낀 내 차만 남아 있었다. 후들거리는 걸음으로 차에 들어가 에어컨디셔너를 틀어 더워진 몸을 식히면서 왜 협곡에서 두려움을 느꼈을까 생각해 보았다. 혼자 있을 때 외로워지는 것은 인간의 보편적인 감정이지만, 그 보편이 강해지면 내 주위에 아무도 없어 단절되었다고 느껴져 불안과 공포가 밀려온다는 것을 알았다. 인간의 본성이 그렇듯 군집된 환경으로부터 잠깐이라도 이탈되면 두려워하는 분리 불안(Separation anxiety)을 느끼는 것처럼, 이 시간 이곳에 같이 있을 줄 알았던 관광객도 없이 나 혼자 분리되었다는 사실에 소스라치게 두려움을 느끼게 된 것이다. 기계처럼 돌아가는 시끌벅적한 문명 생활에 적응되어 태곳적부터 있었던 자연의 순리를 생활 속에 내재시키지 못하고 살아왔다는 사실이 오늘 같은 공포와 불안을 느끼게 한 것이다. 더불어 공포와 불안은 인간이 갖고 있는 지식이나 생활을 이긴다는 것을 알았다. 마음이 안정된 후 차에서 나와 하늘을 보니 태양은 서쪽을 향해 많이 기울어져 있었고, 두려움에 진이 빠져버린 몸을 이끌고 마지막 코스인 단테스 뷰(Dante's View)로 힘겹게 향했다.

단테스 뷰의 유래는 배드워터 베이신을 보기 위해 찾아오는 관광객들이 제대로 된 풍광을 볼 수 있는 적합한 장소를 찾는다는 것을 알게 되었던 퍼시픽 코스트 보락스 컴패니(Pacific Coast Borax Company)의 직원들이 이 봉우리를 알려주면서 찾아오는 사람들에게 단테스 뷰로 불리게 되었다고 한다. 우리가 알다시피 단테가 쓴 《신곡(神曲)》은 지옥(地獄), 연옥(煉獄), 천국(天國) 등 3편으로 나누어지는데, 지하에 매몰된 원뿔 구조의 불구덩이로 묘사되어있는 곳이 지옥이다. 그런 점에서 이곳의 무시무시한 폭염과 짙은 농도의 소금기는 어떠한 생명체도 견디어 낼 수 없는 세계처럼 보였을 것이다. 정상을 향하는 구간은 차들이 시름시름할 정도로 경사가 심했고, 일부 구간은 탱크나 장갑차가 되어야 올라갈 수 있을 것이라는 생각이 들 정도로 급경사를 이루었다. 천천히 차를 달래가며 5,476피트(1,669미터)의 단테스 뷰에 올라섰다. 이미 평지에서 보았던 것과 달리 정상에서 보는 배드워터 베이신은 복사열에 수분이 다 증발되면서 소금과 붕사만 남아 결정체로 굳어진 하얀 빛깔이 마치 눈 쌓인 설원처럼 보였다. 그러나 자세히 보면 지구가 아닌 몇백 광년 떨어져 있는 또 다른 태양계의 한 행성처럼 보인다.

지구에서는 좀처럼 볼 수 없는 이러한 풍경에 영감을 얻은 리차드 마퀀드(Richard Marquand) 감독은 해리슨 포드(Harrison Ford)를 주연으로 내세워 공상과학영화인 〈스타워즈 에피소드 6: 제다이의 귀환(Star Wars Episode 6: The Return of the Jedi)〉을 제작했다고 한다. 배드워터 베이신이 영화 속에서 우주기지의 배경이 되었던 것처럼 실제로 그렇게 느껴졌고, 단테스 뷰(Dante's View)는 이곳 기지를 내려다보는 전망대 역할을 했던 것과 똑같은 느낌을 주었다. 데스 밸리(Death Valley)는 금광이 발견되면서부터 일확천금을 노리는 백인들이 수없이 모여들었고, 9천 년 전부터 이곳을 지키며 살던 원주민들은 1880년대 이후 총으로 무장한 백인들에 의해 흔적도 없이 이 땅에서 사라져 버린 아픈 역사를 갖고 있다. 멸족이 되어버린 원주민과 파괴된 이곳의 자연을 보며 창조와 진화는 영겁의 세월을 보듬으며 이루어졌지만 파괴는 단 몇 년이면 끝날 수 있다는 것을 백인 개척자들의 폭거를 통해서 실감한다. 더불어 제31대 대통령인 허버트 클라크 후버(Herbert Clark Hoover)가 임기 마지막 해인 1933년 원주민이 사라진 자리를 국립공원으로 지정하고, 그들을 대신해 관광객들을 유치하는 반역사적인 아이러니를 본다.

단테스 뷰에서 내려다보는 배드워터 베이신의 소금들판이 비록 아름다울지라도 생명체가 실존할 수도 없는 지옥과 같은 죽음의 땅이라는 생각에 마음 한편에는 씁쓸함이 찾아왔다. 마치 소설 《도리언 그레이의 초상(The Picture of Dorian Gray)》과 《지킬 박사와 하이드 씨(Dr Jekyll and Mr Hyde)》의 주인공들의 위선과 이중인격처럼, 가시적 아름다움의 이면에는 어느 존재도 허락할 수 없다는 상반된 모습이 자연 속에 숨겨져 있고 인간의 일상도 이런 모습은 아닌지 생각해 보게 된다. 내가 서 있는 산 너머에는 군사기지가 있고, 20마일도 안 되는 반대편에는 비공개 금지구역인 에어리어(Area) 51과 더불어 많은 과학자와 군인들이 주둔해 있다고 한다. 이들에 의해 여러 종류의 실험이 이루어졌고 몇십 년 후에는 이 지역이 짙은 방사능으로 오염되어 찾는 이가 없을 것이다.

해는 서편에서 기웃거리고, 입구로 내려가려는데 로스앤젤레스(Los Angeles)에서 왔다는 커플이 사진을 찍어달라고 부탁을 한다. 소금들판을 배경으로 사진을 찍어주고 카메라를 건네주는데 여자 쪽에서 나에게 중국인이냐고 물어온다. 한국계라고 대답을 해주었더니, "안녕하세요?"라고 한국인처럼 정확한 발음으로 인사를 건넨다. 대화를 하다 보니 몇 년 전까지 한국인이 운영하는 회사에 다녔고, 당시 한국인 직원들이 매우 나이스 했다고 회상을 했다. 회사를 떠나기 직전 한국계 직원들과 같이 서울에 출장을 간 적도 있었고, 인상 깊도록 아름다워 서울에 눌러앉고 싶었다고 말을 한다. 그때부터 한국어를 배우기 위해 한국 드라마와 케이 팝(K-pop) 프로그램을 시청하기 시작했고, 지금도 가족과 함께 한 달에 한 번 정도 한인 타운에 가서 불고기가 들어간 한 정식을 먹는다고 한다. 데스 밸리의 마지막 코스에서 듣는 그녀의 말에 자부심이 넘쳐나며 돌아가야 할 발걸음마저 가벼워졌다.

조국을 떠나 살고 있지만 내가 태어난 대한민국을 한시도 잊어 본 적이 없었고, 더불어 내 자신이 조국의 외교관이라는 생각으로 지금 이 시간까지 조국의 역사와 문화를 이웃에 알리며 살아왔다는 자긍심이 가슴속에서 차올라왔다. 대한민국이라는 단어만 들어도 언제나 가슴 뭉클한 것은 지금의 '나'라는 존재를 만들어 주었기 때문이다. 외국에 나가 살면 애국자가 된다는 이민 선배들의 말이 오늘따라 실감 나게 느껴진다. 이민자들은 자나 깨나 조국과 한국에 거주하는 동포들에게 좋은 일만 있기를 바라는 마음으로 살아간다. 조국! 그 조국은 나의 어머니이며, 나의 영혼이다. 그리고 조국이란 두 글자는 지금도 내 속에 살아 움직이는 생의 에너지이다. 우연한 만남은 이제 바람 속의 연기가 사라지듯 과거가 될 것이고, 먼 훗날 데스 밸리의 여행을 떠올릴 때 이름도 알 수 없는 이들과의 대화가 뇌세포에서 튀어나올 것이다. 동포와 조국에 대한 좋은 이미지를 갖고 있는 그녀에게 무한한 감사와 더불어 신의 은총이 항상 같이하기 바란다는 말을 건넨 후, 몸을 돌리는 순

단테스 뷰(Dante's View)에서 내려다 본 배드워터 베이신(Badwater Basin)

간 내 생이 마감될 때까지 다시는 이곳에 오지 못할 것 같다는 생각이 머릿속을 스쳐 지나갔다. 아쉬움에 또다시 몸을 돌려 주위를 다시 한번 천천히 둘러보았다. 11,049피트(3,368미터)의 텔레스코프 피크(Telescope Peak)에 걸린 구름조각은 황금색으로 아름답게 물들어 있고, 이런 모습으로 인생을 마감한다면 이보다 더 아름다울 수는 없겠다는 생각이 들었다.

태양이 점점 서쪽으로 내몰리는 사이 이내 어스름이 내려왔다. 서둘러 차에 올라타고 라스베이거스를 향해 캘리포니아와 네바다가 낀 오지를 달리며 미국의 3대 건국 정신인 청교도 정신(Puritanism), 개척 정신(Frontier Spirit), 실용주의 정신(Pragmatism)을 떠올려본다. 그리고 유난히 개척 정신이 힘을 발휘하던 그때의 역사를 더듬어보았다. 미국 정부가 1846년 캘리포니아를 완전히 점유하고, 이어 2년 후인 1848년 1월 캘리포니아의 시에라 네바다 산맥 중부 구릉지의 서터스 밀(Sutter's Mill) 제재소에서 일하던 제임스 마샬(James Marshall)에 의해 금맥이 발견되는 사건이 일어났다. 소문은 삽시간에 퍼져나갔다. 이듬해인 1849년, 경제침체로 생활고에 허덕이던 동부 사람들이 꿈을 찾아 캘리포니아 지역으로 대거 몰려드는 골드 러시의 역사가 시작되었다. 교통이 발달되지 않았던 시대라 동부에서 출발한 이주자들은 1차로 미시시피(Mississippi) 강변 도시 세인트루이스(St. Louis)에 도착해 다음 여정을 준비하고, 2차로 로키 산맥 자락에 있는 유타 주의 솔트레이크 시티(Salt Lake City)에서 다시 한번 머문 후, 최종 목적지인 캘리포니아로 향했다. 1849년은 유독 이주자가 많았기에 그들을 향해서 '포티나이너스(Forty-niners, 49년도의 사람들)'라는 수식어가 붙여지게 되었고, 특히 샌프란시스코는 몰려든 개척자들로 인해 번성한 도시가 되었다. 이곳을 연고로 창단된 미식축구팀의 이름도 '49ers(Forty-niners)'로 정한 것을 보면 동부에서 이주해온 개척자들이 캘리포니아에 얼마나 큰 영향을 주었는지를 알 수 있다. 개척 정신의 한 부분인 골드 러시는 노력한 만큼 열매가 맺어진다는 개인적인 능력주의를 낳았고 현재 미국 국민성의 한 특징으로 뿌리내리는 계기가 된다. 그 이유로 원주민은 강한 화력을 갖고 있는 백인 개척자들에게 적수나 경쟁자가 될 수 없었고, 경쟁자가 없는 개척자들은 서로 똑같은 환경을 갖고 있었기에 한 사람이 성공했다는 것은 남보다 더 많은 시간을 투자해 얻은 성과, 곧 능력이라고 보았기 때문이다. 한국 사회는 학교나 직장 등 한정된 기회 속에서 생존하기 위한 치열한 경쟁이 일어나지만, 개척 정신이 뿌리박힌 이곳은 남보다 좀 더 노력하면 좋은 학교와 직장에 취직할 수 있고, 돈도 벌 수 있는 기회가 주어진다고 믿고 있으며 실제로 사회 시스템이 그렇게 작동하고 있다.

그러나 많은 사람들이 이러한 서부개척 정신의 이면에 원주민의 생명과 삶의 터전을 빼앗은 파괴와 탐욕의 정신이 담겨진 어두운 역사가 있었다는 것을 간과한다. 그 개척 정신을 인내와 용기, 지혜를 의미하는 진취적인 이념이었다고 미화하지만 마치 일본 군국시대에 성노예나 징용으로 끌려가 죽을 때까지 씻을 수 없는 상처를 안고 살아가는 피해자들처럼 원주민 후손의 입장에서는 경악과 충격, 그리고 증오와 수치의 역사가 된다는 것을 알아야 한다. 개척자들, 아니 정복자들이 자행한 반인륜적이며 반역사적인 오물들이 더 이상 지구에 남아있어서는 안 된다. 피해자들에게 가해자들의 사죄와 명예회복, 정당한 피해 배상이 이루어져야 한다.

돌아본 시대의 역사만큼이나 컴컴한 어둠을 뚫고 달리고 달려 오후 10시를 조금 넘어서 라스베이거스에 들어왔다. 내일 일정을 준비하는 것 중의 하나가 자동차에 기름을 미리 채워 놓는 것인데, 기름을 넣고 있을 때에 거래하는 은행 전화번호가 스마트폰 화면에 올라왔다. 지금 주유소에서 신용카드를 사용하고 있느냐고 물어온다. 그리고 신용카드의 소유주가 맞는지 확인하기 위해 개인 정보도 물어본다. 서로 다른 주를 오가며 하루에도 여러 번씩, 그것도 10일 정도를 사용하니 신용카드를 도난당한 줄 알고 확인을 해왔던 것이다. 신용카드 회사 직원과의 통화가 끝나고 숙소에 도착하자마자 오늘 데스 밸리에서 있었던 여행일정을 보통 때보다 세세하게 스마트폰의 보이스와 메모지에 기록을 했다. 내일 일정은 그다지 힘들지 않은 코스라는 안도감에 이것저것 정리하다 보니 의외로 평소보다 늦게 잠자리에 들고 말았다.

로스앤젤레스로 향하다

미녀의 짙은 눈망울처럼 보이는 여명이 창문 안으로 들어오고, 몸을 일으켜 갈 길을 준비한 다음 가벼운 마음으로 호텔을 나섰다. 로스앤젤레스(Los Angeles)로 이어지는 15번 고속도로에 들어선다. 4~5번 정도 다녀 본 길이라서 그런지 낯설지 않은 느낌 덕분에 주행하는 데는 별 부담이 없었다. 관광코스로만 돌던 일정하고 달리 오늘은 후배의 도움으로 동문들을 만나는 날이다. 머무를 수 없었던 한 시절, 세월이 가도 잊을 수 없는 학창시절의 얼굴들이 떠오르고 270마일을 달려 정오쯤 로스앤젤레스의 한인 타운에 도착했다. 동문들이 모여 있는 곳에서 30년 넘게 볼 수 없었던 학과 동기의 얼굴도 보였다. 30년이 넘었지만 염색한 머리와 잔주름만 눈에 띄었을 뿐 그들의 말투나 행동은 그다지 변한 것이 없었다. 친근감이 넘쳐나던 학창시절처럼 서로 허물없는 대화가 오갔다. 졸업 후 추억으로만 남아 있던 동문들과의 행복한 만남이 있은 후, 곧바로 동기의 안내를 받아 그리피스(Griffith) 천문대에 올랐다.

1955년 작품으로 보수화된 기성세대의 질서에 반발하는 젊

그리피스(Griffith) 천문대

은 세대의 저항문화를 그려낸 영화 〈이유없는 반항(Rebel Without A Cause)〉의 배경이 되었던 이곳에서 저항과 불멸의 아이콘인 제임스 딘(James Dean)이 떠올랐다. 어머니를 잃고 난 후 조부모와 숙모의 시골 농장에서 어린 시절을 보내면서 형성된 그의 우울하고 내성적인 성격이 여성의 보호본능을 자극했고, 그의 눈빛에서 뿜어져 나오는 가련한 반항아 이미지로 많은 사람들에게 더욱 연민을 느끼게 했던 제임스 딘. 한 여자를 사랑했기에 포기할 수 없었던 우수가 바스락거렸고, 결국 그는 사랑했던 피어 안젤리(Pier Angeli)와의 이별에서 온 우울증세로 과속과 곡예운전을 습관적으로 하게 된다. 그러던 어느 날 포르쉐 스파이더 550의 가속페달을 더 깊이 밟았고 달리던 오른쪽에서 돌아 나오던 트럭과 정면충돌하면서 삶과 이별해버리는 안타까운 일까지 떠올랐다. 주연으로 단 3편의 영화를 남기고 24살에 요절했던 반항아 제임스 딘. 지금도 그의 불멸의 신화가 계속되는 것은 영원한 청춘의 우상이기 때문이리라. 시내를 바라보고 있을 때쯤 문득, "The only Greatness for man is Immortality."라는 그의 말이 떠올랐다. 인간에게 주어지는 유일한 위대함이란 자신을 기억하는 사람들의 가슴속에 죽지 않고 살아남아 있음이 아닐까.

안내해준 동기와 같이 이곳을 내려와 베벌리 힐스(Beverly Hills) 근처의 찻집에 들러 차를 마시고 있을 때, 바쁜 일과 중에도 후배가 달려왔다. 곧바로 늦게 도착한 후배와 함께 슈퍼스타들의 이름이 새겨진 별 모양의 동판이 보행자 도로에 깔려있는 할리우드 명예의 거리(Hollywood Walk of Fame)를 찾아갔다. 아카데미 시상식 때에 레드 카펫이 깔리는 돌비(Dolby) 극장의 계단을 보고, 바로 그 옆에 있는 외관이 중국 건축 양식과 같다고 해서 붙여진 이름인 차이니즈(Chinese) 극장으로 세계적인 할리우드 스타들의 서명과 손 · 발도장을 보러 갔지만 그

할리우드 명예의 거리(Hollywood Walk of Fame)

날따라 출입이 금지되어 보지 못하고 곧바로 바닥에 새겨진 슈퍼스타들의 이름을 하나씩 더듬으며 거리를 걸었다. 바닥에는 연예계에 공헌한 사람들의 이름이 한 블록의 한쪽에만 20명쯤 있었고, 1.5마일쯤 되는 할리우드 대로(Hollywood Boulevard)와 양쪽으로 여러 군데로 나누어져 있는 거리에는 천명도 넘는 이름이 있었던 것으로 기억된다. 별 안에 음반이 있으면 가수, 촬영기기가 있으면 배우나 감독으로, TV가 있으면 탤런트나 방송작가, 라디오가 있으면 아나운서나 성우로, 바닥에 새겨진 사람들의 이름을 보면 어느 분야에서 활동했는지 금방 인식할 수 있도록 해서 편리했다. 반면에 슈퍼스타의 이름이 이곳저곳에 산재해 있어 자신이 좋아하는 스타들의 이름을 찾는 것은 참으로 힘든 일이며 많은 시간을 소비한다는 결점이 있다. 이곳을 찾은 관광객들이 자신이 좋아하는 스타들의 이름을 찾기 위해 오랜 시간 헤매는 모습이 심심치 않게 보였다. 인생은 한낱 풀잎의 이슬과 같은 것. 수많은 스타들이 혜성처럼 나타나 한 시절을 풍미하며 장식하다 사라졌고, 현재 인기를 누리고 있는 사람들도 언젠가는 아침을 맞는 별처럼 꺼져갈 것이라는 생각에 부귀영화도 한낱 허망하다는 것을 깨달으며 거리를 걸었다. 번화가임에도 영화 산업과 관련된 것 외에는 그다지 눈에 띄는 것이 없었다.

대학 교무처장으로 있는 동문과 저녁식사 약속이 있어 곧바로 이곳을 떠나 식당으로 향했다. '울며 겨자 먹기'처럼 여행지가 외질수록 숙박업소가 부족해 높은 가격을 지불할 수밖에 없지만 LA의 한인 타운에서는 아주 소액을 지급하고도 잠자리를 구할 수 있다는 사실에 상당히 기분이 좋았다. 잠자리가 바뀌면 잠을 이루지 못하고 뒤척이는 사람이나 숙소가 좋지 않아 불평하는 사람들과는 다르게 눈만 감으면 곯아떨어지는 체질이라서 나에게는 가장 싼 곳이 최고의 선물이다. 잠자리에 돈을 낭비하고 싶지 않아 숙소는 작년에 머물렀던 사우나에서 묵기로 했다.

다시 새로운 날이 시작되고 LA 지역 동문들의 모임이 있는 노스할리우드(North Hollywood)로 가서 그리던 또 다른 얼굴들을 만났다. 1970~80년대 유신과 군부독재 시절, 민중들이 짓밟히고 한창 나라가 어려운 시기에 입학해 운명처럼 맺어진 친구들이다. "독재 타도!"를 외치며 앞장서서 민중들의 의사를 표현하고 전달하고자 했던 동료들을 향해 북한의 통일노선과 같다고 비판하던 보수적인 친구들과 "독재 권력도 하늘에서 내린 것이다."라며 정통성이 없는 군사정권을 옹호하고 용인하던 친구들을 향해 깨어나지 못한 예수쟁이들이라며 야유와 멸시의 눈길을 보내던 진보적인 친구들의 옛 모습이 떠오른다. 자신이 갖고 있는 사상이 때묻지 않고 순수하다고 주장하던 학창시절엔 서로 다른 이념에 서먹서먹했지만 그래도 서로를 아끼고 사랑하던 인간적인 모습이 있었던 아름다운 시절이었다.

친구란 또 다른 자신인 것처럼, 세월이 지나고 친구로서 서로를 이해하며 맞아주는 모습들이 나에게는 잊지 못할 시간이었다.

저 하늘 무지개를 보면
내 가슴은 뛰노라

나 어린 시절에 그러했고
어른인 지금도 그러하고
늙어서도 그러하리
그렇지 않다면 차라리 죽는게 나으리!
아이는 어른의 아버지
내 하루하루가
자연의 숭고함 속에 있기를

My heart leaps up when I behold
A rainbow in the sky;
So was it when my life began;
So is it now I am a man;
So be it when I shall grow old,
Or let me die
The child is father if the man;
I could wish my days to be
Bound each to each by natural piety
- 윌리엄 워즈워스(William Wordsworth), 〈무지개(The Rainbow)〉

동문들이 다 떠나고 마지막까지 로스앤젤레스와 티후아나(Tijuana)를 오가며 가난한 멕시칸(Mexican)들을 돕고 있는 동문부부와 재미나는 대화에 시간 가는 줄 모르다 오후 2시가 가까워 온다는 것을 눈치챈 후에는 마음이 쫓기기 시작했다. 아쉬운 작별인사를 하고, 작년 대륙횡단 때와 같이 롱비치(Long Beach)에서부터 이번 여정의 마지막 코스가 될 1번 퍼시픽 코스트 하이웨이(Pacific Coast Highway)를 타고 샌프란시스코(San Francisco) 쪽으로 올라갔다.

아름다운 해안도로,
퍼시픽 코스트 하이웨이

다음 여정은 출발지인 이곳 로스앤젤레스에서 135마일 정도 되는 산타바바라(Santa Barbara)의 솔뱅(Solvang)이다. 그리고 오늘 묵을 숙소는 솔뱅에서 북쪽으로 200마일 떨어진 존 스타인벡(John Steinbeck)의 고향 살리나스(Salinas). 대한민국 최초의 1번 도로는 목포에서 신의주까지 서해안을 따라 이어지는 것처럼, 1934년부터 존재하게 된 캘리포니아의 1번 도로인 퍼시픽 코스트 하이웨이(Pacific Coast Highway)는 태평양을 따라 로스앤젤레스 남쪽 다나 포인트(Dana point)에서 샌프란시스코를 지나 캘리포니아 북부가 시작되는 레겟(Leggett)까지 장장 656마일에 이른다. 대부분 평지이고 큰 파도가 없는 대서양 쪽의 해안도로와 달리, 태평양을 옆에 끼고 달리는 캘리포니아 1번 도로의 풍경은 가파른 곳이 많았고, 길옆 산 위에는 풀과 가슴높이도 안 되는 작은 나무들이 산과 산을 이어 끝없이 늘어서 있었다. 검푸른 바다 위에 높은 파도가 백발을 풀어헤친 것처럼 무섭게 달려오는 모습은 소름이 끼치도록 끔찍했지만 지금까지 보지 못한 아름다운 해안의 경관은 숨이 막혀 올 정도의 황홀경 그 자체였다. 내가 살아온 날 중 가장 멋진 도로를 달리고 있다는 감상에 기분은 최고조를 넘어 무아지경에 빠져들고, 세계인들이 가장 달리고 싶어 하는 도로 중 하나라는 소문이 빈말은 아니라는 것을 실감한다. 먼바다에서부터 쉬지 않고 밀려오는 파도와 함께 독일의 뉴에이지 음악인 크리스토퍼 프랭크(Christopher Franke)의 퍼시픽 코스트 하이웨이(Pacific Coast Highway)와 퍼플 웨이브(Purple Wave)의 선율이 머릿속에 흐른다.

얼마 동안 달렸을까, 그리고 어디쯤 달리고 있을까? 시간과 거리의 감각도 잊어버리고 앞만 보며 달리는데 멀리 모래밭에 거뭇거뭇한 작은 물체들이 보였다. 지나가며 자세히 보니 옅은 갈색의 암컷 바다물개와 검은색의 수컷 바다물개들이 뒤엉켜 쉬고 있었다. 바위 사이사이에는 통통한 갈매기들이 눈에 들어왔고, 수평선을 향해 날개짓 하는 몇 마리의 새들도 보였다. 진행방향으로 북쪽 저편에 적란운이 바다를 향해 길게 늘어선다. 반 시간도 되지 않아 달리는 차를 향해 거센 비가 거침없이 몸을 던진다. 차창에 부딪히자마자 통증을 느끼는 듯, 후드득후드득 요란한 비명을 지른다. 남들보다 유독 비에 얽힌 사연이 많아서 그런지 내리는 소낙비를 보며 감상에 젖기도 하고, 괜스레 눈시울이 붉어지기도 한다. 한바탕 퍼부은 소나기에 풋풋해진 주위를 보며 거침없이 북쪽을 향해 달린다. 그리고 얼마 후, 먼바다 위에 질서 있게 떠 있는 여러 덩어리의 층적운이 바람을 따라 서둘러 북쪽으로 올라간다. 마음의 손을 뻗으면 잡힐 것 같은 구름. 나를 남겨두고 흘러만 가는 구름을 보며, 이런저런 핑계로 이웃에 관심을 두지 않고 살아가는 내 자신을 돌아본다.

차창 안으로 거세게 달려오는 바닷바람이 오늘따라 폐를 찌르는 것처럼 아프다. 투명한 하늘은 다시 내 눈 속으로 돌아오고, 아름다운 절경을 보며 달리다 갑자기 파리 기후협정을 탈퇴하겠다고 으름장을 놓았던 도널드 트럼프(Donald Trump)가 떠올랐다. 18세기 중엽, 대량 생산과 최대 소비는 자본의 재생산과 더불어 생활의 윤택함을 극대화시킨다는 기치 아래 일어난 산업혁명. 이후 급속도로 발전을 거듭하고 있는 과학기술문명이 더해져 지구는 내일을 기약할 수 없는 기형적인 구체로 변하고 있다는 생각에 가슴이 저려온다. 인간이 자연물을 사용할 때는 무분별하고 무조건적으로 사용하는 것이 아니라, 자연을 파괴하지 않는 환경윤리의 범위 안에서 인간이 필요한 만큼 사용해야 하므로 최소한의 지속 가능한 개발은 허용될 수 있다는 동양의 애물(愛物) 사상의 실천이 필요한 시대다. 욕망과 탐욕의 근원인 자본을 위해 자연을 개발하거나 파괴해도 문제가 없다는 잘못된 기독교 신앙과 신학적 논리의 근간이 오늘날 같은 지구 온난화에 이르게 했다는 것을 누구도 부인할 수 없다. 삼백 년 동안 이어져 온 자본주의의 무분별하고 무책임한 개발과 관리 소홀은 지구 스스로가 자정 능력을 잃어버리게 만들었을 뿐 아니라, 이제는 회생 불가능한 상태인 죽음을 향해 치닫게 만들고 있다.

인간과 자연을 무시한 채 황폐해가는 서양의 자본주의의 모습을 간파한 프리드리히 니체(Friedrich Nietzsche)는 "자연에 대한 인간의 오만함이 자연을 억압하고 폭행하며, 자연의 내면과 외면을 구분하여 전

개해온 근대화의 과정은 오히려 인간의 내면세계를 박약하게 만들었고 결국에는 인간을 야만의 상태로 몰고 갔다."고 말했다. 인간이 순수한 자연의 개념을 이해한 후 자연에 대한 탈 인간화가 자연과 인간이라는 유기체를 분해하고 있다고 극렬히 비판했던 그의 자연관이 떠오른다. 더불어 인간을 자연과 분리하지 않고 인간을 자연의 일부분으로 보았던 노자의 무위자연사상을 생각해 본다. 그는 "도는 타에 의해 움직이는 것이 아니라 스스로 움직이는 것이며 인간처럼 어떠한 감정이나 의도를 가지고 움직이는 것이 아니라 무심하게 움직인다. 자연을 본받는 것이 인간이 취해야 할 도이며 인간이 자연에 조화되어 순응하며 살아간다는 것은 인간 최고의 행복이다."라는 말을 했다. 만물은 자연의 흐름에 일치할 수 있는 본성을 갖고 있기 때문에 서로 자발적인 동인에 따라 운동을 한다면, 일방적이 아닌 서로 다른 요인들과 조화를 이루면서 존재할 수 있다는 말로 바꿔볼 수 있다.

자연은 만물 자체를 드러내는 것이고, 그 만물의 내재적 가치를 실현시켜가는 영역이기에 어떠한 것에도 제약을 받을 수 없는 무한한 것임에도 인간은 탈 자연화를 외치며 그 자연에 대한 도전을 하고, 결국에는 인간 스스로의 생태마저도 유지할 수 없도록 파괴하고 있는 것이다. 그 파괴의 근본에는 하나님의 창조정신이 담긴 "보전하고 유지하도록 힘쓰라"는 말씀을 "정복하고 다스리라"는 말로 탈색시켜 인간에게 유리하도록 해석한 탐욕이 자리 잡고 있다고 말한다면 내 자신의 무지함을 나타내는 것일까. 보전하고 유지한다는 것은 균형과 조화, 절제라는 말과 상통한다. 창세기의 창조에 대한 설명을 면밀히 분석해보면 하나님과 인간, 그리고 자연 사이의 상호관계는 사랑과 돌봄이라는 정신이 깔려있음을 알 수 있다. 성경은 하나님의 창조물인 인간이 자연과 대립하는 존재가 아니라 자연의 일부로써 자연과의 상호의존 관계를 맺고 있다는 생태적 진리를 가르치고 있고, 더불어 피조세계에서 인간의 지위가 절대로 자연의 위에 있지 않다는 것을 우리에게 알려주고 있다.

그럼에도 어떤 방법을 통해서라도 물질의 풍요를 원했던 기독교와 자본주의는 자연에 대한 이해를 소홀히 했고, 그 왜곡된 이해가 지금의 환경위기를 몰고 온 대립적 자연관에서 기인한 것은 확연한 사실이다. 결정적으로 이런 사고의 기초를 제공한 것은 "사물이 형이상학적으로 왜 그런가를 물을 것이 아니라, 어떻게 그렇게 되었는가를 물어야 한다."는 논리를 내세웠던 베이컨(Francis Bacon)과 데카르트(René Descartes)의 기계적 세계관이 중세 유럽사회는 물론, 유물론을 중시하던 중세 기독교회 안으로도 거침없이 파고 들어왔고, 교회도 위치를 유지하기 위해 자연히 그 시대의 세속사상이 요구하는 것을 받아들이고 거기에 걸맞게 변해갔기 때문이다. 이런 세속적 세계관에 영향을 받은 교회는 인간의 역사는 순환하는 것이 아니라 하나의 선으로 연결되어 있고, 시작과 중간, 그리고 종말이라는 과정을 통해 이루어진다는 것을 강조하며, 현세의 삶이란 내세를 준비하기 위한 잠시 머무는 정거장이나 하숙생과 같다는 논리로 가르쳤다. 하나님을 우리와 더불어 있는 분이 아니라 초월 신으로 만들어버리는 잘못을 범한 탓에 하나님과 자연의 관계를 절대시하는 성경 말씀과 달리 실제로 오늘날의 기독교는 하나님과 자연의 관계를 부정하는 모순에 빠지게 된 사실까지 함께 더듬어본다. 인간의 경험과 이성이 인식과 진리의 기준이 되고 더불어 인간이 신을 대신할 수 있다는 철학과 과학의 논리와의 결별을 통해 교회와 기독교인들이 성경 말씀 안으로 들어가야 함에도 이미 세속에 물들어 지구가 몰락해가도 나설 수 없는 위치로 내몰린 것이다. 세속의 파도에 휩쓸려버렸던 기독교는 '기독교가 타종교와 타문화보다, 자본주의가 사회주의보다' 우월하다는 독선만 심어주었고, 그 병폐로 인해 스스로 몰락의 길로 들어서 버린 것이다. 이제 제 역할을 할 수 없는 교회보다 이 시대를 살고 있는 기독교인이 지구와 인간 사회를 위해 과연 무엇을 할 수 있을 것인가를 생각해 보아야 한다. 폭발적인 인구 증가와 인류의 생존을 위협하는 핵발전소나 핵무기의 증가에 대한 우려도 빼놓을 수 없는 중요한 부분이지만 우리가 힘들이지 않고 할 수 있는 것은 자연훼손과 연결되어 있는 소비를 줄이는 것이다. 어린아이가 보호자의 곁을 떠나서는 살 수 없는 것처럼, 자연은 만물의 근원이며 인간의 어머니라는 생각이 아름다운 풍광과 함께 머릿속을 맴돈다.

덴마크 이민 후예들이 세운 솔뱅

달리다 보니 가비오타(Gaviota)라는 표지판이 보인다. 이곳에서 101번 도로를 타고 15마일쯤 달려 솔뱅(Solvang)이라는 작은 마을에 도착했다. 이 마을은 추메시(Chumash) 족들이 살고 있었던 곳으로, 1911년 중서부 지역에 거주하던 덴마크 이민자들이 집단으로 이주해와 원주민을 밀어내고 세운 마을이다. 덴마크어의 'Solvang'이란 뜻은 '햇볕이 드는 땅'이라는 의미를 담고 있으며, 영어의 'Sunny Fields'와 같은 뜻이다.

이곳에 도착해서 5번가의 와일드링 아트 뮤지엄(Wildling Art Museum) 건너편에 주차를 하고 내리는데 지식인처럼 보이는 초로의 남자가 집 정원에 물을 주고 있었다. 시계를 들여다보니 오후 4시 반이 넘었고, 박물관이 문을 닫은 것 같아 "일을 방해해서 미안한데, 어디로 가면 화장실을 이용할 수 있느냐?"고 물었더니, "이 안으로 들어오라."는 말을 하며 정원 문을 열어주었다. 정원을 지나 건물로 들어가는 입구 옆에 착 달라붙어 있는 간판을 보니 가정병원이었고, 이 사람이 의사라는 것을 직감하였다. 일을 보고 나와서 "이곳 덴마크계 사람들의 친절

솔뱅(Solvang)의 상점들

햄릿 스퀘어(Hamlet Square)

함에 놀랬다."고 했더니, "자기는 덴마크계가 아닌 독일계이고 아내가 덴마크계 사람이다."라고 말한다. 실례했다고 말했더니, 괜찮다고 대답을 하며 "나에게 어디에서 왔느냐?"고 물어왔다. "한국계이고 20년 전에 뉴욕으로 이민 와서 줄곧 이곳에 살고 있다."고 대답을 해주었다. 그는 "주한 미군 군의관으로 있었다."는 말과 더불어 "며칠 후면 한국의 대통령 선거일이 아니냐?"고 물어왔다. 대부분의 미국인들이 국내 정치 외에는 별로 관심이 없는데 이 의사는 한국정세에 대해 너무 잘 알고 있는 것 같아 "어떻게 알았느냐?"라고 반문했더니, "요즘 뉴스에 계속 방영되어서 알게 되었다."는 말을 한다. 그리고 무슨 연유에서인지 "좁은 한반도에서 절대로 전쟁이 일어나면 안 된다. 수백만 명의 인명피해가 올 것이기에 어떤 일이 있어도 남북한이 대화로 풀어나가야 한다."는 말까지 덧붙인다. 10분 정도 이어진 대화라서 한국 정세에 대해 더 깊이 들어갈 수는 없었지만 이 의사는 한국에 대해 너무 잘 알고 있었고, 더불어 전쟁이 아닌 평화를 원하는 사람이라는 것을 알았다. "좋은 분을 만나 함께해서 즐거웠다. 다시 한번 감사드린다. God Bless You!"라고 정중히 인사를 하고 대로로 나왔다.

거리에 늘어선 덴마크풍의 건물을 보니 마치 1995년 덴마크의 코펜하겐을 다시 여행하는 것처럼 느껴졌다. 덴마크는 빵이 유명해서인지 몇 블록 되지 않는 거리에는 식당과 빵 가게가 즐비했고, 기념품을 파는 상점들도 그런대로 눈에 띄었다. 이곳의 중심지를 돌아보다가 시장기가 돌아 네덜란드 풍차가 있는 건물에 햄릿 스퀘어(Hamlet Square)라고 쓰여 있는 한 레스토랑에 들어가 간단한 덴마크의 음식을 주문해 먹었다. 내가 주문해 먹은 음식은 대체로 독일식 같았고, 그다지 맘에 드는 맛은 아니었다. 특별한 볼거리가 있는 관광지는 아니지만 산책하는 기분으로 마을을 돌아보거나, 사랑하는 사람과 함께 거리의 레스토랑에 앉아 음식이나 차 한 잔을 해도 괜찮겠다고 느껴졌다. 이곳저곳 고개를 기웃거려보지만 기대했던 만큼 특별한 구경거리도 없었기에 감흥이 나지 않았다. 마지막으로 안데르센(Hans Christian Andersen)의 동상과 인어공주 동상을 카메라에 담았다. 안데르센 동상이나 인어공주 동상은 소문보다 너무 평범했고, 유럽여행을 하던 1995년, 독일 쾰른에서 하이델베르크로 가기 위해 라인 강변을 타고 가다가 만난 로렐라이 언덕의 머리 빗고 있는 금발의 요정 동상과 비슷한 이미지를 갖고 있었다. 하인리히 하이네(Heinrich Heine)의 서정시에 의해 로렐라이 언덕과 금발요정이 유명하게 된 것처럼, 안데르센 동상이나 인어공주상이 유명하게 된 것은 스토리텔링에 의한 것은 아닐까? 이러한 스토리텔링이 북유럽의 아기자기한 집들과 설경문화를 동경하고 있는 한국인이나 일본인들에게 환상을 가져다주었다고 느껴졌다.

존 스타인벡의 고향 살리나스

솔뱅(Solvang)을 떠나 곧바로 101번 도로를 타고 살리나스(Salinas)로 향한다. 오늘도 어김없이 해는 서쪽 하늘에서 기웃거리고, 오늘 하루도 무의미하게 보내고 있다는 허전함이 가슴을 맴돈다. 솔뱅을 떠난 지 얼마 되지 않아 도로에는 슬그머니 어스름이 내려온다. 한없이 펼쳐진 대지를 보며 인간은 본래 평등하고 자유로운 존재이고, 자연은 존엄하며 아름답고 신비하다고 예찬을 하던 윌리엄 휘트먼(Walt Whitman)의 시가 떠올랐다.

The spotted hawk swoops by and accuses me, he complains
of my gab and my loitering.
I too am not a bit tamed, I too am untranslatable,
I sound my barbaric yawp over the roofs of the world.

The last scud of day holds back for me,

It flings my likeness after the rest and true as any on the shadow'd wilds,
It coaxes me to the vapor and the dusk.

I depart as air, I shake my white locks at the runaway sun,
I effuse my flesh in eddies, and drift it in lacy jags.

I bequeath myself to the dirt to grow from the grass I love,
If you want me again look for me under your boot-soles.

You will hardly know who I am or what I mean,
But I shall be good health you nevertheless,
And filter and fiber your blood.

Failing to fetch me at first keep encouraged,
Missing me one place search another,
I stop somewhere waiting for you.

- 윌리엄 휘트먼(Walt Whitman), 〈나의 노래 52(Song of Myself 52)〉

길을 달리며 "하루의 마지막 구름은 나를 위해 머물고", "나는 공기처럼 떠난다", "나는 내 자신을 흙에다 남겨둔 채로" 그리고 "나는 어디선가 멈춰서 그대를 기다리고 있으리라"라는 시구들이 오고 감을 반복하는 회전목마처럼 계속해서 머릿속을 맴돌았다.

얼마 전, 책을 읽다가 슬며시 내려놓으며 "조국을 떠나 살아가는 것이 너무 힘들어요. 가까이서 친정 식구들도 볼 수 없고……"라며 혼자 나지막한 목소리로 중얼거리더니, 곧이어 약간 톤을 올리면서 "당신과 나, 누군가는 먼저 세상을 떠날 텐데 혹, 당신보다 내가 먼저 자리에 눕는다면 당신이 나에게 할 수 있는 마지막 말은 무어냐?"고 질문하던 아내의 모습이 떠올랐다. 어느 때보다도 애잔하게 보이는 아내의 이마에 손을 슬며시 갖다 대며 "당신 옆에 사랑하는 애들이 있어도 고독하지? 나도 고독해. 외로움과 고독을 벗어나는 방법은 딱 한 가지, 죽는 것이야. 그렇지만 당신이 사랑하는 사람들이 있고 지금도 당신을 사랑해주는 사람들도 있기에 그 고독은 마치 실루엣처럼 희미해졌을 뿐이지. 누가 먼저 죽던 죽어서는 더 이상 고독이 따라오지 않으니 좋겠지? 삶은 고독의 재생산이며 죽음은 고독의 망각이야!"라며 웃으며 농이 섞인 대답을 해주었던 기억이 떠오른다. 인생이란 어디선가 멈춰 서는 것이고, 멈춰 설 때까지는 고독을 안고 가는 것이 인생이라고 생각하니 억장이 무너지는 것처럼 슬프다. 흙으로 돌아갈 때까지 떼어버리지도 못하는 영혼의 그림자. 내 형상 그대로 복제되어 있는 고독은 항상 나와 같이하기에 때로는 괴로운 것이기도 하지만 나의 정체성을 볼 수 있고, 더불어 나(我)되게 살아갈 수 있도록 하는 본연의 나(我)이기에 그대로 받아들여야만 한다. 갈등 속에서 앞으로 남은 인생을 어떻게 살아갈 것이며 아름다운 삶이 무엇인지 생각을 하다 보니 어느덧 숙소가 있는 살리나스에 도착했다. 호텔 프런트 데스크 뒤에 자리한 벽에 몸체도 없이 바늘만 보이는 시계는 밤 10시를 가리키고 있었다. 남은 시간도 그다지 힘든 일정이 아니라 마음에는 여유가 있었고, 방에 올라가자마자 여느 때와 마찬가지로 오늘 일정 중에 있었던 일들을 기억해내며 메모를 했다. 침대에 드러눕자마자 만화 속 요정처럼 죽음보다 깊은 잠 속으로 빠져들었다.

구름 한 점 없는 하늘을 비집고 아침햇살이 창문을 뚫고 침대로 들어왔다. 맞닿는 햇살에 잠을 더 이어갈 수 없어 눈을 떠 시계를 보니 오전 7시를 조금 넘어가고 있었다. 작년에 이어 또다시 가야 할 곳은 1939년 퓰리처상과 1962년 노벨문학상을 받은 존 스타인벡 생가(John Steinbeck House)와 바로 옆에 그의 작품을 파는 서점, 내셔널 존 스타인벡 센터(National John Steinbeck Center)를 찾는 것이 늦어도 10시까지의 계획이다. 주섬주섬 옷을 입고, 대여섯 블록 정도 떨어진 존 스타인벡 생가를 찾아가기 위해 길을 나섰다. 한적한 거리를 걸어가며 작년 방문 때도 그랬듯이 올해도 불쑥 존 스타인벡의 작품이 떠올랐다.

모든 희망이 사라져버린 농부들이 갖은 고난을 겪으며 도착한 캘리포니아. 이곳에 도착하자마자 유토피아 속의 오렌지색 꿈이 펼쳐질 줄 알았지만 결국 풍요도 희망도 보이지 않았고, "사람들 눈에는 패배의 빛이 보이고 굶주린 사람들 눈에는 북받쳐 오르는 분노가 번득인다. 사람들 영혼 속에 분노의 포도가 가지가 휘도록 무르익어간다."라는 《분노의 포도(The Grapes of Wrath)》의 마지막 글이 떠오른다.

해방 이후 친일 수구정치인들에게 속아 살고, 돈 있고 힘 있는 사람들에게 치이고 억눌린 민중들이 정의와 상식이 통하는 새로운 세상을 만들자고 이심전심으로 들고 일어선 한국의 촛불혁명을 생각해 본다. 진나라 때 황석공(黃石公)은 《소서(素書)》에서 "기둥이 약하면 집이 무너지고, 사람들이 원망하면 나라가 상한다. 그리고 뿌리가 마르면 가지가 썩고, 백성이 고달프면 나라가 쓰러진다."고 했다. 2,200여 년 전, 예수가 탄생하던 시기보다 더 먼 시대의 글이지만 민심을 얻지 못한 권력은 자리를 지킬 수 없다는 것과 역사의 주체는 권력자나 지배층이 아니라 나라의 근본이 되는 백성에게 있다는 것을 가르쳐주고 있다. 왜냐하면 민심은 천심이며, 그 민초들은 나라를 지탱시키는 근본이기 때문이다. 일제 강점기 나라를 찾고자 가족의 생계를 포기하고 추위와 배고픔에 굶주리며 만주벌판을 달리던 선구자들, 그리고 나라를 위해 한평생을 바쳐온 그 자손들은 어둠의 세력에 묻혀 어렵게 살아가고, 나라를 팔아넘기며 친일을 했던 매국노의 자손들은 70여 년이 지난 지금도 재계와 정치판에서 호의호식을 하는 현실을 보며 분노를 금할 길 없다. 해방이 되어서도 일제의 잔재를 청산하지 못한 작금, 친일 후손이었던 통수권자와 재벌들 사이에 몇백억 몇천억의 뇌물이 오고 가지만, 목구멍에 풀칠조차 바쁜 백성들은 한 끼 밥값도 안 되는 몇 푼 때문에 고통을 느끼고 가정을 유지하기 위해 이리저리 발버둥 치며 살아간다. 자녀들의 과외비를 마련하려고 노래방 도우미로 나서는 주부나 학비를 마련하려고 룸살롱의 아가씨로 종사하는 여대생들의 모습을 보며, 부자는 더욱 부자가 되고 가난한 사람은 더욱 가난해지는 정책으로 신음하는 백성들의 소식을 접할 때마다 가슴이 찢어지듯 아프다. 대학을 나와도 그럴싸한 전시행정에 불과한 노동정책으로 취직하지 못해 가슴을 치며 절망하는 젊은이들과 물가는 계속해서 올라가고 임금은 정체되어 있어 맞벌이를 해도 오르는 전세비나 은행에서 빌려 쓴 주택융자금을 갚지 못해 길거리로 내몰리는 가정들. 그리고 적령기가 되어도 남녀 간에 결혼을 못하고 결혼을 해도 자녀출산을 포기해야 하는 비극적인 현실을 생각해 본다. 어느 유명 부흥사가 "남녀가 결혼하지 않고 살아가는 것도 죄악이다."라고 세상물정 모르고 내뱉었던 말과 함께 조난사고로 어린 영혼들이 수장되어가던 때 부스스한 모습으로 나타나 "학생들이 구명조끼를 입었을 텐데…… 구조하는 게 그렇게 힘들어요?"라고 했던 전(前) 통수권자의 얼빠진 말을 떠올려본다.

이 시간에도 역사의 수레바퀴는 멈추지 않고 계속해서 돌아가듯, 혁명이 과거에도 있었고 현재도 진행되고 있으며 앞으로도 있어야 하는 이유는 등이 따뜻하고 배에 기름기가 낀 무능하고 퇴폐적인 계층이 대를 이어 부와 권력을 세습하는 악습 때문이다. 속칭 흙수저로 불리는 사람들은 인격이나 인권은 물론 사회계층의 위쪽으로 진출할 수 없도록 싹조차 잘라버리는 사회구조 때문이다. 모든 사람들이 누려야 할 평등과 기회가 없는 나라는 발전할 수 없고 민초들의 고통만 더해질 때 혁명이 일어나는 것은 역사의 필연이다. 더불어 역사와 나라의 주체인 민중들의 노동에 의해 창출된 국가의 부가 권력과 재계에 있는 사람들에게만 돌아가는 것이 아니라, 사회에 제대로 분배되어 민중들에게 다시 돌아가는 나라가 되어야 한다고 생각해 본다. 굶주린 아이들을 집에 남겨두고 이리저리 뛰어다니며 노동을 해도 여유는커녕 수입보다 늘어가는 지출에 죽지 못해 살아가는 사람들을 생각하며 《분노의 포도》

에 등장하는 사람들처럼, 희망이 없는 삶들이 모여 거대한 분노의 포도원으로 변해 촛불시위 현장에 참여했던 민중들의 사무친 고통의 외침을 다시 한번 생각해 본다. 고려시대의 70년 무인통치와 현대에 와서 쿠데타로 유신세력과 신군부세력이 권력을 잡은 30년을 제외하고는 백성들이 우선되는 정치를 실행했던 우리 민족의 역사가 아닌가. 최근에 와서는 세계 역사의 유례가 없는 평화적인 촛불혁명을 기점으로, 민주주의가 가야할 길이 어떤 것인지 롤모델을 제시한 민초들의 정신이 유럽과 미국 등 전 세계에 전달되었으면 하는 바람과 함께 10마일 정도 떨어진 태평양의 아름다운 해안마을 몬터레이(Monterey)로 향한다.

영화 〈에덴의 동쪽〉의 배경이 되었던 몬터레이

몬터레이(Monterey)는 제임스 딘(James Dean)이 주연했던 〈에덴의 동쪽(East of Eden)〉의 배경이 되었고, 1970년대까지만 해도 정어리와 고래잡이로 호황을 누렸던 동화 속의 작은 항구와 같은 이미지를 느낄 수 있는 곳이다. 피셔맨스 워프(Fisherman's Wharf)에서 태평양을 보며 피아노를 연주하는 사람, 사물의 모습을 화폭에 부지런히 담는 노인들의 여유로운 모습도 눈에 들어온다. 때묻지 않고 전통을 중시하는 사람들이 있는 몬터레이에 들어서자마자 포근하고 순박한 퓨리턴(Puritan, 청교도)의 마을처럼 느껴진 이유는 무엇일까. 여행하는 중에 어디에서도 느낄 수 없는 거리의 정갈함과 이곳 사람들의 따뜻한 정감이 있었기 때문일 것이다.

꼭 가보아야 할 곳이 어디인지 정보를 얻기 위해 선창의 한 모퉁이에 무거운 작업복 차림으로 서 있던 초로(初老)에게 물어보았다. 설명을 듣고 난 다음 이곳에 대한 이야기가 오가다 "내 할아버지와 아버지가 정어리를 잡는 어부였고, 나도 얼마 전까지 어부였지만 이제는 나이

몬터레이(Monterey) 항구

가 들어 바다에 나갈 수 없어 선창에서 이것저것 잔일을 처리하며 살아가고 있다. 젊었을 때는 바다에 나가 파도와 고래를 보며 살아가는 것이 일상이었는데, 이제는 바다가 젊은 사람에게 맡기고 쉬라고 휴가를 주어서 더 이상 배에 못 오른다."고 찰진 캘리포니아 사투리로 말을 건넨다. 바다와 함께 살아온 자신과 집안의 내력을 자랑스러워하는 모습이 동포들의 직업에 대한 개념과 비교가 되었다. 자기 직업에 대한 자부심과 대를 이어가는 가업에 대한 긍지에 비해, 가업이나 적성에 맞는 직업보다는 사회적 지위와 명성에만 몰두하는 한국 부모들의 가정교육을 보며 달라도 너무 다르다는 느낌을 받았다. 오랜 미국 생활에서 만난 대부분의 사람들이 이 노인처럼 자기 직업에 자부심을 가지고 있다. 아직도 블루칼라의 직업은 천박하다는 인식이 팽배해 있는 조국의 교육문화와 직업에 대한 사회인식은 바른 것일까? 한 사람의 재능과 적성에 따라 직업은 선택되는 것이고, 어느 분야에서 종사하든 직업이란 자존이며 생명과 연결된 신성한 것이다. 각 구성원들이 능력에 따라 갖고 있는 직업은 한 사회를 구성하고 존재케 하는 상호보완적인 관계임에도 불구하고 직업에 차별을 두는 것은 나무는 보고 숲을 보지 못하는 무지에서 오는 편견이다. 아니, 열등의식이다.

선창을 둘러보던 중 배 속에서 쪼르륵 소리가 계속해서 울렸다. 바다 게와 바닷가재, 타이거 새우튀김을 전문으로 하는 한 작은 식당에 들어갔다. 바닷가재와 새우는 뉴욕에서도 자주 먹을 수 있는 해산물이라 접어두고 서슴없이 게를 주문했다. 소스가 들어간 푸짐한 양의 게튀김은 아침으로 혼자 먹기에는 너무 많아 보였지만 고소한 맛에 절제력을 잃고 '하나만 더, 하나만 더'를 반복하다가 다 먹어버렸다. '금강산도 식후경'이라는 말이 있듯이, 오랜만에 느껴보는 포만감에 세상을 다 얻은 것 같은 기분으로 다시 거리로 나갔다.

고래구경을 하고 싶어 매표구에 찾아가니 유람선은 오후 2시에 있다는 표식이 보였다. 거의 4시간을 기다려야 하는 데다가 혹 뱃멀미라도 하게 되면 하루는 그냥 버리겠다는 생각에 포기를 하고 그저 선창가 아래 나무 바닥에 있던 물개들을 보며 마음을 달랬다. 그리고 탁 트인 바다를 보기 위해 선창에서 오션 뷰 블리바드(Ocean View Blvd)를 따라 2마일쯤 달려서 선셋 드라이브(Sunset Drive)가 시작되는 곳에 차를 세워놓고 20미터쯤 내려가 바다에 손을 담가보았다. 눈앞에 있는 거친 작은 바위들을 보며 영화 〈에덴의 동쪽〉의 영화 오프닝의 배경이 된 곳과 너무 흡사해서 혹 이곳에서 촬영한 것이 아닌가라는 생각을 해보았다.

어머니를 닮아 세속적인 모습으로 살아가는 작은 아들 칼에게 사랑을 주지 않았던 영화 속 아버지의 모습이 떠오른다. 제1차 세계대전 발발과 함께 미국이 참전할 것이라고 예상을 한 주인공 칼이 전쟁 특수를 누리기 위해 콩을 재배하고, 예상했던 대로 콩 가격이 폭등해 상당한 돈을 손에 쥐게 된다. 아버지 생신 선물을 돈으로 정하고, 돈을 정성스레 포장해서 아버지에게 드리지만 아버지는 “전쟁에 파병된 젊은 애들이 사망하고, 다행히도 죽음을 넘기고 살아남은 애들은 팔다리가 없이 한평생을 살아간다. 모두 정신적, 육체적으로 상처를 받고 돌아오는데 전쟁 특수로 생겨난 너의 이익을 나에게 받으라고 하는 것은 부당하다. 너의 뜻은 고맙지만 나는 절대 받을 수 없다. 내게 있어서 기쁜 선물은 너의 형 아론에게 받은 선물 같은 거란다. 그것은 정직하고 인간적인 것이다. 나에게 선물할 생각이면 좋은 인생으로 보답하여라. 내가 가치가 있다고 생각할만한 것으로……”라고 말한다. 삶의 방식이 서로 달랐던 아버지와 아들의 갈등을 통해 아버지의 삶이 도덕적으로 우월하다 할지라도 계속 변화하는 세계에서는 무력하다는 생각을 해보며, 비판적이기보다는 이 시대를 살아가는 젊은 사람들이 아들 칼과 같은 사고를 가져야만 살아남을 수 있다는 것을 이제는 열린 마음으로 받아주고 이해해야 하지 않을까. 그러면서도 도덕적으로 살아간다는 것이 무능하다는 것으로 인식되어버린 이 세대를 보며, 씁쓸한 마음 역시 금할 수는 없다.

영원부터 지금까지 지치지 않는 모습으로 계속해서 달려오는 파도의 "쏴아~ 철썩~" 거리는 세찬 함성이 무엇을 의미하는지 귀를 기울여본다. 불현듯 "그대가 행복을 추구하고 있는 한, 그대는 언제까지나 행복해지지 못한다. 그대가 소망을 버리고 이미 목표도 욕망도 없고 행복에 대해서도 말하지 않게 되었을 때에야 세상의 거친 파도는 그대 마음에 미치지 않고 그대의 마음은 비로소 휴식을 안다."고 했던 헤세의 말이 떠올랐다. 헤세의 말을 나 자신에게 견주어보니, 내 영혼의 한 구석에 꿈틀대는 욕망이 있기에 아직도 마음에 휴식을 얻지 못하고 있다는 생각이 든다. 욕망이나 욕심을 초월한다는 것은 가장 어려운 일이고, 흙으로 돌아갈 때까지 불가능할 것이다. 이런저런 생각을 하다가 결국 100년이라는 한정된 삶을 살아야 하는 내 자신이 천년만년 살 것처럼 욕심과 욕망을 버리지 못하는 것은 남들과 비교하려는 허영심과 남들보다는 나아야 한다는 강박관념에서 오는 것은 아닌지 정리해본다. 물질에 관심을 두는 삶보다는 환경이 주는 그대로 욕심 없이 살아갈 때 행복이 찾아온다는 소박한 진리를 깨달으며, 300마일 떨어진 네바다 주의 타호 호수(Lake Tahoe)로 향한다.

팔색조 타호 호수

인생은 한줄기 바람과 같고 흩어지는 구름과 같다. 또다시 주행은 시작되고 반주대신 열어젖힌 차창 안으로 더운 바람을 불러들이며 좋아하던 7080 노래를 부른다. 낯선 이 길을 달리고 있는 나는 누구이며, 내 삶은 어디쯤 가고 있을까. 과거를 들춰보려는 듯, 사이드 미러로 고개를 돌려 달려온 길을 자꾸만 확인해 본다. 바로 뒤에서 서성이던 과거의 내 모습은 점점 멀어지며 이내 안개 속으로 빨려 들어가듯 시야에서 아련하게 사라진다. 아쉬움에 과거를 잡으려고 창밖으로 손을 내밀어 움켜쥐어보지만 잡히지도 않는 바람만 주먹을 스쳐갈 뿐 안에는 아무것도 없다. 인생이란 누구의 기억 속에서도 남지 않는 일장춘몽과 같은 것. 시간은 소리 없이 흘러가고 결국 벌거숭이가 되어 흙으로 돌아가지만 슬퍼하지는 말자는 생각을 하며 차량도 뜸한 산길을 올라가고 내려가기를 반복한다.

살아있기에 오늘도 달린다. 장거리 운전에도 힘들지 않은 것은 갈 곳을 잃어버리고 서성이는 것이 아니라 도착해야 할 목적지가 있기 때문이다. 독일의 대문호 괴테가 그랬던가, "인생은 속도가 아니라 방향이다(Life is a matter of direction, not speed)."라고. 도로 위를 달리다 보면 또 다른 수많은 길을 만나게 되고, 이정표를 보는 순간 어느 길로 가야 할지 판단해야 하는 것은 핸들을 잡은 운전자가 필연적으로 선택해야 할 사항인 것처럼, 삶이란 목적지를 정해두고 가야 할 방향과 어떤 길을 택하느냐에 따라서 결정되는 것이기에 우리는 매사를 신중하게 받아들이며 살아가야 한다. 더딤과 빠름을 가리키는 속도계를 숨 가쁘게 주시하는 조급함보다는 더디지만 내비게이션에 설정되어 있는 목적지를 점검해가며 움직이고 행동하면 편리함은 물론, 운전자의 마음도 가벼워지는 것이 아닌가. 혹, 열심히 달렸지만 목적지에 도달하지 못했을지라도 자신의 판단이 옳았고 최선이 더해졌다는 것에 실망이 아닌 스스로에게 희망을 보았다며 흐뭇해 할 것이다. 인생이란 화투판의 '낙장불입(落張不入)'과 같아서 한두 번 실수는 '병가지상사(兵家之常事)'라고 떼를 쓰며 물릴 수도 없다. 또한 인생은 리허설이 아닌 관객들 앞에선 연극배우들의 연기와 청중들 앞에선 오케스트라의 연주자와 같다는 생각도 해보며, 살아갈 날이 얼마 남지 않았지만 더디 가더라도 욕심부리지 않고 실수 없이 목표를 향해 달려가자고 다짐해 본다.

목적지까지 1/3의 거리를 남겨두고, 타호 호수(Lake Tahoe)는 어떤 이미지를 갖고 있으며 어떤 기분을 선사할지 가슴이 부풀어온다. 얼마 후 산길을 벗어나 50번 도로를 타고 캘리포니아 주도(州都)인 새크라멘토(Sacramento)를 거쳐 시에라 네바다 산맥이 시작되는 엘도라도 카운티(El Dorado County)에 들어섰다. 'El Dorado'는 스페인어로 '황금의 사

타호 호수(Lake Tahoe) 가는 길

람', '황금의 왕'이라는 뜻으로, 이곳의 땅이 누르거나 금광이 있는 것도 아닌데 왜 이런 특이한 단어를 지명으로 사용했는지 궁금해졌다. 순간 아메리카 대륙의 역사가 머릿속에 떠올랐다. 자본주의가 태동하기 전, 금과 은을 국부와 국력으로 동일시하던 중상주의(Mercantilism) 시기에는 유럽의 모든 국가들이 식민지 개척에 주력하였고, 식민지 개척에 적극적이었던 스페인 왕으로부터 아낌없이 지원을 받았던 이탈리아의 탐험가인 콜럼버스에 의해 아메리카 대륙이 발견되었다. 얼마 되지 않아 신대륙이 발견되었다는 소식을 들은 유럽인에게 미지의 대륙에 대한 신비가 고조 되었고, 이후 전설 속에서나 있을 법한 원주민들의 구전들이 와전되어 신대륙에는 황금으로 만든 둥근 집, 온몸에 사금을 칠한 사람들이 산다는 소문을 사실로 받아들이게 되는 어처구니없고 무지한 역사가 있었다. 욕망의 깊이는 황금의 양에 비례한다는 것을 15~18

세기 중상주의 시절의 유럽인들을 통해 보았고, 금을 얻기 위해 모여든 유럽인들의 폭력과 전염병에 원주민들이 전멸하다시피 한 안타까운 역사가 떠오른다. 더불어 지나간 한 시대의 역사에서 상실된 인간성을 보았고, 탐욕의 신을 믿는 기독교인들에 의해 여러 종족이 역사 속에서 사라진 모습도 보았다. 이러한 사건은 남미의 오리노코 강 부근에서 일어났던 역사이지만 이런 사악한 지배의 역사를 기억하기 위해 이곳에 정착한 양심 있는 백인들에 의해 '엘도라도(El Dorado)'라는 지명을 사용하지 않았을까 하는 쪽으로 생각해 보았다. 나 홀로 하는 이번 여행이 주위 사람들에게 과시하기 위한 표면적인 여행이 아니라 나의 본래 모습과 생활 속에서 나 자신을 찾는 귀중한 시간이 되어야 한다는 생각을 하며 이곳을 지난다.

차츰 고도가 높아지고 서늘한 공기가 허파 속으로 강하게 빨려 들어왔다. 내비게이션에 나타난 고도를 보니 2,000미터를 넘어섰고 5월인데도 갓길에 쌓아놓은 눈이 아직도 녹지 않고 있었다. 높은 산을 오르듯 숨을 팍팍 몰아쉬며 꼬부랑길을 올라가고 정상이 가까워졌다고 느낄 때쯤, 갓길에 차를 정차시키고 주위를 둘러보니 태초의 신비와 더불어 멀리서 신선함과 상쾌함, 신비로움을 주는 사파이어 블루가 눈에 들어왔다. 여기가 바로 세계에서 가장 아름다운 호수 중 하나로 정평이 나 있는 타호 호수이다. 그 위로 풀어져 있는 파란 색감은 한국이나 유럽의 호수들이 주는 옅은 색감과는 확연히 차이가 났고, 침엽수와 활엽수들로 둘러싸인 주위 풍경 역시 지금까지 보았던 호수들과 사뭇 달랐다. 살아오면서 타호 호수가 가지고 있는 것 같은 짙은 파란색을 보지 못했기에 그 생소함에 입술이 파랗게 질리도록 두려움이 밀려왔다. 장인들이 이런저런 물질을 배합하여 여러 색을 만들어냈지만 유독 파란색만은 만들어내지 못했다가 뒤늦게야 만들어진 색깔인 만큼 귀한 색이었기에 평민들은 사용하지 못하고 오로지 귀족들만 사용했던 시절도 있었다. 중세 교회는 신비로움을 나타내기 위해 외벽 유리창에 모자이크를 할 때 파란색을 사용하기도 했다. 특히 그리스의 동방정교회의 건물 돔에 파란색을 입힌 것은 신이 살고 있다는 것을 나타내기 위한 신비의 상징이었다고도 한다. 지금도 파란색은 신비로움을 상징하는 색으로 점성술사들이 많이 사용하는 색이다. 색을 연구하는 사람들에 의하면 파란색을 좋아하는 사람들은 창조적이며 지성적이고, 판단에 냉철하며 시원한 성격에 평화로운 삶을 추구하는 사람들이 많다고 말을 한다. 나 역시 어느 색보다도 파란색을 좋아하지만 색을 연구하는 사람들의 설명과는 조금 다른 것 같다. 단 하나 확실한 것은 평화로운 세상과 삶을 추구하려는 심성이 남들보다 강하다는 것뿐이다.

도착해서 언덕에서 보는 호수는 너무 맑아 캐나다의 브리티시컬럼비아(British Columbia) 주와 가까운 몬태나(Montana) 주 플랫헤드 호수(Flathead Lake)와 유사하다는 느낌을 받았다. 웅장한 이 두 호수의 공통점은 녹아내린 빙하와 눈이 저지대인 호수로 모여들어 상상 이상으로 맑고 투명하다는 것이다. 물의 순도가 99.9퍼센트 이상으로 불순물이 거의 섞이지 않은 천연수(Natural Water)라서 눈으로 빛의 굴절이나 반사를 식별하기가 힘들 정도다. 하늘이 그대로 내려앉은 것처럼 보여 보는 사람들로 하여금 혼을 빼놓을 정도로 고혹적이며 하늘과 호수의 진한 포옹에 신비가 느껴진다. 타호 호수로부터 15마일도 안 되는 곳에서 태어나고 자란 소설가 마크 트웨인이 "지구에서 볼 수 있는 가장 멋진 풍광"이라며 이 호수의 아름다움을 최상의 단어를 사용하며 극찬했던 이유를 알 것 같았다.

정보를 더 알고자 관광안내 책자를 읽어보니 이 호수가 세계에서 두 번째로 큰 산간호수이며, 길이가 22마일(35킬로미터)에 폭 12마일(19킬로미터), 호수 둘레는 71마일(114킬로미터), 평균 수심은 1,000피트(300미터)이고 최대 수심은 1,645피트(501미터)이며, 면적은 191제곱마일(490제곱킬로미터)로 계산해보면 광주광역시만한 크기이다. 그리고 극심한 가뭄이 와도 수위가 내려가지 않고 항상 일정량을 유지하는 담수량은 39조갤런(148조리터)이며 현재 상태에서 물을 빼고 다시 채우는데 700년이 소요된다는 설명이 있었다. 한겨울에도 얼음이 얼지 않으며, 미국의 인구를 넉넉하게 3억2천만 명으로 계산해도 지금 있는 호수의 물만으로도 100년 동안 매일같이 3.4갤런(12.7리터)을 개인이 사용할 수 있는 수량이라고 하니 내 머릿속에 있는 수학적 지식으로는 상상할 수 없을 정도로 어마어마한 크기와 수량을 갖고 있었다. 평균 수심이 5미터인 한강이 이보다 높은 10미터가 되면 홍수가 일어나 서울 전체가 물바다가 되고, 한국에서 최고의 면적을 자랑하는 소양호나 파로호가 기껏해야 담수 기간이 몇 년에 불과한 것을 비교해보면 그야말로 조족지혈(鳥足之血)이다. 타호 호수 주위에는 2,000미터가 넘는 봉우리가 22개나 되고 제일 높은 프릴 피크(Freel Peak)는 10,882피트(3,317미터)로 백두산보다 573미터나 더 높다. 대륙횡단 철도를 부설할 때 많은 중국인들이 호수 부근에 몰려들어 정착해 살았는데, 정착민들이 이 호수를 보며 큰 호수라는 뜻의 '따이호'라고 불렀고 그 명칭이 그대로 이어져 지금의 타호 호수(湖水)가 되었다고 한다.

조그마한 땅덩어리에서 태어나 보아온 것들이 작아서인지 방대한 타호 호수를 보며 나 자신도 몸이 움츠러들 정도로 놀랐다. 당일 오후 4시 반쯤에 도착해서 해가 질 때까지 돌아보는 호수 색깔과 다음 날 아침과 정오를 지나 오후 2시 반까지 돌아보는 호수 색깔은 태양의 기울기에 따라 아침에는 검푸른 색과 색감을 알 수 없는 혼합된 색, 낮에는 에메랄드색과 사파이어 블루색, 그리고 태양이 약간 서쪽으로 기울어있을 때는 코발트색, 황혼이 밀려올 때면 엘도라도처럼 황금색으로 시시각각 변했다. 휘황한 색깔의 향연에 종잡을 수 없는 내 영혼은 혼수상태에 빠져들 지경이었다. 도착한 첫날 오후 호수 주변을 돌면서 가장 아름다운 곳 중의 하나라는 캘리포니아 쪽의 에메랄드 베이(Emerald Bay)에 이르렀을 때는 호수 전체가 코발트색으로 변해 있었다. 평생 잊지 못할 장소라는 생각이 들었고, 더 높은 곳에서 사진을 찍기 위해 바위 위로 올라가자마자 별안간 가정을 위해 고생하며 살아온 아내의 얼굴이 영롱하게 떠오르고 이어 예이츠(Yeats)의 시가 섬광처럼 날쌔게 머릿속을 뚫고 지나갔다.

내게 금빛과 은빛으로 짠
하늘의 천이 있다면
어둠과 빛과 어스름으로 수놓은

타호 호수(Lake Tahoe) 전경

파랗고 희뿌옇고 검은 천이 있다면,
그 천을 그대 발 밑에 깔아드리련만
나는 가난하여 가진 것이 꿈뿐이라
내 꿈을 그대 발 밑에 깔았습니다.
사뿐히 밟으소서, 그대 밟는 것 내 꿈이오니.

Had I the heaven's embroidered cloths,
Enwrought with golden and silver light,
The blue and the dim and the dark cloths
Of night and light and the half-light,
I would spread the cloths under your feet:
But I, being poor, have only my dreams;
I have spread my dreams under your feet;
Tread softly because you tread on my dreams.
- 윌리엄 버틀러 예이츠(William Butler Yeats), 〈하늘의 융단(He Wishes for the Cloths of Heaven)〉

갈이 오지 못한 아쉬움에 한숨이 나오지만 그래도 이 고혹적인 호수의 색깔만큼은 아내에게 보여주겠다며 스마트폰 카메라에 열심히 담아냈다. 바로 눈앞에 외롭게 떠 있는 바위섬. 어림잡아 300평 남짓 되어 보이는 파네트 섬(Fannette Island)과 그 위에 오두막처럼 보이는 티 하우스가 눈에 들어왔고, 동판에 쓰인 글을 읽어보니 부자의 미망인의 별장이었다. 이곳에 가기 위해서는 당연히 카약이나 유람선을 타야만 한다. 에메랄드 베이와 티 하우스가 있는 파네트 섬을 가까이서 볼 수 있는 조그만 트레킹 코스가 있어, 그곳 바이킹스홀름(Vikingsholm)에서 빠른 걸음으로 20분 정도 걸어 호반까지 내려가 보았다. 나무로 만들어진 선창에서 내려다보는 호수 주변에는 치어들이 들끓고 있었고, 물이 너무 깨끗해 수심 2~30미터 정도는 환하게 보였다. 투명한 호수를 보며 불순한 생각이 없이 살아가는 시절은 단 두 번뿐이라는 생각을 해보았다. 순수한 유년 시절과 산전수전 다 겪고 날을 기다리는 노년의 시간이다. 《카라마조프가의 형제들》에서 생전에 선행을 한 번도 한 적이 없어 지옥 불에 던져진 욕심 많은 한 노파의 이야기처럼, 노년이 되어서도 천성을 버리지 못하는 사람들이 간혹 있지만 대부분은 그때가 되면 자신이 걸어온 길을 돌아보며, 남은 시간만이라도 하루하루 인간답게 살겠다고 시도하는 순수한 인간성을 보여준다. 늦었지만 아름답게 삶을 마무리하려는 사람들을 보며 인간은 환경에 매여 헤맬 수는 있지만 본디 심성은 악하지는 않다는 생각이 든다.

하늘 천장이 그대로 내려앉은 것 같은 에메랄드 베이를 떠나 곧바로 만난 곳에는 여러 설산(雪山)에서 내려오는 물이 한곳에 모여 호수로 낙하해 들어가는 폭포가 있었다. 흘러 내려오는 물에 손을 담가보니 얼음장처럼 차갑고 수정처럼 너무 맑아 보였다. 정지하지 않고 계속해서 흘러 내려오는 눈 녹은 물을 보며 인생은 낙화유수(落花流水)와 같다는 생각을 해본다. 끝 모르게 흘러 내려오는 이 물처럼, 세월은 흐르고 흘러 청춘은 다 가고 이제는 마음은 원이로되 육신의 세포는 죽어가는 마당에 무엇을 하고 있으며 무엇을 원하겠는가. 시곗바늘을 부러뜨려 놓아도 무심한 세월은 한 치의 오차도 없이 흘러가니, 어제는 과거이고 오늘은 바람이며 내일은 죽음이라는 생각을 해본다. 원하는 것들을 이루지 못하고 세월을 흘려보내고 있다는 사실이 안타깝고 원통하지만 모두가 인정하며 그렇게 살아가는 것이 인생이 아닌가.

세월에도 이정표가 있었다면 이런 모습으로 살지 않았을 것이라고 가슴을 치며 통곡하지만 때는 늦었고, 남은 시간만이라도 후회하며 살고 싶지 않다는 마음뿐이다. 시간이 모이면 세월이 되고, 세월은 이 시간이 지나면 돌아올 수 없는 과거가 된다는 진리를 자식에게도 가르쳐야겠다고 다짐해본다. 떠나보낸 시간을 돌아보며 환희와 기쁨에 웃었던 때도, 슬픔과 좌절에 눈물도 흘렸던 세월도 있었다는 것을 머릿속에서 떠올려 보며 이제는 아무 불평 없이 인생이라는 짐을 짊어지기로 마음을 먹는다.

마음을 정화하고 걸어온 길을 사색을 하려면 조용한 호수를 찾고, 쇠퇴해진 육신이 잃어버린 동력을 찾으려면 파도치는 바다로 가야 한다는 어느 문학인의 말이 기억난다. 반나절이라는 짧은 시간 동안 이 호수를 돌아보면서 지금까지 내가 누구였고 어떤 모습과 인성을 가지고 살아왔는지 더듬어 볼 수 있었고, 이제 남은 생을 위해 어떤 길을 선택하며 어떤 모습으로 살아가야 할지 깨닫는 지금 이 시간이 너무 행복하다.

신의 눈물이 담긴 호수에 내리는 어스름과 함께 얼마 남지 않은 인생을 정리해보며 앞으로 내가 살아가야 할 이유를 생각해 본다. 어려

타호 호수(Lake Tahoe)에서 만난 폭포

움을 당해도 앞을 보며 가야 하는 것은 내가 지금껏 이루지 못한 일이 있기 때문이다. 앞을 향해 가다가도 좌절과 절망을 느낄 때는 나를 잊지 않고 응원하는 사랑하는 사람들이 있다는 희망으로 살아가자. 왜냐하면 대부분의 사람들에게 필요 없는 사람이 소수에게는 불필요한 사람이 아닐 수도 있기 때문이다. 이제는 도려내야 할 것 같은 깊은 상처마저도 감내하며 살아가야 한다. 호수에서 얻은 소중한 생각들을 가슴에 담고, 캘리포니아에서 주 경계선을 넘어 네바다 쪽에 있는 숙소로 향한다.

다음날 늦은 아침, 하늘 요정은 어제처럼 호수에 소리 없이 파란 물감을 뿌려놓고 달아나버리고 호수 주변의 여러 봉우리에는 순백의 색깔이 다시 돌아온다. 정오 이전의 호수를 보기 위해 다시 한번 호수 주변 도로를 돌아보면서 역시 세계적으로 손꼽히는 아름다운 호수라는 것을 실감한다. 1960년 동계올림픽이 열렸던 스쿼 밸리(Squaw Valley)는 스키를 타러 온 사람들로 북적인다. 초여름으로 들어서는 때에 스키를 타기 위해 모여든 사람들을 보며 참으로 미 대륙이 넓다는 것을 느꼈고, 아울러 이 넓은 땅에 살고 있다는 것이 행운이라고 느껴졌다. 1박 2일의 호수관광을 끝내고 이제는 서서히 이번 서부여행도 마무리할 시간이다.

오늘은 서쪽으로 160마일 떨어진 와인 산지인 나파 밸리(Napa Valley)를 돌아본 후에 곧바로 샌프란시스코 가까운 프리몬트(Fremont)로 들어가 선배 집에서 하루 밤을 지내야 한다. 그리고 다음 날은 샌프란시스코 시내 구경을 한 다음 오후 11시 비행기를 타고 노스캐롤라이나(North Carolina) 샬럿(Charlotte) 공항을 거쳐 가족이 있는 뉴욕으로 갈 것이다. 고단한 뉴욕의 일상으로 돌아가야 한다고 생각하니 걱정이 앞서는 이유는 무엇일까. 자연에 대한 목마름으로 시작되었던 서부여행이 내일이면 마무리된다는 아쉬움만은 아니리라. 오랜 시간은 아니지만 여행 중에 견딜 수 없도록 불쑥불쑥 떠오르는 가족에 대한 그리움이 교차하는 이 시간, 지그시 눈을 감고 이번 여행이 나에게 무엇을 주었고 내가 무엇을 얻고 깨닫고 있는지 생각해 본다. 봄이 오면 꽃이 피고 가을이 오면 낙엽이 지듯, 내 모든 아픔이 가슴속에서 피고 지지만 이번 여행이 남겨준 아름다운 추억은 무덤으로 갈 때까지 잊혀지지 않을 것 같다.

눈부신 햇살이 차 안으로 스며들고 또다시 핸들을 붙잡고 달린다. 빈틈없이 내리꽂는 햇살에 보글거리는 아스팔트 도로의 끝에서 아스라이 신기루가 보인다. 오늘도 앞만 보며 달리는 내가 마치 고난의 길을 걷는 천로역정의 순례자처럼 느껴진다. 눈부신 햇빛과 하루 종일 씨름해야 한다고 생각하는 사이 도로변에 있는 이름 모를 폭포를 만나고, 계속해서 이어지는 폭포수가 시원하게 떨어져 흘러가는 모습이 눈에 들어온다. 추락하는 물줄기를 보며 호수로 흘러 들어가는 이 물이 언젠가는 또다시 폭포수가 되어 돌아오는 것처럼, 지금의 괴로운 인생도 미래에는 아름다운 날이 되어 돌아온다는 것을 기억하며 오늘도 그날의 기쁨을 고대하면서 희망을 가지고 살아가자고 마음을 추슬러본다. 쉬지 않고 영원토록 돌고 도는 계절의 자연처럼 우리에게 과거가 있었기에 희망을 품고 오늘을 살아가고, 더불어 내일의 기쁨을 기대하는 것이 아닌가.

삶이 그대를 속일지라도
슬퍼하거나 노하지 말라
슬픈 날엔 참고 견디라
즐거운 날이 오고야 말리니

마음은 미래를 바라느니
현재는 한없이 우울한 것
모든 것이 하염없이 사라지나
지나가 버린 것 그리움이 되리니

삶이 그대를 속일지라도
노하거나 서러워하지 말라
절망의 나날 참고 견디면
기쁨의 날 반드시 찾아오리라
마음은 미래에 살고
현재는 언제나 슬픈 법
모든 것은 한순간 사라지지만
가버린 것은 마음에 소중하리라

삶이 그대를 속일지라도

슬퍼하거나 노하지 말라
우울한 날들을 견디며 믿으라
기쁨의 날이 오리니

마음은 미래에 사는 것
현재는 슬픈 것
모든 것은 순간적인 것, 지나가는 것이니
그리고 지나가는 것은 훗날 소중하게 되리니

삶이 그대를 속일지라도
슬퍼하거나 노하지 말라
설움의 날을 참고 견디면
기쁨의 날이 오고야 말리니
- 알렉산드르 푸시킨(Alexandr S Pushkin), 〈삶이 그대를 속일지라도〉

이순(耳順)이 되어서야 철이 들어가는지 삶은 인위적 억지에 의해 이루어지는 것이 아니라 물 흐르듯 그저 자연의 순리에 순응하며 살아가는 것이 아름다운 인생이라는 것을 깨닫고 있다. 사실 따지고 보면 인생은 물처럼 사는 것이 가장 아름다운 삶이다. 네모진 그릇에 담으면 네모가 되고, 세모 그릇에 담으면 세모가 되고, 둥근 그릇에 담으면 둥글게 되어 외부의 어떤 형태에도 말없이 호응하는 물처럼, 요란한 세상 속에서도 자연의 순리대로 세상을 살아가는 사람만큼 아름다운 인생도 없을 것이다. 잘난 척도 하지 않고 있는 그대로를 받아들이며 흐르는 폭포수를 보며 돌고 도는 물이 다시 돌아 푸른 세상을 만드는 것처럼, 요란한 세속에서도 인간의 정도가 무엇인지 생각하고 판단하며 세상을 아름답게 만들며 살아가자고 어제 다짐했던 약속을 다시 한번 확인해본다. 거세지 않은 폭포수 밑에서 이름 모를 새들이 목욕하는 모습이 눈에 들어온다. 미약한 동물이지만 세상에 존재한다는 자체가 아름다운 것처럼 어쩌면 미천한 나 자신도 살아있다는 사실만으로도 누군가에게 아름다움이 되는 것은 아닐까.

세계 최고의 와인 산지 나파 밸리

눈이 시도록 파란 하늘에 한 조각 구름이 두리둥실 떠가고, 버드나무 가지가 늘어지듯 강렬한 햇볕에 나른함이 더해지는 시간에 나파 밸리(Napa Valley)로 발길을 돌린다. 주행의 무료함을 달래주듯, 라디오에서 페리 코모의 〈Killing me Softly〉가 공기를 타고 감미롭게 흘러나온다. 시간의 두터운 장벽을 넘어 들려오는 향기로운 노래에 드라마처럼 아스라한 그 시절의 추억 속으로 빠져들어 간다. 아침 이슬처럼 맑디맑은 눈망울을 가졌던 50년 전의 그 소년은 원했던 연예인의 꿈을 이루지 못한 채, 지금은 거리의 방랑자가 되어 지구의 한 모퉁이를 달리고 있다. 추억이란 오랜 시간 더듬지 않아 먼지 쌓인 창고 안에 소중하게 담겨있는 비밀상자를 찾는 것, 그리고 심연으로 내려앉아 소리 없이 침묵하고 있는 상자 속에 꼼꼼히 담겨진 역사를 들춰보는 것이다. 켜켜이 쌓인 기억을 더듬다 보면 이루지 못한 꿈이 뼛속까지 아프고 아프지만 그 기억도 때로는 추억의 그리움으로 변해있다는 것을 깨닫는다. 무심히 스쳐가는 바람처럼 세월은 덧없이 흘러가 버리고, 펄럭이는 그리움과 추억으로 사는 인생이 되어 버렸다는 생각에 때로는 마음이 서글프지만, 그래도 끄집어낼 수 있는 추억이 있기에 내 인생은 아름답다. 발걸음을 옮길 때마다 이미 추억이 되는 것, 이루지 못한 꿈은 현실의 거부이며 신의 뜻이기에 실망도 후회도 하지 말고 살아가야만 한다.

128번 도로를 타고 베르예사 호수(Lake Berryessa) 남쪽을 거쳐 도착한 인구 140,000명의 나파 밸리. 전형적인 농촌지역인 나파 밸리는 남북으로 25마일(40킬로미터)에 동서로는 7.5마일(12킬로미터)로 캘리포니아 주에서는 별로 크지 않는 지역이고, 한국으로 비교해본다면 군 단위보다는 면 단위에 가깝다는 느낌이다. 이 좁은 면적에 대형 와이너리가 300여 곳 정도에 작은 와이너리까지 합하면 1,800여 개 정도가 된다고 하니 놀랄만하다. 이곳에서 생산되는 와인은 카베르네 소비뇽(Cabernet Sauvignon), 샤르도네(Chardonnay), 메를로(Merlot) 등 3가지 품종이 주를 이룬다. 빈 공간이 있는 건물 벽면에는 한 송이의 포도와 드넓은 포도밭을 넣은 나파 카운티의 상징마크와 그리고 포도원의 전경과 농부들의 분주한 움직임이 담긴 벽화를 어렵지 않게 볼 수 있다.

몇 블록 되지 않는 시내는 관광객들의 차들만 빈틈없이 주차되어 있을 뿐, 거리에는 이곳 주민으로 보이는 시골풍의 사람들이 그다지 눈에 띄지 않았다. 기후가 좋은 곳이라서 그런지 가끔 거리를 지나는 주민들의 표정은 찌들어 야박해 보이는 뉴욕 사람들과 달리 대체로 온화하고 밝게 보였다. 포도 산지답게 포도나무를 심어 울타리로 정한 주택들도 이채로웠다. 걷다 보니 시내 전체가 한산한 이유는 내가 방문한 시기가 포도 농사에 중요한 때라는 것을 늦게야 알았고, 대부분의 농부

나파 밸리(Napa Valley)의 마을 풍경

들이 포도밭에 나가 포도나무 손질에 매달려 있다는 것을 육감적으로 눈치를 챘다. 시내를 떠나 나파 북쪽으로 올라가는 길목에는 포도밭이 지평선 끝까지 보였다. 자세히 보니 두 팔을 벌린 짧은 가지에는 서너 개밖에 되지 않는 작은 포도송이들이 자라고 있었다.

군데군데 스페인풍의 대형건물이 보이고, 이름도 기억할 수 없는 와이너리에 들러 최근에 출시한 상품들과 이 와이너리를 대표하는 상품, 그리고 와인을 보관하는 방법과 장소도 보았다. 나파 밸리를 구경하고 샌프란시스코로 내려오면서 또 다른 소규모 와이너리에도 들러 대표적인 와인도 시음하고 저장고까지 둘러보지만, 전문가가 아니라서 대형 와이너리의 와인과 무엇이 다른지 구별할 수 없었고 그저 맛이 비등비등하다는 것만 느낄 뿐이다. 마침 한국 관광객들이 눈에 띄었다. 가이드로 보이는 40대 중반 정도 되어 보이는 남자가 이곳 직원의 설명

나파 밸리(Napa Valley)의 포도밭

을 통역하고 있었다. 몇 분 되지 않아 설명과 통역작업이 끝나고 관광객들이 와인을 진열해놓은 곳을 둘러보며 시음을 하는 사이, 재빠르게 가이드에게 다가가 어떤 와인이 맛이 좋은지, 방문자들이 많이 찾는 종류가 무엇인지 물어보았다. 이런저런 이야기 끝에 10년 넘게 와이너리 투어를 이끌어 온 가이드라는 것을 알았고, 그를 통해 나파 지역은 지형과 일조량, 기온과 공정 과정이 비슷하지만 맛이나 향을 결정하는 것은 좀 다르다는 이야기를 듣게 되었다. 같은 기간에 생산된 포도라도 그 해의 일조량, 습도와 온도에 따라 날짜를 정확히 계산해내어 수확했

냐는 것과 오크통에 담은 와인을 보관한 장소의 습도와 기온을 어떻게 조절해가며 숙성했느냐에 따라 미세하나마 맛이 달라진다는 것이다.

뉴욕 사람들은 태평양을 낀 캘리포니아의 나파 밸리와 대서양을 낀 뉴욕의 롱아일랜드가 와인 산지의 양대 산맥이라고 공공연히 말하지만, 직접 방문해서 보니 재배 면적과 와이너리의 수에 있어서 나파 밸리는 롱아일랜드와 비교가 안 될 정도로 확연히 차이가 있었다. 와인의 종류도 나파 밸리 쪽이 훨씬 많았고, 맥없이 비싸다고 느껴지기만 하는 롱아일랜드 와인보다는 나파 밸리 쪽의 와인이 향뿐 아니라 맛도 달짝지근하고 가격에 비해 모든 것이 빼어났다. 물론 조건이 서로 다른 지역에서 생산되는 포도와 제조공법, 그리고 시음자의 입맛에 따라 다소 차이가 있겠지만, 시음에서 나파의 와인이 롱아일랜드의 와인보다는 맛이 좋다는 느낌을 받았다. 소량의 생산으로 귀족적이라는 인식을 갖고 있는 유럽산 와인과 달리 대량으로 와인을 생산해 대중화시킨 곳이 바로 나파 밸리다. 더불어 여러 나라 와인을 맛본 내 입장에서는 칠레산이나 프랑스, 이탈리아, 스페인산, 그리고 롱아일랜드산보다도 나파 밸리산이 세계 최고라고 느끼고 있다. 세계 각국의 소믈리에에 의해 이전의 전통 강국이었던 프랑스의 보르도(Bordeaux)와 프로방스(Provence) 와인보다도 나파 밸리의 와인이 맛과 향기에 있어서 낫다는 평가에 힘입어 최상의 와인으로 등극한 이후, 거의 30년 동안 세계 최고의 와인으로 자리매김하고 있다고 한다. 이곳에 왔다는 것을 기념하기 위해 향이 좋은 와인을 몇 병을 사고 싶었지만 비행기 안으로 반입이 되지 않는 물품이라 그저 눈요기만 하고 발길을 돌렸다.

나파(Napa)와 소노마(Sonoma)를 끼고 있는 12번 고속도로를 타고 계속해서 남쪽으로 내려가다가 한 포도원을 보았고, 챙 넓은 모자를 눌러쓴 몇 명의 농부들이 눈에 들어왔다. 푹 눌러쓴 모자에 소매 긴 옷을 입고 있어 피부색을 구별할 수 없었다. 이 포도원의 농장주 가족인지 아니면 국경을 넘어온 사람들인지 분간할 수 없었지만 체격구조를 보니 국경을 넘어온 사람들로 보였다. 미비한 산업구조 탓에 일자리를 구할 수 없어 목숨을 걸고 국경을 넘는 사람들의 모습이 떠올랐다. 리오 그란데 강을 건너다 익사하거나, 삼엄한 검문을 따돌리고 국경을 넘어 들어오지만 사막뿐인 땅에서 탈수와 열사병으로 죽어가는 경우가 허다하고, 밤이 되면 눈을 붙이기 위해 드러누워 있다가 저체온증으로 세상을 등지는 사람들이 매년 400명이 넘는 현실을 미국 보수 정치인들은 직시해야만 한다. 며칠 전에는 100명이 넘는 사람들이 냉방장치도 작동하지 않는 트레일러의 짐칸에 숨어 밀입국을 시도하다가 섭씨 6~70도가 넘는 온도에 거의 30명이 죽고 나머지는 후유증에 시달리고 있다는 뉴스를 보았다. 목숨을 담보로 밀입국을 시도하는 것은 대부분의 사람들이 부양할 가족들이 있기 때문이다. 그리고 천신만고 끝에 도착한 도시에서 겪는 인종차별과 임금에 대한 부당한 대우를 받아도 하소연할 곳도 없는 현실, 그리고 이들이 불법체류자이기에 차별받는 것이 당연하다는 보수적인 사고를 갖고 있는 사람들의 의식에 분노를 느낀다. 거리에 즐비하게 늘어선 식당이나 푸드 마켓에서의 허드렛일, 육류가공이나 곡물을 생산하는 농업부문, 건축이나 토목분야에 이들이 종사하고 있기에 1970년대 이후 반세기 가까이 1차와 3차 산업이 계속해서 호황을 누리면서 세계 초강대국으로 자리매김하고 있다는 사실을 이들은 간과하고 있다. 식량을 무기화하는 시대에 들어선 지금 농업분야에서 중남미에서 건너온 사람들이 종사하지 않았다면 미국의 농업경제는 지금에 이르지 못했을 것이고, 자급자족하기에도 충분치 않았을 것이라고 대부분의 경제학자들은 말한다. 서류 미비자들이 경제발전을 떠받드는 중추 역할을 하고 있다는 것을 대부분의 미국인이 인정하고 있고, 거시적으로 볼 때도 이들이 필요하다는 것이 명백함에도 보수정치인들은 무지한 시민들을 선동해 미국다운 미국을 만들어 가자며 교묘하게 포퓰리즘을 이용하고 있다. 이러한 사실을 알고 있음에도 현실을 부정하는 보수정치인들이나 보수시민들을 보며 인종주의자들이었던 나치의 사고나 행위와 별반 다를 것이 없다고 판단한다면 나의 잘못된 사고일까. 인간답게 살겠다고 찾아온 사람들을 범법자라고 쫓아내는 사람들은 누구의 자손인가. 원주민을 몰살하고 그 자리를 대신해 주인처럼 행세하는 사람들이 아닌가.

꼭 2년 전의 일이다. 테네시의 내슈빌에 가다가 켄터키 주의 어느 산골마을의 주유소에 들러 기름을 넣은 다음, 가게 안으로 들어가 필요한 물건을 집어 들고 계산대로 갔다. 분명히 줄을 선 사람이 없었던 것을 확인하고 내가 들고 있는 물건을 계산대에 내려놓고 있는데, 초로의 백인여자가 역정을 내면서 화장실과 음료수 자동판매기가 있는 쪽에서 계산대를 향해 다가왔다. 계산대에 물건을 내려놓고 필요한 것이 더 있어 찾고 있었다거나 아니면 화장실에서 일을 보기 위해 잠깐 자리를 비웠던 모양이었다. 그것을 알 턱이 없는 나에게 무턱대고 중남부의 사투리가 섞인 말투로 "너희 나라에서는 그렇게 해도 되지만 여기 미국에서는 질서를 지켜야 한다."라며 내 눈을 응시하지도 않은 채 목소리를 높이며 나에게 면박을 준다. 지저분하게 내뱉는 말에 참을 수 없어 나 역시 인격을 무시하는 그녀에게 "나는 당신을 보지도 못했고, 계산대에 있는 점원도 당신이 먼저라는 것을 나에게 말을 해주지 않았다. 사람이 보이지 않으면 당신이 먼저인지 어찌 알겠느냐? 그리고 당신이 올 때까지 무턱대고 기다려야 하나? 이 문제는 나를 탓하지 말고 점원에게 말을 해야 하지 않느냐? 무식하게 입을 함부로 놀리지 말라!"고 목소리를 높였다. 이에 질세라 그녀는 나에게 "너희 나라로 돌아가라."라고 소리쳤다. "시민권을 갖고 사는 이 나라가 내 나라이다. 너나 너의 부모의 땅으로 돌아가라. 주인도 아닌 것들이 주인 행세를 하고 있다. 더러운 너의 입을 보아라. 부끄럽지도 않느냐? 어디서 막말을 하느냐?"라고 했더니, "경찰을 부르겠다!"라고 한다. 흥분한 그녀와 달리 나는 어느 때보다도 상당히 침착해 있었고, 이어 "그래라! 인종차별적인 언사에 당신이 불리할 것이다."고 했다. 분위기가 이상했던지 가게 앞에 주차해놓고 기다리던 남편이 가게 안으로 들어와 "무슨 일이 있느냐?"라고 아내에게 물어본다. 인도계 점원이 서로 뜨내기손님이라서 그런지 누구 편도 들지 않으며 "별일 아니다. 서로 오해가 있었을 뿐이다."는 설명과 더불어 웃으며 중재에 나섰다. 그러고 나서 백인 여자의 비겁한 엄포와 허세만 있었을 뿐, 이 일은 생각보다 싱겁게 마무리가 되어버렸다. 백인 부부가 먼저 계산을 한 후 가게를 떠나고 이어 나도 계산을 하고 나가려고 할 때 점원이 나에게 미소를 지으며 "다음에 또 보자. 다 잊어버리고 좋은 시간 보내라."며 인사를 한다. 보수성향이 강하게 느껴졌던 이 여자와 언쟁 후, 왜 독일에서 나치즘이 발생하게 되었는지 이해가 갔고, 이런 사고방식을 갖게 된 것은 백인 개척자들이 원인이었다는 것을 새삼 느꼈다.

인간은 태어날 때부터 자유롭고 평등한 인격과 자신의 행복을 추구할 권리를 가지며 그것을 빼앗거나 양도할 수 없다는 천부인권설(天賦人權說, theory of natural rights)을 기초로 해서 만들어진 미국의 헌법 정신을 외면하는 보수 성향의 시민들과 정치인들의 반인륜적인 행태는 조상들의 건국 정신과 지금 돌아가는 사회 시스템에서도 상당히 이질적이라는 생각을 해본다. 모든 인간이 행복한 삶을 누릴 수 있도록 정책을 실행하고 유지하며 계속적으로 그것을 지향하면서 더 높은 사회로 발전시켜나가는 것이 보수주의의 기치이며 그 정신을 이어 실행하는 것이 보수시민이며 보수정치인이다. 피부색깔이 다르다고 인격학살을 자행하는 사람들은 민주사회에 있어서는 안 될 암세포와 같은 존재들이며, 제2의 매카시즘이 도래하기를 기다리는 잘못된 수구주의자이며 파렴치한 인종주의자들이다. 시대에 뒤떨어진 잘못된 보수주의자들의 개념과 관습, 현실인식에 대한 유치한 사고를 보면서 건국의 조상들이 이행했던 정신으로 돌아가거나 아니면 지금의 보수주의자들의 사고나 개념을 뒤집을 만한 혁신적인 패러다임으로 대체해야만 이민으로 이루어진 미국이 생존해 나갈 수 있지 않을까. 건국 조상들이 이행했던 정신으로 돌아간다는 것은 시대의 후퇴가 아니라 인간의 권리와 행복권 추구, 민주주의의 기초가 정확하게 담겨 있기 때문이며, 대표자들이 이것을 기초로 해서 국정이나 시정을 펼칠 때 전적으로 국민에 의한, 국민을 위한, 국민의 정치가 피부 색깔과 관계없이 이루어진다는 말이다.

보수적인 백인들에 의해 비인격적 대우를 받고 있는 이곳의 라티노(Latino)들처럼, 역시 품팔이를 하러 온 동남아 사람들에게 게으른 민족이라며 모멸감을 주었던 것은 물론, 동포들과 달리 인격적으로 부당하게 대우했던 조국에서의 기억들이 떠오른다. 3D 분야의 산업에 종사했던 그들이 있었기에 대한민국 역시 경제 발전을 하게 되었다는 것을 부인할 수 없음에도 비인격적인 대우를 받던 그들의 모습을 떠올릴 때면 이곳의 잘못된 백인들과 내 동포들도 마찬가지였다는 부끄러움에 견딜 수가 없다. 그래서 시대와 나라마다 존재하는 소수를 향한 인간차별을 이미 간파한 예수는 "소자에게 하는 것이 나에게 하는 것"이며, 이것이야말로 "하나님 나라의 성취"라고 말한 것이 아닌가. 피부색깔이나 국적에 상관없이 한 성원의 인격과 권리는 그가 속해있는 사회에서 분명하게 존중을 받아야만 하고, 또 그 구조 속에서 드러나야 함에도 아직도 성숙하지 못한 사회 분위기와 정치적 이슈로만 연결하려는 사람들 때문에 벼랑 끝으로 내몰리는 약자들을 떠올려본다. 가족을 부양하기 위해 조국을 등진 약자들이 차별받지 않고 그들이 거주하는 나라와 주류를 이루는 사람들로부터 인격적인 대우를 받으며 살아갈 수 있는 시대가 속히 오기를 고대해 본다.

실리콘 밸리가 있는 프리몬트

오늘 밤 머물러야 할 프리몬트(Fremont)를 80마일 정도 남겨두고 있다. 가보지 못한 낯선 곳에서 날마다 새로움을 느끼고자 했던 마음도 이제는 접고 일상으로 돌아가야만 한다는 생각에 아쉬움으로 가슴이 가득해져 간다. 680번 고속도로에 들어서 한참을 달리다가 별안간 류시화의 시집 《외국박이 물고기의 사랑》 중에서 배낭여행을 대표하는 시 한 편이 고무줄처럼 가슴을 조여 온다.

날이 밝았으니 이제
여행을 떠나야 하리
시간은 과거의 상념 속으로 사라지고
영원의 틈새를 바라본 새처럼
길 떠나야 하리
다시는 돌아오지 않으리라
그냥 저 세상 밖으로 걸어가리라

한때는 불꽃같은 삶과 바람 같은 죽음을 원했으니
새벽의 문 열고
여행길 나서는 자는 행복하여라
아직 잠들지 않은 별 하나가
그대의 창백한 얼굴을 비추고
그대는 잠이 덜 깬 나무들 밑을 지나
지금 막 눈을 뜬 어린 뱀처럼
홀로 미명 속을 헤쳐가야 하리
이제 삶의 몽상을 끝낼 시간
순간 속에 자신을 유폐시키는 일도 이제 그만
종이꽃처럼 부서지는 환영에
자신을 묶는 일도 이제는 그만
날이 밝았으니, 불면의 베개를
머리맡에서 빼내야 하리
오, 아침이여,
거짓에 잠든 세상 등 뒤로 하고
깃발 펄럭이는 영원의 땅으로
홀로 길 떠나는 아침이여
아무것도 소유하지 않은 자
혹은 충분히 사랑하기 위해 길 떠나는 자 행복하여라
그대의 영혼은 아직 투명하고
사랑함으로써 그것 때문에 상처 입기를 두려워하지 않으리

그대가 살아온 삶은

그대가 살지 않은 삶이니

이제 자기의 문에 이르기 위해 그대는

수많은 열리지 않는 문들을 두드려야 하리

자기 자신과 만나기 위해 모든 이정표에게

길을 물어야 하리

길은 또 다른 길을 가리키고

세상의 나무 밑이 그대의 여인숙이 되리라

별들이 구멍 뚫린 담요 속으로 그대를 들여다보리라

그대는 잠들고 낯선 나라에서

모국어로 꿈을 꾸리라

- 류시화, 〈여행자를 위한 서시(序詩)〉

발 길이 닿은 장소마다 쌓아놓은 추억과 먼 훗날이 되어서는 잊지 못할 그리움들! 한편으로는 막연한 동경에 거주지를 떠나 다른 풍경 속 공간으로 몸을 옮겨 놓는 것이 여행의 목적은 아니다. 육신이 옮겨진 공간 속에서 영혼의 시간을 찾는 것이 진짜 여행이라는 생각을 해본다. 육신이 아닌 영혼의 거울을 통해 나를 비춰봄으로써 불필요한 삶의 무게를 털어 버리는 것이 여행의 출발이며, 남아있는 시간을 위해 새로운 삶의 좌표를 정하는 것이 여행의 목적이 아닌가. 미래에 대한 촉매제가 여행이라는 것을 간과한 채, 이제까지 삶의 놀이로 생각하며 보낸 시간이 안타깝다. 독일 최고의 작가 토마스 만(Thomas Mann)의 장편소설 《마의 산(The Magic Mountain)》에 나오는 "여행을 떠나는 순간 모든 사람은 노숙자이며, 격식이 필요 없는 자유주의자이다."라는 말처럼, 인생은 여행과 같아서 몸에 지닌 것이 많을수록 힘든 것이기에 버릴 것은 버리고 과감하게 길을 떠나야 한다. 겪을 만큼 겪었고 가진 것도 없기에 그림자를 벗 삼아 길을 달리는 나는 자유롭고 행복하다.

아무리 아우성을 쳐도 한 번 지나가 버린 일들은 두 번 다시 돌아오지 않고, 모든 순간은 생애에 단 한 번밖에 주어지지 않기에 후회는 가슴에 두고두고 맺힐 수밖에 없다. 그래서 어떠한 모습으로 살아가야 할 것인지 조심스럽게 생각하고 행동해야만 한다. 하루를 마감하려는 듯 지평선 끝 산등성이에 몸을 기대는 태양, 그 길목에 성급한 별들은 먼저 자리를 차지하려고 앞다투어 얼굴을 내민다.

어스름이 내리기 직전 프리몬트에 도착했다. 만날수록 포근함과 밝은 기분을 선사해주는 선배는 나를 친동생처럼 맞아주었다. 지난해 여행처럼 올해도 선배와 함께 인생과 문학에 대한 대화를 자정이 훨씬 넘도록 이어갔다. 조국도 아닌 미국 땅에서, 그것도 내가 사는 동부가 아닌 서부까지 달려와 이런 대화를 할 수 있다는 것만으로도 행복하다. 쉼 없이 걸어가야만 하는 혹독한 인생여정은 소중한 만남으로도 큰 위로를 받는다. 오늘 같은 좋은 만남이 있기에 홀로 걸어온 길은 헛되지도 무의미하지도 않다. 찰나에 불과한 삶이라지만 우연 안에 필연적인 만남이 이루어지는 것이 인생이기에, 살아가면서 기억하고 싶지 않은 슬픈 만남도 영혼의 울림이 있는 진실한 만남도 각본처럼 구성된 것이니 거부하거나 부정하지 말고 있는 그 자체로 받아들이자. 눈꺼풀이 무거워지고 대화가 끝나자마자 이내 깊은 잠 속으로 빠져들어 간다.

몸이 불편한 영혼에게 봉사하는 것도 목회라는 생각으로 살아온 선배 내외는 이른 아침부터 장모님의 병간호에 분주하다. 간호를 마치고 선배와 마주 앉아 또다시 삶에 대한 대화가 시작되는 순간, 고혹적이며 가인(佳人)이신 사모께서 물을 담은 작은 종지에 꽃 하나를 장식해 탁자 위에 내려놓는다. 지금까지 느껴 보지 못한 일이라 "이런 일상은 처음 느껴봅니다. 사모님의 정서는 너무 고상하고 아름다우십니다."라는 말을 건넸더니 "서로 마주 앉은 탁자 위에 아무것도 없어 맹맹한 것보다는 꽃이 있는 것이 분위기도 있고 서로의 대화가 부드러워지면서도 더 깊은 곳으로까지 이어지지 않겠어요?"라고 엷은 미소를 띠며 말한다. 그리고 진심으로 "꽃처럼 아름다우신 모습만큼이나 생활도 아름답습니다."라는 말로 감사를 표현했다. 피아노 연주자처럼 섬세하고 배려있는 생활에 많은 감명을 받았고, 사모께서 손수 차려주신 아침 식탁에서 삶에 대한 대화가 또다시 시작되었다. 이런저런 이야기가 오가다가 사모께서는 나와 같은 해 뉴욕으로 이민을 와서 같은 교회를 섬기던 집사하고 E 여대 피아노학과 동기였다는 것을 알았다. 내가 느끼고 있는 것보다 세상은 너무 좁다는 생각, 그리고 동포사회에서는 아주 멀리 있는 사람도 두 사람만 거쳐 가게 되면 나와 관계가 연결된다는 이민 선배들의 말이 허튼소리가 아니라는 것에 소스라치게 놀랐다. 나와 같은 교회에서 봉사한 집사와 전화통화를 하도록 연결해주었다. 얼마 지나지 않아 따뜻한 식탁과 대화에 깊은 감사를 표하고 자리에서 몸을 일으켰다. 이별이란 언제나 아쉬운 것, 언제 만나리란 약속도 없이 선배

부부와 작별의 인사를 나눈 후, 곧바로 30마일 남짓 거리인 샌프란시스코 시내로 향했다.

마지막 여행지 샌프란시스코

제일 먼저 도착한 곳은 시빅 센터(Civic Center) 안에 있는 시청이다. 플라타너스 나무들이 짧은 팔을 벌리며 이곳을 방문한 방문객들을 환영하고 있었다. 그 뒤에는 금으로 도금한 돔 형태의 황금지붕, 바티칸의 성 베드로 성당과 비슷한 양식의 시청이 육중한 모습으로 눈에 들어왔다. 샌프란시스코에서 숨을 거둔 미국 제29대 대통령인 워런 하딩(Warren Harding)의 시신이 이 건물 지하에 묻혀 있다는 안내문이 보이고, 금요일이라서 그런지 시청 안팎에는 웨딩드레스를 입은 커플들을 심심치 않게 볼 수 있었다. 동성애자의 결혼을 인정한 최초의 도시답게 여자와 여자인 동성애 커플도 보였고, 그들의 행동은 뉴욕의 동성애자들보다 당당해 보였다. 동성애라는 개념과 더불어 동성애자들의 성적 취향 때문에 대중들로부터 사회에 폐해를 주는 존재로 규정되어 억압받고 법률적으로는 처벌받았던 시대가 1860년대 말 이후로도 계속해서 이어졌고, 최근 2~30년 전까지만 해도 신체를 억압하는 법률은 적용되지 않더라도 대중들로부터 비정상적인 사람들로 도외시 당하던 적

샌프란시스코(San Francisco) 시청

이 있었다. 이제는 미국의 어느 곳이든 당당하게 거리를 활보하고 그들의 생활 자체를 드러내는 것이 일반화되었다는 것, 그리고 그들의 꾸준한 노력에 사회 인식도 변해 그들의 인격이나 성적 양태도 인정해주는 시대가 되었다는 것을 느꼈다.

이전에는 동성애란 소수자들의 감추어진 성의 역사로 기억됐지만 1869년 이후부터 동성애(Homosexuality)라는 단어를 처음 사용한 헝가리의 의사 카를 마리아 벵케르트(Karl Maria Benkert)에 의해 공식적으로 널리 사용되었다. 동성애 탄압역사에 대한 자료를 보면 그 배경에 산업자본주의라는 현실 속에서 산업화가 초래한 가족의 변화, 가정과 일터의 구별, 남성과 여성의 성적 역할의 구별, 그리고 일반적인 성적 역할에서 벗어난 행동에 대한 사회적인 단죄가 있었음을 알 수 있다. 1869년대 이전에는 성별이나 연령, 개성이나 인격은 별개로 인정하며 노동력이라는 생산적인 기초에만 집중했지만 이후, 인구폭발과 더불어 급변해가는 자본주의의 체제에서의 생산양식으로 인간을 바라본 자본가들의 입장에서는 갈수록 더 많은 노동력이 필요해졌다. 그러면서 사회 안에서 인정받는 성적 관습은 자녀를 생산해내는 것이 중요한 요소가 되었으며, 이렇게 사회적으로 용인된 가정의 형태는 과거보다 더 많은 노동력 조달과 더불어 자본가들이 원하는 생산양식을 유지하는데 이용되었다는 이야기로 해석이 되었다. 그래서 이러한 산업자본주의의 폐단을 간파한 러시아의 볼셰비키는 〈동성애자 해방운동과 마르크스주의〉에서 "해를 입는 사람이 없는 한, 그리고 이익을 침해받는 사람이 없는 한, 국가나 사회가 성문제에 절대로 간섭하지 않을 것을 선언한다. 그리고 소비에트 법률은 유럽의 법률에서 도덕에 위배되는 것으로 간주하는 동성애 및 다양한 성적 만족의 유형들을 '정상적인' 성교로 간주한다."라며 더 이상 윤리적으로나 정치적 이용을 하지 않겠다고 선포한 것이다. 이 말은 동성애 자체가 아니라 그것을 억압하는 배타적인 이 사회가 비정상적인 것이기에 용납하지 않겠다는 해석과 동일하다.

개인의 자유를 최대한으로 보장해야 한다는 미국 헌법이념에 위배되는 세기적인 사건이 있었다. 그것은 1969년 6월 뉴욕 시경이 주도한 그리니치 빌리지(Greenwich Village)에 있는 게이바 스톤월(Stonewall)

습격사건이었다. 성 소수자라는 문화적 현상을 시정부가 풍기문란으로 연결시켜 공권력을 동원해 개입한 사건은 전 세계 동성애의 해방운동으로 이어지는 출발점이 되었다. 이 역사적인 사건으로 성 소수자에 대한 차별과 억압, 혐오의 인식이 많이 희석되었지만 아직도 보수적 사고를 갖고 있는 시민들은 성 소수자의 문제를 사회 문화와 역사를 토대로 한 접근보다는 자신들이 갖고 있는 도덕과 윤리, 심리적 관점에서만 해석하려고 한다. 그리고 기독교인들은 창세기 19장 4~11절을 근거해 동성애를 돌이킬 수 없는 죄악, 바깥 어두운 세계에 떨어질 저주받은 사람들로 인식한다. 성경에 근거해서 보면 분명 타락이고 죄악이며, 나 역시 일반적인 시스템과 통용되지 않는 탐탁지 않은 문제라고 인정하지만 의회에서 통과된 법률적 문제이기에 그들의 인권을 무시하거나 취향을 비판할 수는 없다. 왜냐하면 시민들이 선출한 의원들이 표결한 결과를 우리가 인정해야 하는 것이 옳은 것이고 그것을 존중하는 것이 민주시민으로서 자격 있는 행동이기 때문이다.

과거에는 감추고 싶은 그들의 성에 대한 취향이 이제는 당당하게 권리의 문제로 비약되고, 그들도 인격을 갖고 있기에 그들의 권리를 존중하며 받아들여야 하는 시대가 되었다는 것을 정치성향이나 정서에 대한 성향과 관계없이 인정해야만 한다. 대부분의 뉴욕의 시민들도 이제는 그들의 사생활을 인정하며 사회의 한 일원으로서 받아들이고 있는 모습이 확연하게 눈에 띈다. 내가 근무하는 회사와 거래하는 여러 호텔에는 적지 않은 성 소수자들이 있다. 특히 신체구조는 남성이지만 여성처럼 행동하는 사람들과 업무 때문에 대화를 하다 보면 목소리나 말투만 부드러울 뿐 행동 면에서 평범한 남자의 성을 갖고 있고, 단지 성적 취향에 대한 문제만 다르다는 것을 알게 되었다. 나 자신도 이들을 만나기 전까지 이런 사회조직은 안 된다고 비판한 적이 있었지만 시대는 변했고, 나 자신이 원하는 대로 그들을 판단하거나 평가해서는 안 된다는 생각을 해보았다. 예를 들어 2×2=4라는 답은 구구단을 동원하면 단순 명료하지만, 2×2=3+1, 2×2=5−1로도 간단하게 응용될 수 있고, 더 나아가서 세계에서 몇 안 되는 수학천재들만이 가능하다는 수학 7의 공식을 나열해 정답을 도출해낼 수도 있는 것처럼, 다양한 사람들이 이루고 있는 사회구조는 내가 생각하고 있는 것처럼 단순하지 않다. 사회라는 것이 정치와 경제, 문화와 환경이라는 집단을 유지하는 구조와 생물학적인 인종과 신체구조, 취향과 성격 등 서로 다른 각양각색의 성원들이 모여 이루어진 총체적 집합체이기에 복잡하고 이해 불가능한 면도 있다는 것을 생각지 않고 단순하게 내가 사고할 수 있는 한계 안에서 압축해 판단하려고 했기 때문에 문제가 발생한다. 그런 면에서 이제는 일반적인 성(性) 풍속과 배치된다는 비판보다는 그들을 인정하고 사회의 일원으로써 받아들이며 살아가야 한다고 생각해 본다.

시청 건물 안을 나와 시빅 센터 이곳저곳을 기웃거려보다가 "Asian Art Museum(아시아 예술 문화 박물관)"의 석조건물 상단에서 "Chong−Moon Lee Center For Asian Art and Culture(이종문 아시아 예술 문화 센터)"라고 새겨진 글자가 눈에 들어왔다. 무심코 지나치다가 불쑥 이 사람 이름이 생소하지 않다는 것이 머릿속에서 감지되었다. 기억을 더듬어보니 이민 온 지 몇 해 되지 않았을 때에 몇 차례 뉴욕의 한인 매스컴에 오르락내리락하던 사람이었다. 이민 초창기였던 1970년에 이민을 온 후 1980년대 초, 컴퓨터 그래픽 카드 제조업체를 설립해 아이비엠(IBM)과 애플(Apple) 컴퓨터 호환시스템을 개발해 실리콘 밸리에서 벤처기업으로 성공한 사람이라는 것, 그리고 1995년에 샌프란시스코 예술박물관에 총 1,600만 불을 기부했다는 내용의 신문기사를 스크랩해 놓았던 일이 떠올랐다. 아시아 문화와 예술에 관심이 많았던 에이버리 브런디지(Avery Brundage)라는 갑부가 기증한 소장품을 어느 공원의 박물관에 전시하다가 그가 사망할 때는 평생 동안 모아온 동양의 소장품들을 샌프란시스코에 기증하였고, 그 기증품들이 너무 많아 더 이상 전시할 수 없었던 시정부는 시빅 센터로 옮긴다는 계획을 세웠었다. 이전 계획은 세웠지만 개조자금문제로 시정부의 계획이 무산될 위기에 놓였을 때, 이종문 씨가 처음에 100만 불을 기부하고 두 번째는 1,500만 불을 기부했다고 한다. 십시일반 시민의 소액성금들이 더해져 2003년 이 자리에 "아시아 예술 문화 박물관" 문을 열게 된 것이다. 1995년 당시 금 1트로이 온스(31.1그램)의 가격이 300~350불 정도였던 것에 비해 2017년 현재 1,300불을 상회하는 가격이라면 소득향상을 떠나 그 기부금액이 얼마나 큰가를 가늠할 수 있다. 그리고 지금도 그의 기부가 계속적으로 이루어지고 있다고 한다. 이러한 동포가 있기에 내 조국이 자랑스럽고 내가 한국인이라는 것도 자랑스럽다. 1998년 금융위기가 아시아에 밀어닥쳤을 때, 모든 국민이 평생 간직하고 싶은 돌 반지나 결혼반지, 금메달 등 작은 것을 모아 큰 역사를 이룰 수 있다는 것을 배웠고, 그 이후 한국의 젊은 세대에서 기부문화가 생활화되었다는 소식에 조국의 미래는 밝아 보인다.

수익금을 사회로 돌려보내는 미국 부자들과 달리 한국의 부자들은 사회로의 환원은커녕 법의 허점을 이용해 부를 축적하는 편법적인 행태를 보이니 분노를 금할 길이 없다. 지금 갖고 있는 것으로도 성이 차지 않아 무능한 행정 권력과 '기브 앤 테이크(give and take)'로 더욱 부를 축적하는 부정직하고 간악한 범죄행위를 보면서 더 이상 국민이 부정부패를 묵과하거나 용서해서는 안 된다는 생각이 든다. 부자들의 범죄행위에도 무릎을 꿇는 사법부와 입법부, 부정행위에도 예언자적인 역할을 하지 못하고 오히려 부자들을 옹호하는 종교지도자들. 부정을 조장하는 적폐들은 이미 드러나 있고, 이들은 국민들의 손에 의해 가혹한 심판을 받아야만 마땅하다. 부패한 상부계층들이 나라와 사회를 이끌어가는 것이 아니라, 국민들의 단결된 힘으로 상식과 정의가 통하는 사회구조를 만들어가야 한다. 한마디로 지금은 세상 뒤집기 운동이 필요한 시점에 도달했다고 볼 수 있다. 세상 뒤집기 운동을 통해 정부와 국민, 기업과 국민이 서로 신뢰할 수 있도록 정의와 부가 제대로 분배되는 사회가 어서 오기를 기다려본다.

샌프란시스코 하면 내 머릿속에 떠오르는 이미지는 단 3가지, 그중에는 시빅 센터도 아닌 오래된 전차와 롬바드 힐(Lombard Hill), 그리고 조금은 스산한 느낌으로 다가오는 앨커트래즈(Alcatraz) 교도소다. 시빅 센터를 떠나 유명한 꽃길인 롬바드 힐에 도착했다. 샌프란시스코의 명물이라는 롬바드 힐은 달력이나 사진집에서 본 아름다움과 달리 기대에 미치지 못했다. 이유는 인간에게 태초의 모습 그대로 내보여주

롬바드 힐(Lombard Hill)

는 자연의 아름다움과 관광객들을 끌어들이기 위해 만들어진 인공적 아름다움 사이에서 커다란 차이를 느꼈기 때문이었다. 이곳은 높은 곳에서 낮은 곳으로 운행되는 일방통행 거리로 총 길이는 120~150미터 정도로 보였다. 급경사에 구불구불한 길 외에는 특색을 찾아볼 수 없었다. 단 한 가지 맨해튼의 빌딩처럼 좁은 길옆에 따닥따닥 붙어있는 파스텔 색감의 작은 주택들이 꽃과 잘 어우러진다는 것이 특색이라면 특색일 정도다.

고개를 타고 내려와 외진 곳에 차를 세워놓고 세 블록 정도 걸어서 간 곳은 기라델리 스퀘어(Ghirardelli Square)였다. 이곳에서 매년 초콜릿 축제가 열린다고 한다. 그러나 내가 보아온 펜실베이니아(Pennsylvania) 허쉬 초콜릿(Hershey Chocolate) 공장이나 맨해튼 타임스 스퀘어의 허쉬(Hershey)와 엠앤엠즈(M&M's) 같이 초콜릿을 만드는 공정이나 역사를 다룬 교육적인 프로그램은 보이지 않았고 그저 물건만 팔기 위해 들어선 상점들만 눈에 띄었다. 상술에 몰두되어 있는 거리를 보며 흥미가 반감되었고 곧바로 다음 행선지인 차이나 타운으로 발길을 옮겼다. 메트로폴리탄을 포함하지 않고도 900만 명의 인구가 살고 있는 뉴욕시와 달리 80만 명을 조금 상회하는 샌프란시스코는 별로 크지 않는 도시인만큼 매스컴이나 매거진을 통해 듣고 보았던 명소들도 대부분은 10~15분 거리에 다 몰려 있었다. 기라델리 스퀘어를 떠난 지 몇 분 후, 1850년대에 골드 러시의 붐을 타고 대륙으로 이주해 중국인들이 모여 세운 차이나 타운에 들어섰다.

이곳은 1903년 1월 13일, 미국 선교사의 권유에 의해 100여 명의 인천 내리감리교회 교인들이 하와이 섬 사탕수수 농장의 노동자로 첫 이민이 시작된 것보다 반세기 먼저 앞서 시작된 중국인 이민의 역사가 집약된 곳이다. 북미에서 가장 오래된 중국인의 거리인 만큼 일부 건물에서는 정체성을 잃지 않고 모국의 건축문화를 그대로 옮겨놓은 중국인의 정신을 눈여겨 볼만했다. 이곳에 들어서자마자 동포는 많지만 한국을 옮겨놓은 것 같지도 않는 로스앤젤레스의 한인 타운(코리아 타운)의 이미지나 한국식 건물이 전혀 없는 뉴욕의 한인 타운(코리아 타운)하고는 전혀 다른 느낌으로 다가온다. 1965년 이민 문호가 개방된 이후에 중국의 여러 지역 사람들이 모여 들고 있지만 대부분 홍콩을 접해있는 광둥 사람들이 몰려들었고, 그때나 지금이나 미국의 중국 커뮤니티를 이끌어가는 것은 광둥 사람들이다. 1850~1940년대까지 중국 이민자들의 업적은 실로 대단해서 대륙 곳곳의 교량이나 일반도로, 그리고 항만이나 대륙 간 종·횡단하는 철도를 여러 개나 완성을 했다. 지금까지도 별 탈 없이 운영되고 있는 사회적 생산기반이나 기간시설은 대부분 이들의 손에 의해 이루어졌다고 해도 절대 과언은 아니다. 사실 미국을 발전시킨 것은 유럽에서 온 백인들이나 농업분야에서 노예생활을 하던 흑인을 동원해서 이루어진 것이 아니라, 소수이지만 영리하고 끈기 있는 중국인들의 고된 노역으로 이루어진 것이 미국의 개척역사이다. 미국 발전에 지대한 역할을 했던 중국인들이 백인 정부에 의해 극심한 인종차별과 더불어 갖가지 중국인 배척법으로 인해 토사구팽이 되어버린 역사가 가슴 아프다.

최근에는 기이한 행동을 보이고 있는 도널드 트럼프 대통령이 취임하자마자 선거공약을 지키기 위해 멕시코와 미국 국경에 장벽을 쌓아야 한다고 억지를 부리던 것을 넘어, 취임 5개월이 되어서는 이민 문호를 지금보다 반으로 줄여야 한다고 목소리를 높이더니 취임 9개월이 된 이제는 강도를 더 높여 어릴 때 부모를 따라 미국으로 와 불법체류자가 되어버린 청소년을 구제하기 위한 추방 유예법안인 다카(DACA: Deferred Action for Childhood Arrivals) 프로그램까지 폐지하는 행정명령을 내린 것을 보며, 과거 행정부가 내린 중국인 배척법이 지금은 중국인을 비롯한 아시아 인종에 대한 이민배척법과 다르지 않다는 느낌을 지울 수가 없다. 아리안 족의 우월성을 내세웠던 히틀러처럼 미국 백인들의 우월주의를 내세우는 트럼프의 속내는 교육열이 낮은 미국의 앞마당에서 온 라틴 아메리카 사람들이 아니라, 교육열이 높고 똑똑한 아시아 사람들 때문이며, 정치와 경제를 쥐고 있는 백인들과 유대인의 자리를 잠식하고 있다는 두려움 때문이라는 것을 알 수 있다. 백인 우월주의자인 도널드 트럼프는 미국 내 아시안 인종이 10퍼센트 정도밖에 안 되는 소수 인종임에도 불구하고 백인들보다 지능이나 지적으로 우월하고 능력 면에서도 월등하다는 것을 염두에 두고 있는 것이 확실하다. 자신의 응원군으로 대부분 중부와 남부의 보수적인 기독교인들을 교묘하게 이용해 이민배척주의(Nativism)를 부추기고 있는 것도 눈에 띈다. 마치 1845~52년에 있었던 아일랜드 대기근으로 굶주림에서 벗어나고자 밀려들기 시작하는 아일랜드인들을 보며 두려움을 느낀 영국계 정치인과 경제인들, 평범한 시민들까지 한목소리로 "시민들이 대표해 다스리는 대의제를 부정하고 개신교의 가치를 훼손할 것이다."라며 가톨릭교도들인 아일랜드인들을 정치와 경제, 교육과 문화 등 모든 분야에서 접근하지 못하게 하고, 더 나아가 가톨릭교회와 아일랜드계의 지역 사회에 폭력을 행사했던 모습이 떠오른다. 또한 1840~1920년대까지 영어보다는 독일어를 사용하고 제1차 세계대전 당시 중립을 지킨다는 이유로, 미국 정치의 실권을 갖고 있던 영국계(Wasp-White Anglo-Saxon Puritan)가 독일계를 배척하던 잘못된 공화주의(Republicanism)의 역사도 있다. 서부에서 금이 많이 나고 철도공사가 한창일 때, 중국인들을 불러들여 우호적으로 대했었지만 갈수록 금 생산량이 줄면서 중국계와 영국계 간의 삶의 경쟁이 치열해지고, 1870년대 들어와서는 남북전쟁으로 경제가 어려워지자 1882년에 중국인들의 이민을 중단시키고 미국에 있는 중국 이민자들을 배척해야 한다는 중국인 배척법이 의회에서 통과되고 채택되었던 역사도 기억해본다. 또한 1900년대 초,

일본계 아동들을 차별해 일본인들만 다니는 학교를 세우도록 했으며 더 이상 일본인들의 이민을 받지 않았던 역사와 더불어 제2차 세계대전 시기에는 미국에 거주하는 일본인이 조국 일본과 협력할 수 있다는 명분으로 그들을 수용소에 감금시키는 비인간적인 사건도 있었다. 이러한 문제들은 도널드 트럼프처럼 백인 우월주의자들, 특히 영국(Britain) 혈통에 근거를 둔 민족들에 의해 이루어진 반역사적인 사건이다. 1950대 들어서면서는 KKK(Ku Klux Klan)단과 같은 백인 우월주의를 표방하는 점조직 단체들이 흑인과 히스패닉을 대상으로 살인과 폭력을 저지르는 증오범죄(Hate Crime)가 일상화되었고, 반인륜적이고 비인간적인 역사가 1970년대까지만 해도 보수적 사고를 갖고 있는 백인 공화주의자(Republican)들에 의해 횡행하였다. 그 예로 세상을 떠들썩하게 했던 1964년 미시시피 주에서 KKK단에 의해 민권운동가들이 무자비하게 살해당했던 사건과 2년 전 사우스 캐롤라이나에서 한 백인 청년이 교회에 들어가 아홉 명의 흑인들에게 총을 난사한 악독한 사건은 공화주의(Republicanism)에 영향을 받아서 일어난 것들이다. 그리고 도널드 트럼프가 당선되면서 서서히 인종주의 단체가 고개를 들고 있다. 그런 점에서 민주주의와 같은 뜻을 내포하고 있는 유럽의 공화주의와 미국의 공화주의는 상당히 다르다고 볼 수 있다.

작년에 이어 올해도 미국 대륙횡단 여행을 하면서 교육수준이 낮고 보수적인 개신교도가 대부분인 내륙 중부와 남부 지방의 대다수 백인들이 정책의 옳고 그름을 제대로 판단하지 못하고 무조건 공화당의 정책을 옹호하고 있는 상황과 항상 시대의 흐름에 뒤떨어지는 공화당이 이들에 의해서 지탱되고 있다는 현실을 생각하니 안타까운 마음이 앞섰다. 이민자들이 세운 나라에서 먼저 정착해 정치와 경제 등을 점유하고 있다고, 피부 색깔이 다르고 소수인 다른 사람들을 차별하는 것은 미국의 헌법과 법률에도 어긋나는 것이며 UN 조약과 법에도 저촉되는 것이다. 인간은 차별이 아닌 인간으로서의 대우와 한 개체가 갖고 있는 능력을 인정받으며 살아가야 할 권리가 있다.

이민자의 나라인 이 땅에 백인 위주의 정책이나 인종차별에 의해 이민자의 수를 제한하는 일이 없어야 하고, 모든 사람이 인간답고 행복하게 살아갈 수 있기를 바라며, 이탈리아계 어부들의 선착장으로 시작되었다는 샌프란시스코의 명소 중 하나인 피셔맨스 워프(Fisherman's Wharf)로 발길을 돌린다. 바람은 거칠게 불지만, 하늘이 맑아서인지 'Pier 69(69번 부두)'을 중심으로 형성된 피셔맨스 워프를 찾은 관광객들이 상당히 많았다. 항구 안쪽에는 해산물 튀김 요리를 하는 목조건물의 레스토랑이 길게 늘어서 있었고, 길 건너에는 기념품 가게와 커피숍, 아이스크림과 초콜릿 가게, 화랑과 예술사진이 관련된 업종들이 많이 보였다. 지금은 브롱크스(Bronx)로 옮겨갔지만 이스트 리버(East River)와 대서양이 만나는 로워 맨해튼(Lower Manhattan)의 플톤(Fulton) 어시장의 모습과 비슷하였다. 두 블록 정도밖에 안 되는 과거 뉴욕의 플톤 어시장보다는 피셔맨스 워프가 규모 면에서 훨씬 컸고, 큰 만큼이나 볼거리도 다양했다. 관광객들에게 다가온 바다 갈매기들은 먹이를 달라고 부리를 바닥에 비벼대고, 한쪽에서는 기부를 받기 위해 기타와 피아노를 연주하는 사람들도 보인다. 생활의 활력이나 몸의 생기를 잃은 사람은 새벽 어시장이나 청과물 시장에 가서 그들이 사는 생생한 모습을 보며 힘을 얻으라는 우리네 조언처럼, 여행에 지쳤던 내 몸과 마음도 이곳 사람들의 분주한 모습을 보며 나도 모르게 활력이 솟아올랐다.

눈길을 이리저리 옮기며 부지런히 옮겨 다닌 탓에 갑자기 허기가 몰려와 이곳저곳을 둘러보는데 기름에 튀긴 해산물 가게만 보일 뿐 좀처럼 삶은 요리를 하는 곳을 찾을 수가 없었다. 힘겹게 돌아다니며 겨우 찾은 식당에서 소스에 찍어 먹는 이탈리아식 바닷가재(Lobster) 요리를 주문했다. 세계 최고의 질을 가진 메인(Maine) 주와 바로 위 국경과 마주하고 있는 캐나다의 노바스코시아(Nova Scotia), 뉴브런즈윅(New Brunswick)의 바닷가재보다는 신선도나 맛에 있어서 차이가 있었지만 그런대로 허기진 배를 채울만했다. 볼 것이 많아 급한 마음에 접시에 오른 음식을 뚝딱 해치우고 다시 거리로 나섰다.

옛날 모습 그대로 축 늘어진 전선에 의지해 오가는 전차들, 어깨에 올린 앵무새와 함께 대화를 나누는 사람, 1970년대 뉴욕 브롱크스의 자메이카 출신들에 의해 시작되었다는 브레이크 댄스(Break Dance), 일명 비보이(B-Boy)의 하나인 다운락(Down Rock)을 추는 모습도 눈에 들어왔다. 내가 사는 뉴욕이 아닌 장소에서 또 다른 사람살이의 방식을 보며, 표현의 자유도 자유지만 먹고 사는 것만큼은 부지런하지 않으면 사는 것이 힘들 수밖에 없다는 것을 깨달았다. 그리고 하루 벌이라도 하려는 사람들의 신성한 노동에 대해서도 다시 한번 생각해 보게 된다. 아기자기한 기념품이나 장난감뿐 아니라 작은 놀이동산도 눈에 들어온

샌프란시스코의 오래된 전차

다. 아이들이 있는 가정은 피셔맨스 워프에서 하루 정도는 보낼만한 가치가 있는 곳이라는 말에 공감하며 부두 끝으로 향했다.

앨커트래즈(Alcatraz) 섬으로 가는 배들이 모여 있어서 매표소에서 표를 예약하고 기다렸지만, 바람이 너무 세게 불어서인지 아니면 배에 문제가 있어서인지 크루즈가 제시간에 출발하지 못하고 묶여있었다. 하루에 두 차례만 방문이 허용되고, 한 번밖에 남지 않은 배도 움직이지 않아 생각 끝에 포기하는 쪽으로 가닥을 잡고 한참을 걸어 선창 끝으로 향했다. 앨커트래즈 섬을 바라보며 도시와 가까운 섬이지만 수감자들에게는 파란만장한 인생역정이 어려 있는 곳이라고 생각하니 가슴이 아팠다. 스페인어로 펠리컨이라는 뜻을 갖고 있고, 이 바위섬에 자리 잡은 새들인 펠리컨의 이름을 따서 앨커트래즈 섬으로 명명했다고 한다.

숀 코너리(Sean Connery)와 니콜라스 케이지(Nicholas Cage)의 〈더 락(The Rock)〉, 클린트 이스트우드(Clint Eastwood)의 〈앨커트래즈 탈출(Escape From Alcatraz)〉로 우리 눈에 익숙한 이곳은 시대에 따라 사용 용도도 달랐다. 남북전쟁 시기에는 요새로, 1900년대 초에는 군인 교도소로, 그리고 1930년대 초에는 가석방 없이 종신형을 선고받은 흉악범들만 수용하는 연방교도소로 사용되다가 인권 유린으로 악명이 높았던 탓에 1963년 폐쇄되었다. 그 후 1970년 초에는 국립 역사 유적지로 명명되어 금문교와 더불어 샌프란시스코의 명소로 탈바꿈한다. 우체국에서 5불을 훔친 죄로 갇혀있던 수감자의 아킬레스건을 끊어 불구로 만든 비인간적인 사건 등 평범한 사람으로는 도저히 상상도 못 할 일들이 교도관들에 의해서 저질러진 악명 높은 교도소이다. 비인격적인 대우에 수많은 수감자들이 앨커트래즈를 탈출하기 위해 갖가지 방법을 모색했지만, 삼엄한 경비를 뚫어야 하는 것도 문제지만 더 큰 문제는 육지에 도달하기 위해서 수영 이외엔 방법이 없다는 것이다. 손 한번 제대로 뻗어 볼 수 없는 거센 조류와 물속에 들어가자마자 몇 분도 안 돼 심장마비를 일으킬 정도로 차가운 수온, 그리고 상어의 서식지에 걸맞게 육지에 도달하기도 전에 상어들의 먹이가 되기에 탈옥한 사람은 전무하다고 한다.

탈옥이 불가능한 곳에서도 새처럼 자유로운 삶에 대한 열망을 가진 사람들이 계속해서 나타나, 드디어 1962년 6월에 프랭크 모리스(Frank Morris)와 존 앵글린(John Anglin), 클라렌 앵글린(Clarence Anglin)은 탈출에 성공해 두 번 다시 이곳에 수감되지 않은 전무후무한 사건이 일어난다. 석고와 종이를 섞어 얼굴 모형을 만든 탈옥수들은 점호 시간 후, 침대 위에 자고 있는 것처럼 위장해 놓는다. 그리고 곧바로 수감된 방안의 환풍기를 거쳐 지붕 위로 올라가, 이미 비옷을 이용해 만들어 놓은 구명조끼와 구명정으로 탈출에 성공한다. 당일의 기상조건으로는 수영할 수 없는 파도와 밤이 되면 더 떨어지는 수온 때문에 생존은 극히 희박하고 심장마비와 더불어 익사했을 것이라는 수많은 전문가들의 추측에도 불구하고 결정적 증거인 사체를 찾을 수 없었다. 이 사건은 55년이 지난 지금까지도 법적으로는 미제 사건으로 남아 있다. 이곳을 바라보던 중 별안간 베니스의 교도소에 갇혔던 세기의 바람둥이 카사노바(Casanova)가 "나의 동의 없이 이곳에 가두었으니 이곳을 떠나는 지금 나도 동의를 구하지 않고 가노라."라고 한 말이 떠오른다. 그리고 신비하고 몽환적인 표현으로 평화롭고 자유로운 생활을 그려냈던 한 아일랜드 시인의 시가 떠올랐다.

이제 나는 일어나 가려네 이니스프리로
그곳에서 진흙과 작은 나무가지로 오두막집을 지으리
그곳에서 아홉 줄의 콩을 심고 한 통의 꿀벌을 기르리
그리고 나 홀로 꿀벌이 노래하는 숲에서 살리라

그리고 그곳에서 난 평화를 누리리, 평화는 천천히 스며들며
아침이 열릴 때부터 귀뚜라미 우는 곳까지 물방울처럼 떨어지며
밤 중에는 어렴풋이 빛나나 대낮에는 진홍빛처럼 빛나고

저녁엔 홍방울새들이 떼지어 난다오.

이제 나는 일어나 가려네, 밤과 낮을 가리지 않고
호수가 낮은 소리로 찰싹거리는 물결 소리를 듣네
내가 길가에서나 회색빛 보도에 서 있을 때도
나는 내 가슴 속 깊은 곳에서도 그 잔물결 소리를 듣는다네.

I will arise and go now, and go to Innisfree,
And a small cabin build there, of clay and wattles made;
Nine bean rows will I have there, a hive for the honey bee,
And live alone in the bee-loud glade.

And I shall have some peace there, for peace comes dropping slow,
Dropping from the veils of the morning to where the cricket sings;
There midnight's all a glimmer, and noon a purple glow,
And evening full of the linnet's wings.

I will arise and go now, for always night and day
I hear lake water lapping with low sounds by the shore;
While I stand on the roadway, or on the pavements grey,
I hear it in the deep heart's core.

- 예이츠(W. B. Yeats), 〈이니스프리 호수의 섬(The Lake Isle of Innisfree)〉

공권력을 집행할 수 있는 사람들이 최대한 얼마까지 악해질 수 있는가를 보았고, 그들의 잔혹한 행위에 최소한의 방어도 할 수 없는 현실을 안 수감자들이 항상 두려움과 고통 속에서 움츠리며 생활하는 모습을 상상해 보았다. 새장 속의 새에게 이곳만큼 안전한 곳이 없다고 가르치고, 이곳에서 일어나는 일들은 너 자신의 운명이기에 담담하게 받아들이라며 강요하는 교도관들의 요구를 거부하며 불가능이 죽음보다 오히려 가능한 일이라는 판단으로 탈출에 성공했던 사람들. 모든 존재는 죽음을 피해 갈 수 없지만 살아 움직일 때만큼은 자유가 필요하다는 것을 이들을 통해서 알았고, 자유에 대한 갈망에 운명을 걸고 앨커트래즈 섬을 벗어나고자 했던 그들이 비록 실정법의 범죄자였을지라도 살아있다면 어디에서든 어느 누구보다도 더 많은 자유를 누리고 평화롭게 살다 세상을 떠났으면 좋겠다는 생각이 들었다.

앨커트래즈 섬에 우뚝 세워진 음산한 건물을 보며 7~80년대에 자유를 외치다 억울하게 옥살이를 하거나 총칼 아래 죽어갔던 영혼들을 함께 떠올려본다. 군 생활을 하던 유신시대와 대학을 다니던 신군부시대에 민주화 운동에 헌신하다 꺼져간 생명들을 생각해 보며, 용기가 나지 않아 그들과 함께하지 못한 나 자신이 지금까지 살아 활동하고 있다는 것이 부끄럽게 느껴지는 시간이다.

씁쓸함이 무수하게 내려앉은 자리를 떠나 샌프란시스코의 상징인 금문교(Golden Bridge)로 향한다. 멀리서 현수교인 금문교가 눈에 들어오고 다리 전체를 감상하기에 좋은 위치인 포트 포인트(Fort Point)로 가려고 했지만, 꼬리에 꼬리를 물고 움직이지 않는 차들로 인해 포기하고 다른 장소로 가서 봐야겠다고 생각을 하자마자 출구가 보여 곧바로 빠져나왔다. 빠져나온 곳은 주택가였고, 달리기를 하던 한 30대 후반에서 40대 초반의 검은 얼굴을 가진 사람에게 포트 포인트가 아닌 금문교를 볼 수 있는 또 다른 곳이 있느냐고 물어보았더니 이미지가 확실하게 나타나지 않지만 오늘 같은 날씨에는 코이트 타워(Coit Tower)로 가서 망원경으로 봐도 그런대로 괜찮을 것 같다고 귀띔을 해주었다. 둥글둥글해 보이는 생김새와 달리 서글서글한 말투에 거리감이 좁혀지고, 바쁜 사람이 아니라고 생각되어 'Golden Gate Bridge(금문교)'라고 붙여진 이유에 대해서 물어봤다. 1800년대 중반인 골드 러시 시대에는 샌프란시스코 베이(San Francisco Bay)를 'Golden Gate'라고 불렀고, 그곳에 다리가 세워졌기에 금문교라고 부르게 되었다는 대답을 해준다. 집중해서 경청을 했더니 기분이 좋았는지 종이와 볼펜을 달라고 하면서 한참 동안 뭔가를 끄적이더니 나에게 내밀어 보였다. 조셉 스트라우스(Joseph B. Strauss)라는 이름이었고, 이 사람이 설계하고 1933년에 착공하여 1937년에 완공한 다리였다는 숫자와 다리 그림 아래에 그어놓은 선 중간에 1.75마일이라는 숫자도 보였다. 샌프란시스코의 시민이라는 자부심이 가득해 보이는 얼굴 가득 웃음을 담고 힘있게 들리는 목소리로 종이에 적힌 것을 설명해주더니 다리를 지탱해주는 중요한 두 기둥이 물에 들어가지 않고 세워졌다는 정보와 함께 케이블선 하나하나의 두께가 3피트나 된다는 말도 전한다.

대공황시절에 유행했던 현수교 공법은 금문교뿐 아니라 미국 전역에서 많이 볼 수 있다. 뉴욕만 해도 스태튼 아일랜드(Staten Island)

코이트 타워(Coit Tower)

금문교(Golden Bridge)

와 브루클린(Brooklyn)으로 연결된 베라자노 내로스 브리지(Verrazano-Narrows Bridge)나 맨해튼 업타운(Manhattan Uptown)의 워싱턴 하이츠(Washington Heights)에서 뉴저지 주(New Jersey State)의 포트리(Fort Lee)로 이어지는 조지 워싱턴 브리지(George Washing Bridge), 그리고 퀸즈 화이트 스톤(Queens White Stone)과 브롱크스(Bronx)를 잇는 화이트스톤 브리지(White Stone Bridge), 퀸즈 베이사이드(Queens Bay Side)와 브롱크스(Bronx)를 잇는 스로넥 브리지(Throgs Neck Bridge), 퀸즈와 맨해튼을 연결한 퀸즈보로 브리지(Queens Boro Bridge), 맨해튼에서 브루클린으로 연결된 맨해튼 브리지(Manhattan Bridge)와 브루클린 브리지(Brooklyn Bridge) 등을 볼 수 있다. 이곳에서 보는 금문교는 퀸즈의 화이트스톤 브리지나 스로넥 브리지와 비슷해서 주위 배경이나 다리에 칠한 페인트 색깔을 컴퓨터를 이용해 지운 다음 다리 이름을 서로 바꾸어 놓아도 일반 사람은 잘 구별할 수 없을 정도로 모양새가 흡사하다. 출퇴근 때문에 하루에도 두 차례씩이나 넘나드는 퀸즈보로 브리지(Queens Boro Bridge)와 금문교의 모습이 교차되면서 호기심이 반감되고, 샌프란시스코를 방문했다는 발도장을 찍기 위한 것이라면 그냥 보는 것만으로 만족해야겠다는 쪽으로 마음을 정리하게 되었다. 많은 시간을 내주어 진심으로 감사하다는 말을 그에게 전한 뒤, 발길을 코이트 타워로 돌린다.

바위에 부딪쳐 물거품 조각만 남기고 흔적도 없이 사라지는 샌프란시스코 만의 파도처럼, 지금 내 곁을 스쳐가는 사람은 현재의 모습을 말하며 총총걸음으로 사라져 버린다. 세월이 흘러 저만치 가버린 다음엔 애를 써도 어렴풋한 모습만 아른거릴 뿐, 얼굴도 떠오르지 않는 여행 속의 아련한 한 사람으로 기억될 것이다. 인생이란 무거운 짐을 짊어지고 도착점을 향해 가는 것. 거리만 다를 뿐, 서로 같은 방향으로 거친 숨을 몰아쉬며 달린다. 사랑하는 사람을 떠나보내듯, 두 번 다시 만날 수 없는 사람은 자꾸만 자동차 거울에서 멀어져 간다. 언덕을 넘어 내리막길로 내려가면서 뒤따라오던 그의 모습이 시야에서 감추어진다. 이 시간을 기점으로 서부여행의 일정을 정리해야 한다는 아쉬움 속에서 만남은 소중하고 추억은 아름답게 다가온다. 고독한 여행일수록 세월이 지나면 다양하고 현란한 색깔이 가슴속에 스며들겠지만 사랑하는 아내와 같이하지 못한 여행에 대한 아쉬움이 남는 것은 어쩔 수 없다.

아름다운 여행을 꿈꾸는 사람은 '여행이란 무엇인가? 그리고 목적은 무엇인가?'라는 질문을 먼저 해야 한다. 인생은 여행이고 더불어 여행은 인생이라는 것을 망각한 채, 대부분의 사람들은 휘적거리는 마음으로 배낭을 짊어진다. 아무 느낌 없이 떠나서 아무 느낌 없이 돌아오는 여행, 깨닫지 못하고 돌아오는 여행은 망각 속에서 흘러가버린 물이며, 이미 지나가버린 바람, 얼음같이 흔적도 없이 사라지는 허위에 불과하다. 시간과 공간 안에 정신, 혹은 영혼이 스며들어갈 때 비로소 진정한 여행이 된다. 여행이란 근심이나 인간관계에서 오는 압박으로부터의 일탈이나 도피가 아닌 삶을 새롭게 준비하는 시간이 되어야 한다. 무료함을 달래기 위해 떠나는 여행이나 도피성 여행은 말초신경이나 현실에 대한 거부감만 자극할 뿐 이미 목적 없는 여행으로 육체적, 시간적, 물질적 낭비일 뿐이다.

15일의 짧지만 알찬 여행을 했다는 생각을 해보며, 텔레그래프 힐(Telegraph Hill)을 타고 90미터나 솟은 원기둥의 코이트 타워에 올랐다. 릴리 히치콕 코이트(Lillie Hitchcock Coit)가 남긴 유산으로 세워진 탑이며, 캘리포니아 항으로 입항하는 상선들의 도착을 상인들에게 알리기 위해 이곳에 모스(Moss)식 전신기지가 세워졌고, 후에 텔레그래프 힐이라는 이름이 붙여졌다. 모스식 전신기는 가끔 서부영화에서 우체국 직원이 전보를 보낼 때 사용하던 전신기이며, 제1, 2차 세계대전 영화에서도 아군끼리 암호로 작전을 주고받을 때도 사용했던 것으로, 작은 손잡이 같은 송신기를 누르면 아래 있는 전자석판인 수신기에 전류가 흐르고, 모스 부호에 따라 송신기의 스위치를 길고 짧게 누름에 따라 전하고자 하는 내용을 암호화해 전달하는 방식이다. 과거 대공수사 드라마를 보면 고정간첩들이 수집된 남한의 기밀을 북에다 전달할 때 쓰는 작은 판자 같은 간단한 전신기이다.

거센 바람에 파도가 이는 샌프란시스코 베이(San Francisco Bay)가 아름다운 모습으로 눈에 들어온다. 고개를 들어 볼 수 있는 높은 산과 맞은편에는 내려다볼 수 있는 강, 그리고 정면에는 끝없는 바다가 보이는 언덕 위 통나무집에서 살고 싶어 했던 중학교 시절이 떠올랐다. 45년이 지난 지금까지도 이루지 못한 꿈이지만 그래도 꿈을 포기하지 않아서 행복하다. 왜냐하면 꿈이란 나를 나답게 만들어주는 생성의 과정이며, 미래를 향한 에너지이기 때문이다. 꿈이란 앞으로 내가 어떻게 살아가야 할지 목표를 분별할 수 있도록 해주는 등대와 같은 것이고, 더불어 꿈이란 거친 항해 속에서도 가야 할 방향을 바로 제시해주는 나침반과 같은 삶의 구체적인 안내자이다. 깨어있는 동안에도 꿈을 꾸는 사람은 행복한 사람이다. 꿈꾸는 사람에게 행복의 가능성이 항상 열려 있다는 것을 기억하며 생활해야 한다. 꿈이 있다는 것은 생명력이 있다는 것이요, 꿈이 없다는 것은 살아 있으되 땅에 묻히지 않은 씨앗과 같은 것이다.

금문교와 앨커트래즈 섬이 한눈에 들어온다. 몇 시간 후면 아름다운 도시를 떠나야 한다고 생각하니 아쉽다. 해는 저물어가고 공항으로 가기 위해 코이트 타워를 떠나 해변도로를 따라 내려가다 보니 메이저리그 야구팀인 샌프란시스코 자이언츠 스타디움(San Francisco Giant Stadium)이 보였다. 한국 출신의 황재균 선수가 소속되어 있던 팀이다. 꼭 2년 전에 강정호 선수를 응원하기 위해 뉴욕에서 펜실베이니아 피츠버그까지 400마일을 달려갔던 기억이 떠올랐다. 올해와 같이 내년에도 샌프란시스코에서 시작되고 끝나는 북서부 여행이 새로 계획되어 있기에 이곳 자이언츠 구장에서 한국 선수가 소속된 팀의 경기가 있을 때를 맞춰 응원하는 계획도 함께 생각해본다.

밤 비행기를 타고 뉴욕으로 향하다

공항으로 이어진 도로에는 이미 어두움이 내리고, 외롭게 서 있는 가로등은 나를 주목해달라는 듯 오렌지색 가시광선을 계속해서 쉬지 않고 쏘아대고 있었다. 공항에서 빌린 차를 반납하고 대합실에 들어서자마자 별안간 박범신의 장편소설《외등》에서 일정 부분을 도출해 인용한 홍영철 시인의 〈너 누구니?〉라는 시가 떠올랐다. 함박눈 오는 어느 날 주인공 서영우가 사랑하는 혜주를 위해 학창시절에 쓴 시 노트를 태우면서 쓸쓸히 동사해가는 모습이 애처롭게 눈앞에 아른거렸다.

가슴속을 누가 쓸쓸하게 걸어가고 있다
보이지 않을 듯 보이지 않을 듯 소리 없이
가슴속 벌판을 쓸쓸하게 걸어가는 너는 누구니
형광등 불빛은 너무나 하얗게 저 혼자 빛나고
오늘도 우리는 오늘만큼 낡아버렸구나
- 박범신, 《외등》 中에서

한쪽만 비추는 외등처럼 살아온 인생을 낱낱이 폭로하듯, 대합실의 밝은 빛은 나를 향해 빈틈없이 퍼붓고 있었다. 나르키소스(Narcissos)처럼 몰입과 집착의 수렁에서 벗어나지 못하고 칠흑 같은 어두움 속에서 살아왔던 애통의 시간을 남김없이 드러내라고 말하는 것일까. 나를 버려야만 세상 본래의 모습을 볼 수 있다는 진리를 깨달으면서 자정이 가까워 뉴욕으로 향하는 비행기에 몸을 실었다.

뉴욕으로 가야 할 시간이 남아있는 것처럼, 인생이란 여행은 아직도 끝난 것이 아니기에 하루하루 새롭게 하고, 또 새롭게 하며 살아가야만 한다고 다짐해본다. 긴장이 풀려서인지 좌석에 앉자마자 졸음이 쏟아지며 이륙 활주로에 진입하기 전에 깊은 잠 속으로 빠져 들어간다. 그리고 어두움이 깔린 세상처럼, 칠흑 같은 머릿속에 투명한 글씨로 "산다는 것은 서서히 태어나는 것이다."라는 생텍쥐페리의 말을 천천히 적어본다.

몇 시간 후, 3시간이 빠른 시차에 살짝 열어놓은 창문으로 밝은 빛이 들어온다. 공기와 연료가 연소하며 내는 고음의 엔진 소리가 들리지 않아 눈을 들어보니, 선반 위에서 짐을 내리기 위해 기내가 소란스러웠다. 아직도 피곤함이 가시지 않은 몸을 이끌고 환승공항인 노스캐롤라이나의 샬럿 공항에서 내려 뉴욕으로 향하는 비행기에 몸을 싣고 또다시 눈을 붙이지만 잠은 오지 않는다. 작년에 이어 이번에도 빡빡한 일정에 쉬지 않고 내달린 대륙횡단 여행은 삶의 프레임에서 한 조각 퍼즐이 될 것이고, 뉴욕 공항에 발을 내딛는 순간 돌이킬 수 없는 아련한 추억으로 남겨질 것이다. 생존경쟁에 찌들어 있는 번잡한 도시의 거리

비행기에서 바라본 맨해튼 전경

와 달리 먼 광야의 도로에서 묵상하는 마음으로 살아온 날들을 돌이켜 볼 수 있었던 것은 큰 행운이었고, 그 행운의 시간은 앞으로 어떻게 살아가야 후회 없고 값진 삶이 될 것인지 새로운 길을 제시해주었다.

인생이란 삶과 죽음의 시간이 조각조각 응집되어 있는 도로에서 헛헛하게 밀고 오는 과거의 시간에 떠밀려 길 위를 쉬지 않고 연속적으로 달리는 것이 아닐까. 굽어 돌아가는 길이든 직선으로 뻗은 길이든, 포장도로든 비포장도로든, 예상치 않은 폭풍우나 폭설이 앞을 가로막더라도 출발점으로 돌아갈 수는 없다. 종착지를 향해 숨 가쁘게 달려가는 자동차 안에서 거울로 보이는 자신의 모습에 절망하거나 환호할 때도 있겠지만 그것도 한순간일 뿐이다. 나에게 주어졌던 시간, 그리고 앞으로 주어질 시간이 길 위에서 아름답게 엮여가듯이 그렇게 길은 인생이 되고, 인생은 길이 된다.

저작권